저성장 시대에 투자자와 사업가들은 더 큰 기회를 찾아 글로벌 시장에 진출해야 한다. 글로벌 의료기기 산업은 헬스케어 산업 내에서 바이오산업만큼이나 성장성이 기대되는 산업이다. 본서는 의료기기 애널리스트가 글로벌 관점에서 분석한 산업에 대한 인사이트와 투자 아이디어를 담고 있다. 시장의 불황과 호황을 넘어 통용될 수 있는 산업 분석 프레임워크를 통해 많은 사람이 성공적인 사업 방향 설정과 평안한 노후에 한 발자국 더 다가갔으면 하는 바람이다.
– 최현만, 미래에셋증권 수석 부회장

보이지만 잡히지 않고 끊임없이 발전하며 진화하는 의료기기 산업을 글로벌 시각에서 보여주는 책이다.
– 강희택, 덴티움 대표이사

벤처캐피털 업계의 특성상 선진국의 대표기업과 국내 대표기업을 비교하는 습관이 있다. 사람에 대해서도 마찬가지인데 나에게 김충현 애널리스트는 모건 스탠리와 클라이너 퍼킨슨을 거쳐 현재 본드캐피털 소속으로 매년 인터넷 트렌드 리포트를 발표하는 매리 미커Mary Meeker에 견줄 수 있는 분이다. 본서를 통해 글로벌 시장을 혁신할 블록버스터급 헬스케어 기업들이 성장하기를 고대한다.
– 구영권, 스마일게이트인베스트먼트 부사장

필자는 자본시장에서 디지털 헬스케어와 의료기기 산업의 최고 전문가다. 코로나바이러스로 인해 폭발적으로 성장하는 첨단 의료기기와 디지털 헬스케어의 인사이트를 얻고 싶다면 이 책을 적극적으로 추천한다.
– 구중회, LB인베스트먼트 전무이사

의료영상 관련 의료기기를 25년 정도 연구하며 수백 편의 논문을 썼다. 하지만 막상 의료현장에 쓰이는 의료기술을 만드는 것은 매우 어렵다. 이 책을 읽다 보면 심오한 이해와 통찰이 어디에서 왔을까 하는 궁금함을 불러일으킨다. 이제는 우리나라가 의료기기 분야에서도 성공할 수 있는 하부구조가 튼튼하다는 생각이 든다. 특히 이 책은 의료기기 산업의 이해관계에 관심이 있는 분들에게 탐독 가치가 있다.
– 김남국, 울산의대 서울아산병원 융합의학과·영상의학과 부교수

이 책은 의료기기 산업 분석을 가장 오랜 기간 수행해 온 애널리스트 입장
에서 미충족 임상 수요라는 필요성에서 시작해 혁신 의료기기의 제품화까
지 전 과정을 디지털 헬스 등 최신 기술 경향과 시장 구조를 기반으로 풀어
냈다. 의료기기에 조금이라도 관련된 모든 이에게 적극적으로 추천하는
바이다.
– 김법민, 범부처전주기의료기기연구개발사업단장·고려대학교 바이오의공학부 교수

최근 의료기기 산업에서 일어나고 있는 변화의 바람을 젊은 주식 애널리스
트의 눈으로 그려낸 한 장의 만화경이다. 이 분야에 종사하는 젊은 세대에
게 필독을 추천한다.
– 김영, 사이넥스 대표이사

이 책은 의공학과 의료기기 분야의 미래 비전 내용을 담고 있다. 의료기기
분야에 우수 인력들이 뛰어들게 만들고 의료기기 관계자들과 투자자들에
게도 좋은 전략을 수립하는 데 친절한 길잡이가 될 것이다. 의료기기에 관
심 있는 모든 분에게 추천한다.
– 김영모, 건양대학교 의공학부 교수

이 책의 저자인 김충현 위원은 의료기기 관련 주식 애널리스트 중 국내 최고
의 전문가이다. 독자들은 디지털 헬스케어 산업의 트렌드와 성장 전략, 신
기술을 접목한 혁신과 의료 시스템의 이해, 국내 의료기기 산업 발전을 위한
제언을 통해 디지털 헬스케어 산업의 본질과 핵심을 파악하게 될 것이다.
– 김영준, 이마고웍스 대표이사

미래는 혁신을 통해 발명된다. 전문성과 규제에 갇힌 의료 산업의 시스템
을 매의 눈으로 파헤쳐, 실타래처럼 얽힌 의료기기 생태계를 식물도감, 곤
충도감 만들 듯 하나하나 해부해낸 책이다. 이 생태계에 활력을 불어넣기
시작한 디지털 헬스의 미래도 한 장의 조감도로 펼쳐진다.
– 김주한, 서울대학교 의과대학 교수

글로벌 의료기기 산업에 궁금한 점이 생기면 제일 먼저 찾게 되는 사람이 바로 김충현 애널리스트이다. 잘 준비한다면 IT와 접목된 의료기기 산업도 제약·바이오 업종에 이어 훌륭한 미래 먹거리가 될 수 있을 것이다. 이 책을 통해서 투자자뿐 아니라 관련 산업, 의료계, 나아가 정책 당국까지 큰 도움을 받으면 좋겠다.

－김지영, CFA·베어링자산운용 주식펀드매니저

국내 바이오 산업과 달리 의료기기 업계는 아직 영세한 상태를 벗어나지 못한 경우가 많다. 하지만 시야를 해외로 돌리면 의료기기 산업은 바이오 못지않은 성장 산업이다. 이 책은 의료기기 산업 전반의 흐름을 다룬 보기 드문 책이다. 국내 의료기기 산업의 육성 혹은 해외 의료기기 산업 투자에 관심 있는 모든 분께 일독을 권한다.

－김치원, 서울와이즈재활요양병원장

의료기기 산업의 디지털화가 향후 미래 성장 산업을 주도할 것이라는 통찰을 통해 진단, 치료, 예방까지 헬스케어 가치사슬에서 나타나고 있는 변화의 핵심을 짚어주는 책이다. 기술 이론과 산업현장의 실전 감각을 균형감 있게 제시했다. 의료 산업계의 교과서가 될 것 같다.

－김태현, 한국화이자업존 이노베이션앤커스터머인게이지먼트리드 전무이사

코로나바이러스로 인해 의료기기 산업의 중요성이 한층 높아진 시점에서 매우 기다려졌던 책이다. 투자자들에게 글로벌 혁신기업들에 대해 자문을 했던 저자가 그의 깊이 있는 지식을 책으로 담았다. 어렵게 다가왔던 글로벌 의료기기의 혁신을 책을 읽는 동안 마치 경험하듯 느낄 수 있었다. 곳곳에서 드러나는 인사이트는 깊이 있는 성찰의 결과이다. 이 책은 독자들에게 글로벌 의료기기 산업으로의 훌륭한 안내서가 되어줄 것이다.

－목대균, 전 미래에셋자산운용 글로벌운용본부장·상무

미래 먹거리로 부상하는 헬스케어 산업은 최첨단 디지털 기술이 의료기기에 접목되면서 빠르게 성장하고 있다. 의료기기 산업의 주요 부문에서 일어나고 있는 디지털 혁신의 추세를 알고 싶다면 읽어야 할 필독서다.

－맹필재, (사)바이오헬스케어협회 회장·충남대학교 미생물분자생명과학과

이 책의 저자인 김충현 애널리스트는 의료기기와 의료 시스템에 대해 상당히 깊은 인사이트를 가지고 있다. 한국뿐 아니라 미국의 의료 시스템을 공부하고 핵심을 뚫어 보고 있어 회사가 매출을 내기 위해 어디를 공략해야 하는지 정확히 알고 있다. 바이오뿐 아니라 의료기기에서도 투자의 기회는 많다. 이 책을 읽고 잘 찾아보시라!

–문여정, M.D.·Ph.D.· IMM 인베스트먼트 투자본부 이사

책은 저자를 닮는다고 하더니 김충현 위원의 열정 가득한 목소리가 들리는 듯하다. 이 책을 통해 디지털 혁신을 대표하는 국내외 의료기기 산업을 이해하고 다양한 사례를 통해 메가트렌드를 바라볼 수 있다. 정부, 산업, 금융 그리고 의료기기 스타트업 모두에게 유용한 나침반이 되어줄 것이다.

–박상준, 메디컬아이피 대표이사·서울대학교 의과대학 겸임 부교수

이 책의 저자는 현직 의료기기 전문 애널리스트로서 매우 깊은 통찰력과 산업 이해도를 가지고 광범위한 조사 분석을 덧붙여 글로벌 의료기기 산업 트렌드 전반을 이해하는 데 유용한 산업 백서를 만들어냈다. 이 책은 의료기기 분야에 몸담은 기업, 연구자, 학생, 투자자 등 많은 이들에게 큰 도움이 될 것이다.

–박순만, 한국보건산업진흥원 의료기기화장품산업단장

7년 넘게 인공지능 기술을 이용한 진단보조 소프트웨어를 개발하고 판매하면서 가장 어려움을 겪었던 부분이 글로벌 시장의 비즈니스 모델을 이해하는 것이었다. 이 책은 글로벌 의료기기 산업이 어떤 원리로 움직이는지, 어떻게 혁신이 일어나는지에 대해 탁월하게 설명하고 있다. 특히 글로벌 시장을 대상으로 의료기기 사업을 준비하는 분들은 반드시 이 책을 읽고 시작하라고 권하고 싶다.

–백승욱, 루닛 이사회 의장

귀한 책이 나왔다. 많이들 궁금해했으나 그동안 아무도 제대로 이야기해주지 않았던 미래의 디지털 헬스케어와 의료기기 산업에 관해 설명해주는 책이다. 국내 최고 의료기기 전문 애널리스트로서 현장 경험뿐 아니라 해외의 방대한 학술 자료 등을 체계적으로 엮어냈다. 우리 인류의 건강을 돌

러싼 산업이 어떻게 변하는지, 나아가 어떤 투자 인사이트를 얻을 수 있는지 확인하게 될 것이다.
—서철수, 미래에셋증권 리서치센터장

헬스케어 시장에서 바이오 산업에 대한 정보가 넘치는 것에 비해 의료기기 산업에 대한 정보는 매우 부족했다. 이 책은 국내에서 유일한 의료기기 전문 애널리스트가 심혈을 기울인 역작이다. 글로벌 의료기기 산업에 대해 인사이트를 주는 지혜서로 강력히 추천한다.
—선경, 고려대학교 의과대학 교수·전 오송첨단의료산업진흥재단 이사장

의료기기 기업을 운영하는 사람으로서 국내외 의료기기 시장의 동향과 트렌드를 이해하는 데 있어 가장 큰 도움을 받는 분이 바로 김충현 위원이다. 국내뿐 아니라 글로벌 의료기기 산업의 독보적인 애널리스트인 그의 식견과 인사이트가 집대성된 이 책은 기업, 정부기관, 투자자 등 헬스케어 사업에 관심이 있는 분이라면 반드시 읽어보아야 할 필독서다.
—송교석, 메디픽셀 대표이사

미래의 디지털 헬스 산업은 의료기기의 혁신을 바탕으로 할 수밖에 없다. 그러나 의료기기 산업은 다양한 이해 당사자들이 복잡하게 얽힌 규제 산업이다. 저자는 이런 환경을 제대로 이해하는 것이 성공적인 미래의 디지털 헬스케어 비즈니스 모델을 만들기 위한 기초라 강조하고 있다. 이 책은 의료기기 산업을 분석하기 위한 프레임워크를 잘 담고 있다. 디지털 헬스의 미래를 좀 더 알고 싶다면 몇 시간 투자가 아깝지 않을 책이다.
—안성환, 지노믹트리 대표이사

헬스케어의 디지털화는 이미 가속화되고 있으며 디지털 헬스케어의 미래는 의료기기 산업의 혁신에 달려 있다. 이 책은 글로벌 의료기기 산업 분야의 혁신 트렌드인 원격의료, 인공지능 솔루션, 3D 프린팅 등의 풍부한 사례 분석과 명료한 통찰력이 돋보인다. 미래에 더욱 부각될 의료기기 산업 혁신과 성장 전략이 궁금하다면 이 책을 반드시 읽어보길 추천한다.
—엄태관, 오스템임플란트 대표이사

코로나바이러스를 통해 폭발적으로 성장해가는 의료 산업에서 국내 의료기기 회사들은 스스로 갇혀버린 한계를 넘어 글로벌 기업으로 나아가야 하는 시점이다. 이 책은 이러한 시점에 맞추어 전 세계 의료기기 시장에서 단지 1%에 불과한 국내 시장을 넘어서 99%의 시장으로 나아가기 위해 국내 의료기기 산업계가 가져야 할 인사이트와 전략을 총망라한 책이다. 의료기기를 이미 다루고 있는, 또는 의료기기 사업을 시작하려고 하는 모든 회사들에게 적극적으로 추천한다.

—이병환, 스카이랩스 대표이사

나는 지난 25년간 의료기기 산업에 종사하면서 다양한 기술을 접하고 시장접근 전략 분야를 주로 이끌어 왔다. 하지만 지속적으로 다학제 간 융합이 일어나는 의료기기 산업 전반을 아우르는 통찰력에 대해서는 스스로 많은 부족함을 느끼고 있었다. 이 책은 기술 동향뿐만 아니라 규제 산업으로서 인허가, 보험제도, 임상 근거 창출을 위한 임상연구 분야까지 폭넓게 망라하고 미국의 규제과학 분야의 혁신적 접근방식도 다루고 있어 의료기기 산업 종사자분들에게 일독을 권하고 싶다.

—이상수, 메드트로닉코리아 대표이사

의료기기 소비자인 내과의사의 입장에서 볼 때, 헬스케어 산업을 정확하게 이해하는 몇 안 되는 애널리스트의 날카로운 분석이 투영되어 있는 신작이다. 빅데이터와 인공지능을 이용한 혁신적인 변화가 일어나는 디지털 헬스케어 산업 현재에 대한 정확한 이해와 분석을 제공하면서 글로벌 의료기기 산업의 미래 모습에 대한 궁금증을 풀어주고 있다.

—이승원, 대학내과의사회 학술이사

저자는 의료기기 산업 종사자와 투자자에게는 친숙한 유명 인사이다. 이책을 통해 저자는 헬스케어 산업 내 이해관계자들의 역학관계를 조명하고 산업을 분석하는 프레임을 제시함으로써 독자들의 산업 이해도를 높이고자 했다. 그리고 글로벌 헬스케어 산업의 메가트렌드를 상세하게 짚으며 헬스케어 산업의 미래상을 제시했다. 헬스케어 산업을 이해하고 접근해보고자 하는 독자에게 일독을 권한다. 더불어 소명의식을 가지고 애널리스트로 활약하는 저자를 응원한다.
–이승호, 데일리파트너스 대표이사


저자는 오랜 기간 닦아온 산업에 대한 통찰력을 기반으로 각종 기업의 미래가치에 대한 명쾌한 분석을 제시하는 애널리스트다. 이 책은 일반적인 산업에 대한 소개에 그치는 것이 아니라 디지털 헬스로의 변화를 기업들 입장에서 적용하는 현장감 있는 사례들을 소개하고 있으며, 나아가서 애널리스트로서 특별한 관점을 제시하고 있다. 한국 의료기기 산업에 관심 있는 독자들은 반드시 읽어보아야 할 필독서로 추천한다.
–임정희, 인터베스트 투자본부 전무이사


그동안 의료기기 산업에 관한 많은 자료와 책들을 읽었지만 이 책만큼 균형 잡힌 시각에서 전체를 조망하면서도 각 세부 분야의 특징과 사례를 구체적이고 설득력 있게 풀어낸 책은 없었다. 특히 의료기기 산업을 이해관계자 관점에서 분석한 부분은 이 책을 가장 돋보이게 한다. 이 책을 의료기기 산업 종사자뿐만 아니라, 의료기기 산업에 취업을 준비하거나 투자를 계획하고 있는 모든 분에게 강력하게 추천한다.
–임찬양, 노을 대표이사


그동안 바이오 헬스 등 다양한 정책을 추진하면서 디지털 헬스의 중심인 의료기기 산업에 대한 정보나 글로벌 주요 혁신기업의 사례 수집에 어려움을 느끼고 있었다. 이 책은 그러한 갈증을 해소하게 해주는 책이 될 수 있을 것이다. 우리나라 디지털 헬스케어 산업의 정책 개발과 국내 의료기기 산업의 경영전략 수립에 실질적인 도움이 될 것으로 기대한다.
–정명진, 한국보건산업진흥원 미래정책지원본부장


미래의 의료 산업의 중요한 혁신은 바이오보다 의료기기에서 나올 가능성이 크다. 그럼에도 많은 사람이 읽을 만한 의료기기 관련 서적은 전무해서 아쉬웠던 차에 드디어 미래의 의료 산업에 관심이 있는 사람들에게 추천할 만한 책이 나왔다. 더구나 저자는 단순히 첨단 의료기기 산업의 미래 기술뿐만 아니라 기업과 시장에도 정통한 애널리스트이기에 산업과 경제적인 관점에서의 통찰도 비범하다.
―정지훈, 디지털헬스케어파트너스 파트너·의사·의공학 박사


바이오·헬스케어 투자를 하면서 가장 어려운 부분은 복잡한 다자간 이해 관계자들에 대한 부분이다. 이 책에서 다룬 의료기기 업체 사업의 흥망성쇠를 가르는 복잡한 보험 제도에 대한 설명은 사업가, 예비사업가, 그리고 투자자들 모두 필독해야 한다. 이 책을 쓴 저자에게 고마움을 느낀다.
―천지웅, KTB 네트워크 바이오헬스케어 투자이사


최근 수년간 헬스케어 산업은 대한민국 경제와 주식시장에서 비중이 급격히 커지고 있다. 이 책은 의료기기 산업 전반의 현재와 미래를 깊이 있게 다루고 있어서 투자자들에게도 많은 아이디어를 제공할 것이다.
―최종혁, 씨스퀘어자산운용 대표이사


포스트 코로나 시대에 대응하기 위해 전 세계적으로 국가 보건 의료 시스템뿐만 아니라 개인 건강관리 영역까지 디지털 혁신을 통한 스마트 헬스케어 서비스가 크게 요구되고 있다. 이 책은 뉴노멀을 선도하기 위한 국내 의료기기 산업과 기술 혁신의 새로운 방향성을 제시하는 내비게이터로서 매우 시기적절하다. 국내 의료기기 산업 생태계 전반에 큰 도움을 줄 것이다.
―허영, 한국스마트의료기기산업진흥재단 부이사장


의료기기 산업 전반에 대한 방대한 정보와 맥락을 명쾌하게 설명한 통찰력과 책 구석구석에 실린 한국 의료기기 산업 발전을 소망하는 저자의 진심에 감명받았다. 어렵게만 느껴졌던 의료기기 산업의 흐름을 읽는 직관력을 키워준다. 쉽고 명쾌하고 정확하다.
―홍기현, 토모큐브 대표이사

**의료기기 산업의
미래에 투자하라**

애널리스트가 바라본 의료기기의 메가트렌드와 인사이트

# 의료기기 산업의
# 미래에 투자하라

김충현 지음

## 애널리스트의 관점에서 한국 의료기기 산업이 가야 할 길을 제시하고 있다

남학현, 아이센스 대표이사

"김충현 애널리스트가 한국의 의료기기 산업이 가야 할 방향을 알려주는 이정표를 세워주었구나!"

원고를 받아 일독한 후 든 감동이었다. 본서에서 저자는 의료기기와 디지털 헬스 산업을 오랜 기간 날카롭게 분석해온 애널리스트로서 쌓은 실력으로 이 분야에서 사업을 시작한 창업자, 장기간 종사해온 전문가, 투자자 모두에게 이 산업을 어떻게 분류해서 봐야 하고 무엇을 살펴서 사업 전략을 세워야 할지 시장의 과거와 현재의 데이터들을 체계적으로 분석해 제시하고 있다. 이 분야 종사자 모두에게 필독서가 되리라 확신한다. 이 책에서 얻은 지식과 시각으로 성공적인 사업을 일구어 우리나라 의료기기와 디지털 헬스 산업을 선도하는 글로벌 리더들이 되기를 바란다.

지난 수년간 신기술에 기반한 의료 혁명과 디지털 헬스를 다룬 탁월한 서적들이 여럿 출간됐다. 나 또한 그러한 책들을 통해 다양한 지식을 습득하고 미래의 사업 방향을 탐색하는 데 도움을 받았다. 그런데 기존에 출간된 책들을 읽으며 뭔가 비어 있는 부분이 있어서 아쉬웠다. 그것은 "소개된 많은 새로운 기술과 제품들이 정말 헬스케어에 기여하게 될까?" "사업적으로는 성공하게 될까?" 등 의문에 대해 답을 하기 어려웠다. 본서는 이런 의문들에 대하여 무엇을 기준으로 판단하면 될지, 어떻게 시장에 접근해야 할지에 대한 사업적 프레임을 잘 제시하고 있다.

저자는 의료기기 분야 산업을 진단, 치료, 건강관리 영역으로 나누어 각 영역에서 살펴야 할 것들을 시장 분석자료, 여러 제품과 기업의 예, 그리고 새롭게 등장한 혁신의 예들로 명료하게 설명하고 있다. IT 기술을 접목한 기기, 스마트폰 앱, 인공지능 등 최근의 새로운 트렌드 기술들을 나열식으로 소개한 다른 서적들에서는 얻을 수 없었던 의료기기 사업에 대한 분석적 시야를 제공하고 있다. 또한 글로벌 의료기기 산업으로 도약하기 위해서 넘어야 할 9대 관문에 대한 설명은 매우 인상적이었다. 이 산업 분야에서 창업부터 중견기업에 이르기까지 20년간 몸으로 부딪쳐가며 경험해 왔음에도 잘 체계화하지 못했던 부분들을 정리하게 해준 등대 같은 통찰이다. 특히 의료기기 사업을 기술 그 자체보다는 글로벌 대기업, 보험, 의료인의 입장에서 분석하고 바라보라 한 것은 의료기기 사업 종사자들에게 자신의 사업을 다시 한번 돌아보게 하는 좋은 충고라고 생각한다.

저자가 책 후반부에서 우리나라 의료기기와 디지털 헬스케어 산업의 규모를 키우기 위해 건강보험 체계, 우리나라가 강점을 갖는 분야로의 진출, 인수합병의 활성화, 산업자본의 확충 등을 골자로 제안한 내용은 한국 의료기기 산업계 전반에 던지는 아주 값진 조언이라 생각한다. 특히 한국이 의료기기 산업의 패러다임을 주도하려면 기초과학 연구와 새로운 바이오마커의 발굴에 힘써야 한다는 지적 또한 눈여겨볼 만하다. 코로나바이러스 팬데믹 이후 크게 떠오른 원격진료에 대하여 저자가 미국과 중국의 기업들을 예로 들어 사업성을 분석하고 어떤 장래와 리스크가 있는지 조언한 것도 기업들에게 중요한 참고가 될 것이다.

의료기기 산업 분야를 오랜 기간 지켜본 애널리스트의 관점에서 성공하고 실패한 사업들과 세간의 주목을 받았던 사업들을 시장의 관점에서 날카롭게 해석하고 대안을 제시하고 있다. 늘 책상에 두고 읽을 수 있는 이정표 같은 책이라 생각한다. 일독을 강력히 추천한다.

## 의료기기 산업 전반을 다룬 국내 최초의 실용서이자 투자 입문서이다

배준범, 한국투자밸류자산운용 코어밸류운용본부장

최근 경제와 주식시장 분석에 구경제Old Economy, 신경제New Economy라는 단어가 흔히 사용된다. 경제 발전 수준에 따라 국가별로 차이는 있지만 일반적으로 구경제에는 자본집약형 제조업, 예를 들면 철강, 정유·화학, 자동차 등이 포함된다. 신경제에는 지식집약형 산업이라 할 수 있는 반도체, 소프트웨어, 헬스케어 등이 포함된다. 신경제의 대표 산업 중 하나인 헬스케어는 시장 규모가 크고 빠른 성장을 기대할 수 있다는 점에서 매우 매력적이다. 한국의 경우 신경제의 또 다른 대표 산업인 IT 산업에서 삼성전자, 네이버 등 강한 경쟁력을 구축한 기업들이 적지 않다. 하지만 아쉽게도 헬스케어 산업인 바이오테크놀러지BT, Biotechnology의 경우 아직 세계시장의 흐름을 주도하는 기업을 찾기가 쉽지 않다. 그러나 삼성, SK 등 한국 대표기업들이 바이오테크놀로지를 미래의 성장동력으로 인식하고 과감한 투자를 아끼지 않으면서 좋은 성과를 내기 시작했다. 또한 셀트리온과 같이 벤처로 출발해 가시적인 성과를 보여준 기업들이 주식시장에서 뜨거운 관심을 받고 있다.

바이오테크놀로지 산업은 크게 제약과 의료기기 시장으로 나누어 볼 수 있는데 제약의 경우 뉴스에서 많은 소식을 접할 수 있다. A회사의 신약이 미국식품의약국FDA 승인을 받았다든가, B회사가 희귀 암을 치료할 수 있는 물질을 세계 최초로 발견했다는 식으로 말이다. 하지만 이 책에서 다룰 의료기기의 경우 코로나바이러스 이슈가 불거지기 이전까지 딱히 주목할 만한 뉴스가 없었다고 볼 수 있다. 이 차이는 어디서 발생한 것일까?

제약의 경우 더 우수한 치료 효과와 더 낮은 부작용을 입증한 신약들이 끊임없이 개발되고 있고 기존의 약들은 이들에게 자리를 내주고 세대교체가 이뤄지는 경우가 많다. 새로운 도전자에게 그만큼 기회가 열려 있다. 하지만 의료기기 시장은 상황이 매우 달라서 개선과 보완을 거친 기존 제품이 몇십 년에 걸쳐 시장을 차지하는 경우가 많다. 속된 말로 '고인물' 성격이 강하다. 그러다 보니 의료기기 시장은 새로운 도전자가 진입하기 어려운 경우가 대부분이며 존슨앤드존슨, 로슈 등 글로벌 기업들이 거인으로 군림하고 있다. 하지만 역으로 생각해보면 진입이 어렵다는 얘기는 한번 시장의 주도권을 잡으면 오랜 기간 좋은 매출과 이익을 기대할 수 있다는 의미이기도 하다. 그래서 의료기기 대표기업들은 주식시장에서 높은 평가를 받는 경우가 많다.

의료기기 산업의 매력을 잘 보여주는 사례는 IT 산업의 거인인 삼성전자와 애플에서 찾을 수 있다. 삼성전자는 2010년에 헬스케어 분야를 미래의 신사업 중 하나로 지목했고 초음파진단기기 시장에서 우수한 경쟁력을 보유한 메디슨을 인수하였다. 또한 삼성전자와 애플은 갤럭시워치나 애플워치와 같이 항상 착용하고 다니는 스마트

기기에 많은 투자를 하고 있다. 이러한 스마트기기들은 아직까지는 심박수, 혈압, 칼로리 소비 측정 등 제한적인 분야에만 사용할 수 있지만, 향후 기술이 발전하고 규제에 변화가 생긴다면 의료기기 시장에서 매우 중요한 역할을 담당할 잠재력을 가지고 있기 때문이다. IT 산업에서 더 이룰 것이 없을 정도로 성공한 기업들조차 미래 계획에 의료기기가 한 축을 담당하고 있다. 이 시장이 얼마나 중요한지 짐작할 수 있을 것이다.

한국은 산업화 시대에 구경제 분야에서 성공적인 결과물을 만들어 눈부신 성장을 이루어냈고 한국의 구경제를 대표하는 포스코, 현대자동차, 현대중공업 등은 여전히 세계시장에서 충분히 경쟁할 수 있는 실력을 갖추고 있다. 그러나 정보사회로 나아갈 것이 분명한 미래사회에서 이들이 이전처럼 경제성장을 견인할 수 있을지는 고민하지 않을 수 없다. 얼마 전 구경제를 상징하는, 아니 구경제 그 자체인 엑슨모빌이 미국 주식시장의 대표지수인 다우지수에서 퇴출된다는 놀라운 결정이 발표됐다. 전성기만큼은 아니더라도 여전히 세계에서 손꼽게 돈을 잘 버는 기업이 대표지수에서 제외된다는 것은 그야말로 충격이었다. 세상이 얼마나 빠르게 변하고 있는지를 명확히 보여준다고 하겠다. 의료기기 산업은 신경제의 한 축을 담당할 것이 확실한 분야다.

이처럼 매력적인 산업이지만 한국에서 의료기기에 관한 관심은 아직 낮다. 인터넷 서점에서 '바이오' 혹은 '생명공학'으로 검색을 하면 아주 많은 책을 찾을 수 있다. 누군가 제약 산업에 관심이 있다면 많은 정보를 얻고 이해를 높일 지식 기반이 갖춰져 있다는 것이다. 하지만 '의료기기'로 검색을 해보면 그 결과는 양적으로나 질적으로나 매우 빈약하다. 정보를 얻기 어려운 척박한 환경이라는 것이다.

　나는 자본시장에서 투자업무를 담당하다 보니 오래전부터 의료기기 산업에 많은 관심을 가져왔다. 진입하기는 어려우나 그 어려움을 극복하면 안정적인 수익을 낼 수 있다는 점이 매력적이었다. 또한 제조업에 강점을 가진 한국의 경쟁력을 고려할 때 선진국과의 격차를 빠르게 좁힐 수 있는 분야 중 하나라 판단했다. 하지만 투자에 필요한 양질의 정보를 찾기는 쉽지 않았다. 국내 시장에 상장된 의료기기 회사들의 경우 임플란트 등 일부 분야를 제외하면 대부분 후발주자고 이들이 제공하는 정보를 통해 산업 전체를 이해하기에는 한계가 뚜렷한 경우가 많기 때문이다. 따라서 산업에 대한 정보를 얻기 위해 짧은 영어 실력으로 검색의 바다를 헤매는 어려움이 많았다. 그런데 그 어려움은 이 책의 저자인 김충현 애널리스트가 의료기기 애널리스트로 활동을 시작하면서 많이 해소됐다. 이 추천사를 통해 김충현 애널리스트에게 진심으로 감사의 뜻을 표한다.

　이 책은 의료기기 산업 전반을 국내 최초로 다루고 있다고 감히 말하고 싶다. 한국의 성장동력이 될 산업을 소개하는 책이 이제야 나온 것이 아쉽기도 하지만 동시에 이제라도 좋은 책이 나온 것이 정말 다행이라 생각된다. 이 책은 다양한 의료기기 시장에 대한 분석과 전망을 담고 있는 동시에 애널리스트가 현장에서 느낀 많은 안타까움과 이에 대한 쓴소리를 충실하게 담고 있다. 많은 분들에게 도움이 되리라 믿는다. 많은 기업과 투자자들이 인사이트를 얻고 진로를 준비하는 학생들의 시야가 넓어지기를 기대하겠다.

# 의료기기 산업이 발전해야 디지털 헬스케어가 구축된다

필자는 글로벌 의료기기 산업을 분석하는 주식 애널리스트다. 주식 애널리스트는 자신이 담당하는 산업과 기업에 애정이 있다. 필자 역시 담당인 의료기기 산업에 애정이 크다.

이 책을 쓴 첫 번째 이유는 사람들에게 의료기기 산업의 매력과 가치를 알리고 싶었기 때문이다. 코로나바이러스로 원격의료의 가치가 전 세계적으로 주목받으면서 헬스케어의 디지털화인 디지털 헬스케어에 관한 관심이 뜨겁다. 디지털 헬스케어가 구축되기 위해서는 의료기기의 발전은 필수적이다. 의료기기는 의료진의 진단이나 치료와 같은 의료행위와 결합해 사용되기 때문이다. 대표적인 규제 산업인 헬스케어 산업은 의약품을 제외한 장비 대부분을 의료기기로 규정해 관리하고 있다. 최근에 부각되는 의료 목적의 소프트웨어도 의료기기로 분류돼 관리하고 있다.

의료기기 산업은 헬스케어 산업에 속한 바이오 산업과 비교해 상대적으로 관심을 적게 받고 있다. 하지만 사람들이 열광하는 아마존과 테슬라 같은 혁신 기업이 글로벌 의료기기 산업에도 존재한다. 필자는 의료기기의 혁신은 디지털 헬스케어의 발전을 주도할 수밖에 없다고 판단한다. 또한 디지털 기술이 합쳐진 의료기기는 바이오 산업보다 헬스케어의 더 다양한 문제들을 해결하는 데 기여할 것이다. 이런 점에서 글로벌 의료기기 산업 전체에 걸친 혁신을 소개하는 책이 필요하다고 생각했다.

두 번째 이유는 국내 의료기기 산업에 조금이나마 이바지하고 싶어서이다. 필자는 국내 애널리스트 중 가장 오랫동안 의료기기 산업을 분석해왔다. 그러다 보니 의료기기 산업과 섹터에 대한 일종의 책임을 느끼고 있다. "팔은 안으로 굽는다."라는 말이 있다. 글로벌 의료기기 산업과 기업을 분석하면서 이왕이면 한국 기업이 잘됐으면 하는 바람이 강하다. 주식시장의 시가총액과 산업의 규모는 대체로 비례한다. 그런 점에서 글로벌 의료기기 산업과 비교해 국내 의료기기 산업은 아직 갈 길이 멀다. 필자는 글로벌 의료기기 산업을 분석하면서 느꼈던 인사이트와 참고할 만한 사례를 이 책을 통해 공유함으로써 국내 의료기기 산업 발전에 도움이 되고 싶다.

이 책을 집필하면서 고민이 많았다. 독자들에게는 의료기기 산업의 낯선 용어들이나 각종 규제와 시스템이 익숙하지 않을 것이 분명했기 때문이다. 그런 점을 최대한 고려하여 독자들이 글로벌 의료기기 산업의 큰 그림을 그릴 수 있도록 7장으로 구성했다.

1장은 글로벌 의료기기 산업에 왜 관심을 가져야 하는지에 대한 이야기다. 코로나바이러스로 인해 구경제에서 디지털화된 신경제로 전환이 빨라지고 있다. 헬스케어 산업에서도 원격의료가 상당히 떠오르고 있다. 향후 원격의료는 기존 의료 시스템과 결합할 가능성이 매우 크다. 의료 산업은 규제 산업이고 원격의료만으로 환자를 진료하기에는 기술적 한계가 분명하기 때문이다. 원격의료가 오프라인 진료와 같은 기존 의료 시스템과 연결성이 강화될수록 필연적으로 의료기기의 디지털화와 혁신이 필요하다. 디지털화된 의료기기가 없다면 더 이상 헬스케어의 디지털화는 진전되기 어렵다. 그런데 생각보다 의료기기 산업은 그 어떤 다른 산업보다 높은 혁신성을 갖추고 있었다. 글로벌 의료기기 산업은 지난 10년간 미국에서 다섯 번째로 주가 상승률이 높았던 세부 섹터다. 주가 상승률이 높았던 가장 큰 이유는 디지털 기술을 활용한 혁신 때문이다. 앞으로 의료기기는 디지털 기술을 활용해 바이오 산업보다 헬스케어의 더 다양한 문제들을 해결할 것으로 기대된다.

2장에서는 글로벌 의료기기 산업을 이해하기 위해 기본적으로 알아야 할 일곱 가지 이야기와 글로벌 의료기기 산업의 성장 전략을 소개했다.

3장에서 5장까지는 의료기기 산업을 치료, 진단, 건강관리 영역으로 구분해 각 영역에서 발생하는 혁신의 메가트렌드와 실제 혁신 사례를 다루었다. 3장인 치료 영역에서는 로봇 기술이 적용된 수술로봇, 이미징 기술과 연계된 내시경과 카테터, 전기장을 활용한 웨어러블 암 치료기기, 생체신호 수집 기술을 활용해 데이터 기반 치료가 가능해진 인체삽입형 신경조절치료기기, 초음파를 활용한 전립샘 절제술 등의 사례를 소개했다.

4장인 진단 영역에서는 인공지능을 활용한 디지털 병리, 차세대 유전체 분석 기술을 활용한 동반진단, 액체생검 기술과 인공지능을 활용한 바이오마커 발굴 기법 등의 사례를 다루었다.

5장인 건강관리 영역에서는 웨어러블 기술을 활용한 1형 당뇨 환자 관리기기, 블루투스 기능을 활용해 환자 순응도를 높이는 수면무호흡증 치료 마스크, 인공지능 분석 기술을 활용한 디지털 치료제,

복약순응도를 높이기 위한 솔루션, 가정용 혈액투석 기기, 디지털 덴티스트리를 활용한 투명교정기의 사례를 담았다.

6장은 글로벌 의료기기 산업을 분석하는 방법론을 다루었다. 세상에는 3D프린팅, 디지털 치료제, 인공지능, 액체생검, 유전자가위, 차세대 유전체 분석법 등 셀 수 없는 신기술들이 소개되고 있다. 그러나 의료기기 산업은 9대 이해관계자로 이루어진 하나의 거대한 시스템이다. 새로운 기술이나 제품이 등장했을 때 그 기술이나 제품 자체가 얼마나 혁신적인가는 크게 의미가 없다. 그 제품들이 9대 이해관계자의 미충족 수요를 충족할 수 있느냐가 중요하고 그렇게 돼야 비로소 혁신이 진행된다. 그런데 아홉 개나 되는 모든 이해관계자의 미충족 수요를 각각 분석하는 것은 효율적이지 못하다. 의료기기 산업을 분석하는 가장 좋은 방법은 9대 이해관계자 중에서 가장 중요한 3대 이해관계자 중심으로 사고하는 것이다. 3대 이해관계자의 가려운 부분이 어디인지를 파악하고 어떤 혁신 기술이나 어떤 이벤트의 발생으로 해소될지를 생각해보는 것이 중요하다. 의료 시스템의 3대 이해관계자는 가격책정 권한과 비용지급 권한을 가진 건강보험, 경쟁 측면에서 시장의 대부분을 점유하는 글로벌 대형기업, 치료 의사결정 권한을 가진 병원이다.

7장은 국내 유일의 의료기기 애널리스트로서 국내 의료기기 산업이 앞으로 더 발전하기 위해서 어떤 것들이 필요한지 고민해보았다. 국내 의료기기 산업을 이해하기 위해서 반드시 숙지해야 하는 건강보험 제도와 그에 따른 네 가지 대안을 담았다. 필자가 애널리스트로서 의료기기 산업을 분석한 경험을 토대로 만들어낸 신제품·신기술 평가 프레임워크도 공유했다. 새로운 혁신 기술을 개발하거나 혹은 투자할 때 유용하게 사용할 수 있을 것이다. 또한 코로나바이러스로 우리나라에서 가장 화두가 되는 체외진단과 원격의료에 대해서 글로벌 관점의 인사이트를 제시했다. 마지막으로 의료기기 산업에서 빼놓을 수 없는 디지털 헬스케어에 관한 이야기를 담았다. 디지털 헬스케어에서 유니콘 찾기가 한창이다. 하지만 유니콘은 어디까지나 사람들의 기대감에 불과하다. 세상은 유니콘이 아니라 블록버스터가 바꾼다. 최근 주목받는 디지털 헬스케어가 기대감을 넘어 실체를 가지려면 어떤 것들이 중요한지 분석해보았다.

부록에서 글로벌 의료기기 상장지수펀드에 관해서 소개했다. 새로운 산업의 변화를 살펴보는 방법의 하나는 주식시장에서 관련 산업의 주가 추이를 살펴보는 것이다. 그러나 의료기기는 수많은 세부시장으로 이루어져 있어 특정 기업의 주가를 살펴보는 것은 특정 세부시장을 관찰하는 데 편리할 수 있지만 전체 산업을 살펴보는 데는 적합하지 않다. 의료기기와 관련된 상장지수펀드는 여러 의료기기 기업들로 구성되어 있어 전체 산업을 살펴보는 것과 같은 효과를 누릴 수 있다. 의료기기와 디지털 헬스케어와 관련된 상장지수펀드로는 아이셰어즈 미국 의료기기 상장지수펀드와 글로벌엑스 원격의료와 디지털 헬스케어 상장지수펀드가 있다.

이 책을 통해 필자가 전달하고 싶은 의도가 얼마나 전달될지는 모르겠다. 그러나 단 몇 독자분에게라도 전달된다면 충분히 행복할 것 같다. 필자가 강의 마지막에 항상 하는 이야기가 있다. 이 책이 승진, 연봉 인상, 영전, 학위 취득, 투자 판단, 가족 관계, 취업, 과제 선정, 지적 성취감 획득 등 독자분들의 인생에 도움이 꼭 됐으면 한다.

마지막으로 나를 세상에 태어나게 해주신 부모님과 세상에서 제

일 사랑하는 아내와 눈에 넣어도 아프지 않은 우리 아들에게 감사의
인사를 전한다.

2020년 10월

김충현

**차 례**

**추천사**    애널리스트의 관점에서 한국 의료기기 산업이
　　　　　가야 할 길을 제시하고 있다 • 5
　　　　　(남학현, 아이센스 대표이사)

　　　　　의료기기 산업 전반을 다룬 국내 최초의 실용서이자
　　　　　투자 입문서이다 • 8
　　　　　(배준범, 한국투자밸류자산운용 코어밸류운용본부장)

**머리말**    의료기기 산업이 발전해야 디지털 헬스케어가
　　　　　구축된다 • 12

# 1장 의료기기 산업의 부상

## 1 코로나바이러스와 헬스케어 산업의 디지털 전환 • 25

코로나바이러스로 가속화된 구경제에서 신경제로의 전환 • 25 | 본격적으로 확대될 원격의료와 디지털 헬스케어 • 27

## 2 헬스케어의 미래와 의료기기의 역할 • 33

기존 의료 시스템과 결합할 수밖에 없는 원격의료 • 33 | 헬스케어의 미래를 이끄는 의료기기의 혁신과 디지털 전환 • 34 | 의료기기는 바이오산업보다 헬스케어의 문제들을 더 많이 해결할 것 • 38

# 2장 글로벌 의료기기 산업의 이해

## 1 글로벌 의료기기 산업의 특징 • 43

의료기기 산업은 치료, 진단, 건강관리로 구분하는 것이 좋다 • 43 | 왜 필러는 의료기기인데 보톡스는 의약품인가 • 48 | 의료기기 규제 시스템 • 50 | 의료기기와 의약품의 임상시험 비교 • 55 | 가격결정의 주체

는 기업이 아니라 건강보험 · 57 | 실제 고객은 처방 권한을 가진 의사
· 59 | 제조업보다 높은 성장성과 수익성 · 61

2 글로벌 의료기기 산업의 성장 전략 · 63

대기업의 기본 전략은 인수합병 · 63 | 시스템 매출보다 중요한 소모
품 매출 · 66 | 10배 상승하는 초기기업이 등장하는 이유 · 66

 ## 치료 영역의 혁신

1 치료 영역 혁신의 메가트렌드 · 71

2 순환계와 신경계 · 73

개흉수술을 대체하는 경피적 대동맥판막 치환술 · 73 | 표준치료법에
도전하는 기계적 혈전제거술 · 76 | 감염 관련 2차비용 절감이 가능
한 일회용 내시경 · 79 | 데이터에 기반한 인체삽입형 신경조절치료 ·
81 | 전 세계 남성들의 새로운 희망, 초음파 전립샘 절제술 · 85

3 외과수술 · 89

로봇수술의 역사와 독점기업의 탄생 · 89 | 로봇수술 20년 역사상 최강
의 도전자 등장 · 93 | 뇌, 척추, 혈관 수술까지 확장하는 로봇수술 ·
96

4 항암치료 · 100

3대 표준 항암치료법의 장단점 · 100 | 2만 명에게 사용된 암세포 분열
을 방해하는 전기장 치료 · 101

 ## 진단 영역의 혁신

1 진단 영역 혁신의 메가트렌드 · 109

2 영상진단 · 111

영상진단 기업 관점에서 인공지능의 역할 · 111 | 디지털 병리와 영상 바이오마커 · 116 | 뇌졸중 치료기기와 인공지능의 제휴 · 121

3 체외진단 · 124

조기진단보다 동반진단과 예후진단에 더 적합한 액체생검 · 124 | 미국 최초의 대장암 조기진단 키트 · 128 | 면역체계를 활용한 질병 진단 지도 · 131 | 항암제의 반응률을 높여주는 동반진단 · 133

## 5장 건강관리 영역의 혁신

1 건강관리 영역 혁신의 메가트렌드 · 139

2 만성질환 · 141

반전에 반전을 거듭하는 웨어러블 심전도 검사기 · 141 | 연속혈당측정기와 인슐린 자동주입기 · 146 | 디지털 치료제부터 인공췌장까지 · 150 | 수면무호흡증 치료를 위한 원격 모니터링 · 153 | 개인맞춤형 약물복용 관리 솔루션 · 155 | 가정용 혈액투석기기 · 156

3 치과 · 161

에스테틱 덴티스트리의 부상 · 161 | 석고인상을 대체하는 디지털 구강스캐너 · 164

## 6장 글로벌 의료기기 산업 분석

1 의료기기 산업 분석 프레임워크 · 171

기술보다 시스템이 주도하는 의료기기 산업의 혁신 · 171 | 혁신을 위해 통과해야 하는 의료 시스템의 9대 관문 · 174 | 주요 3대 이해관계자 관점 사고의 중요성 · 178

## 2 글로벌 대형기업 관점의 분석 · 180

글로벌 기업 지분구조와 인수합병 전략의 관계 · 180 | 왜 화이자는 암 조기진단 제품을 유통하는가 · 184 | 메드트로닉은 어떻게 디지털 수술 플랫폼을 구축했는가 · 187

## 3 건강보험 관점의 분석 · 189

가격책정 권한과 비용지급 권한을 가진 건강보험 · 189 | 고령화와 저금리라는 초대형 악재 · 192 | 순자산가치 상승을 위해 선호되는 총비용 절감 제품 · 194 | 가치기반지불제에 기반한 고가 전략이 윈-윈 전략인 이유 · 197 | 미국 건강보험 시장의 이해 · 200

## 4 병원 관점의 분석 · 207

헬스케어에서 소비자 직접 판매가 작동하기 힘든 이유 · 207 | 1차병원과 대형병원의 마케팅 전략의 차이 · 211 | 1차병원 마케팅: 임플란트 업체가 내수 시장을 장악한 비법 · 213 | 대형병원 마케팅: 초고속 항생제 감수성 검사의 시장 침투 · 217 | 정밀의료는 실현 가능할까 · 220

# 7장 국내 의료기기 산업의 미래

## 1 불편한 진실과 네 가지 대안 · 227

혁신성이 약화되고 있는 한국 의료기기 산업 · 227 | 혁신의 진짜 장벽은 규제보다 건강보험 체계 · 229 | 대안 1: 치과나 미용 등 원래 강점을 지닌 분야를 더 강화하자 · 235 | 대안 2: 바이오 산업을 벤치마킹해 기술이전을 활성화하자 · 239 | 대안 3: 자체 성장의 한계를 넘을 인수합병이 활성화돼야 한다 · 243 | 대안 4: 정책자금, 금융자본뿐 아니라 산업자본을 유치하자 · 245 | 스타트업에 대한 제언: 왜 성공한 박사 출신 사업가는 보기 힘들까 · 248 | 혁신 의료기기 발굴과 평가 프레임워크 · 251

## 2 국내 체외진단 산업의 미래 · 255

면도기 비즈니스보다 플랫폼 비즈니스인 체외진단 · 255 | 최신 진단기법이 기존 진단기법을 대체하기 어려운 이유 · 259 | 진단기법보다 훨씬 중요한 바이오마커 발굴 · 266 | 민감도와 특이도보다 유병률과

비즈니스 모델이 핵심 · 268 | 개인 유전자 검사 업체에 검사항목 확대
보다 더 중요한 것들 · 274

## 3 원격의료의 미래 · 279

원격의료 때문에 원격의료를 도입한 나라는 없다 · 279 | 미중 원격의
료 업체들의 3단계 성장 전략 · 281 | 코로나바이러스가 원격의료의 구
조적 성장에 미친 진짜 영향 · 288 | 오프라인 진료와 결합하게 될 원
격의료 · 291 | 전자의무기록의 이상과 현실의 괴리 · 295 | 필팩의
진짜 가치는 원격 의약품 배송이 아니라 약품 개별포장 · 299

## 4 디지털 헬스케어의 미래 · 303

세상은 유니콘이 아니라 블록버스터가 바꾼다 · 303 | 웨어러블 업체
가 놓친 헬스케어 산업의 본질 · 306 | 홍삼, 강아지 구충제, 마스크에
숨어 있는 헬스케어의 본질 · 312 | 디지털 헬스케어의 블록버스터가
될 의료기기 · 316 | 디지털 치료제는 블록버스터가 될 수 있을까 ·
320 | 블록버스터에 등극한 원격의료, 다음은 플랫폼 전쟁 · 325


부록 글로벌 의료기기 관련 ETF · 336

**출처** · 340

# 1장

# 의료기기 산업의 부상

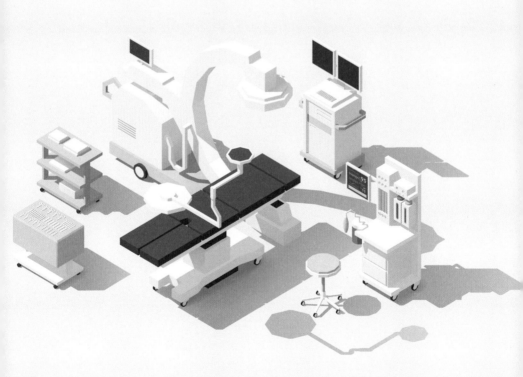

# 1
# 코로나바이러스와 헬스케어 산업의 디지털 전환

## 코로나바이러스로 가속화된 구경제에서 신경제로의 전환

필자의 직업 특성상 상장사들의 시가총액 변화에 관심이 많다. 시간의 흐름에 따라 시가총액 변화의 추이를 살펴보는 것은 세계에서 일어나는 유의미한 변화를 읽어내는 데 상당히 유용하다. 최근 주식시장에서 눈에 띄는 변화는 코로나바이러스로 인해서 소위 신경제New Economy라고 불리는 신성장 산업이 구경제Old Economy라고 불리는 전통 산업들을 대체하는 움직임이 가속화되고 있다는 것이다.

2020년 7월 1일 기준 전기차 제조사인 테슬라는 시가총액이 약 2,070억 달러를 넘어서며 기존 시가총액 세계 1위였던 도요타를 제치고 세계 자동차 시가총액 1위로 올라섰다.[1] 테슬라의 2019년 자동차 판매량은 약 37만 대 수준으로 도요타의 30분의 1 수준에 불과하다. 그래픽 프로세서 제조사인 엔비디아는 2020년 7월 8일 기준 시가총액 2,500억 달러를 돌파하며 상장 이후 최초로 인텔을 추월했다.[2]

## 국내 시가총액 상위 10개 종목 추이

| 2000 | 시가총액<br>(조 원) | 2010 | 시가총액<br>(조 원) | 2020 | 시가총액<br>(조 원) |
| --- | --- | --- | --- | --- | --- |
| 평화은행우선 | 44.0 | 삼성전자 | 139.8 | 삼성전자 | 314.6 |
| 삼성전자 | 23.9 | 포스코 | 42.5 | SK하이닉스 | 60.3 |
| SK텔레콤 | 22.6 | 현대차 | 38.2 | 네이버 | 49.1 |
| 한국통신공사 | 20.9 | 현대중공업 | 33.7 | 삼성바이오로직스 | 48.4 |
| 한국전력 | 15.1 | 현대모비스 | 27.7 | 셀트리온 | 43.8 |
| 포항제철 | 7.4 | LG화학 | 25.9 | 삼성전자우 | 38.5 |
| 한통프리텔 | 4.7 | 신한지주 | 25.1 | LG화학 | 37.3 |
| 국민은행 | 4.5 | KB금융 | 23.2 | 카카오 | 31.2 |
| 담배인삼공사 | 3.6 | 삼성생명 | 20.5 | 삼성SDI | 26.9 |
| 외환은행(1우B) | 3.4 | 기아차 | 20.1 | 현대차 | 21.0 |

(출처: 한국거래소, 2020년 7월 10일 기준)

이러한 변화는 우리나라도 만만치 않다. 불과 20년 전만 하더라도 주식시장을 통신이나 전력 같은 유틸리티 산업이 주도했다. 이어서 일명 차화정으로 불리었던 자동차, 화학, 정유의 2010년대를 지나 2020년에 이르러 완전히 새로운 세상을 맞이했다. 헬스케어, IT, 플랫폼 업체들과 같은 신경제 업체들이 터줏대감인 전통 산업들을 몰아낸 것이다. 세상은 신성장 산업을 중심으로 빠르게 변화하고 있다.

헬스케어 산업 내에서도 신경제가 부각되는 현상은 마찬가지다. 2020년 헬스케어 산업에서 코로나바이러스로 가장 히트 친 키워드 중 하나는 누가 뭐래도 '원격의료'이다. 원격의료는 코로나바이러스 바이러스를 피하는 데 매우 훌륭한 수단이 됐다. 미국 기업 텔라닥의 원격진료 매출은 2020년 상반기 1억 달러를 기록했다. 2019년 상반기 원격의료 매출보다 무려 147%가 높은 금액이었다. 텔라닥의 원격의료 플랫폼 가입회원수는 증가도 놀라운 수준이다. 2019년 말

5,600만 명이었던 가입회원은 2020년 상반기 말 기준 7,300만 명으로 증가했다. 6개월 사이에 1,700만 명이 증가한 것이다. 이 과정에서 평균 9~10%였던 텔라닥 가입회원의 원격의료 이용률은 16%까지 급상승했다.

## 본격적으로 확대될 원격의료와 디지털 헬스케어

필자는 글로벌 헬스케어 산업을 분석하면서 원격의료의 도입은 사실상 정해진 미래와 다름없다는 것을 느끼고 있었다. 가장 큰 이유는 의료수급 불균형이다. 인류의 수명이 빠르게 증가하면서 전 세계는 빠르게 고령화가 진행되고 있다. 고령화는 필연적으로 의료 수요와 의료비용 증가로 이어진다. 우리나라 건강보험심사평가원 통계에 의하면 65세 이상 인구는 전체 건강보험 급여 적용 대상의 13%에 불과하지만 전체 급여비용의 40%를 차지한다. 또한 65세 이상의 인구 중 80% 이상은 한 개 이상의 만성질환을 보유하고 있다.[3]

그런데 의료 공급은 의료 수요에 발맞추어 빠르게 진행되기 어렵다. 한 사람의 의사를 육성하는 데는 적어도 10년 이상이 걸리기 때문이다. 그러다 보니 대부분 국가에서 의료 수요와 공급은 불균형을 이루게 된다. 미국에서는 2033년 13만 명 이상의 의사가 부족할 것으로 예상된다.[4] 현재 주치의Primary Care Physician가 없는 성인 인구가 26%에 달한다.[5] 중국은 1,000명당 의사수가 경제협력개발기구OECD 평균인 3.4명을 크게 못 미치는 1.8명 수준에 그치고 있다.[6] 미국에서는 병원 예약 후 방문까지 가정의학과 기준 최대 60일을 넘기는 경우가 있다고도 한다.[7] 중국은 3시간을 기다려 8분 정도의 진료를 받

을 수밖에 없다고 한다.[8]

수요와 공급이 불균형하다면 수요를 줄이든가 공급을 늘리든가 진료 회전율을 높여야 한다. 헬스케어 산업 특성상 의료 공급을 빠르게 확대하는 것은 쉽지 않다. 고령화 추세를 고려할 때 의료 수요를 줄이는 것도 거의 불가능하다. 결국 진료 회전율을 높일 수 있는 원격의료는 활성화될 수밖에 없는 솔루션이었다.

가장 앞서 준비하는 국가는 중국이다. 중국 정부는 2010년 후반부터 원격의료 활성화를 위한 정책을 수립하고 있었다. 중국은 온라인 진료가 가능한 온라인 병원 허가제도, 한 명의 의사가 복수의 병원에서 근무가 가능한 다점집업, 병원끼리 파트너십을 통해 병상과 의료진과 환자 정보를 공유할 수 있는 의련체 제도를 시행하고 있다. 2019년부터는 본격적으로 원격의료에 우호적인 정책을 시행하고 있다. 2019년 8월부터 원격의료에 대한 공보험 급여 혜택 가이드라인을 제정했고 온라인으로 처방의약품을 판매할 수 있었다.

그러나 원격의료의 확산은 생각보다 빠르게 진행되지는 않았다. 사람들은 새로운 기술에 대해 심리적 장벽을 가지고 있다. 따라서 새로운 기술이 얼리어답터를 넘어서 대중에게까지 확산되려면 시간과 함께 어떤 계기가 필요하다. 특히 헬스케어 산업은 관련 이해관계자가 매우 많은 복잡한 산업이다. 모든 산업 참여자들을 움직일 만한 동기부여는 쉽게 일어날 수 없었다. 그런데 그 누구도 예상치 못한 사건이 일어났다. 바로 코로나바이러스다. 코로나바이러스는 원격의료의 훌륭한 촉매가 됐다. 의료 공급자와 의료 수요자 모두에게 원격의료와 디지털 헬스케어를 경험할 수밖에 없는 환경을 만들었기 때문이다.

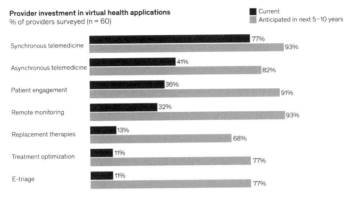

의료계의 리더들은 코로나바이러스 이후 디지털 헬스케어 관련 기술에 투자하려는 의향이 상당히 증가했다. (출처: 맥킨지)

결과적으로 원격의료는 코로나바이러스 이후 빠르게 확대될 가능성이 크다. 코로나바이러스는 원격의료 확산에 크게 두 가지 기여를 했다. 첫째, 긍정적인 사용자경험이다. 원격의료는 코로나바이러스 감염을 막기 위해 어쩔 수 없이 사용해야만 했다. 그런데 이 과정에서 의료 공급자와 의료 수요자 모두 원격의료와 디지털 헬스케어에 대해 긍정적인 사용자경험을 했다는 것이 중요하다. 웹사이트 체인지헬스케어의 조사결과에 의하면 80%의 답변자가 코로나바이러스가 원격의료를 의료 시스템의 필수요소로 만들었다고 답변했다.[9]

의사 전문 조사기관인 서모에 의하면 코로나바이러스 이후에도 60%가 넘는 의사들이 원격진료를 코로나바이러스 이전보다 더 활용할 것 같다는 통계를 발표했다.[10] 또한 맥킨지가 60명의 의료 시스템 리더들에게 한 설문조사를 보면 코로나바이러스 이전보다 이후

에 디지털 헬스케어와 관련된 투자 의향이 대폭 상승한 것을 확인할 수 있다.[11]

둘째, 우호적인 정책 변화이다. 헬스케어 산업은 규제 산업이다. 공보험이나 규제기관의 적극적 대처가 없다면 특정 기술이나 솔루션은 확대되기 힘들다. 코로나바이러스는 세계 각 정부가 원격의료에 우호적인 정책을 펴는 데 큰 역할을 했다. 가장 큰 변화는 세계 최대 헬스케어 시장규모를 자랑하는 미국이다. 미국은 코로나바이러스를 계기로 원격의료에 대한 공보험 급여 혜택을 확장하고 있다. 또한 병원이나 가정에서 디지털 장비 사용을 확대하는 정책도 시행하고 있다. 미국식품의약국은 2020년 3월 비침습적 모니터링기기들인 전자 온도계, 심전도 측정기ECG, 심장 모니터, 맥박측정기, 산소측정기, 비침습 혈압 측정기, 전자 청진기의 전향적인 사용을 허가하며 병원·가정에서도 이러한 기기들을 사용할 수 있게 임시조치를 했다.[12] 2020년 4월에는 당뇨 환자 모니터링기기를 병원 내에서 사용하는 것을 임시 허가했다.[13]

앞으로 원격의료는 의료 시스템에서 차지하는 비중이 크게 확대될 것으로 기대된다. 맥킨지는 코로나바이러스 이전 미국 원격의료 기업들의 매출이 30억 달러 수준에 불과했으나 코로나바이러스 이후 미국 전체 의료 수요의 20%를 대체할 수 있을 것으로 전망했다. 이는 약 2,500억 달러에 해당하는 규모다.[14]

원격의료는 초기에 응급환자 스크리닝, 진료나 진단이 필요 없는 경증질환 진료에 활용됐으나 정신질환, 가정용 의료기기와 연계한 만성질환 환자의 모니터링, 정기상담 등으로 확대되고 있다. 2020년 8월 5일에 미국 최대 원격의료 기업인 텔라닥은 만성질환 관리용 솔

| 항목 | 대체 가능 비중 | 규모(십억 달러) | 비고 |
|---|---|---|---|
| 외래 진료(검사 X) | 24% | 126 | 1차진료, 정신질환, 예후진단 |
| 응급진료 | 20% | 35 | 응급환자 스크리닝 및 진료 |
| 가정 건강 서비스 | 35% | 35 | 원격 물리치료 |
| 외래 진료(검사 O) | 9% | 39 | 리테일 약국 활용한 진단 |
| 기술 기반의 가정용 치료 지원 | 2% | 12 | 원격 모니터링, 환자 교육, 감독 |
| 전체 | 20% | 247 | |

미국 전체 의료 수요의 20%인 2,500억 달러가 원격의료로 대체 가능할 것으로 예상한다. (출처: 맥킨지)

루션 제공업체인 리봉고를 185억 달러에 인수하는 초대형 인수합병 뉴스를 발표했다.[15] 원격진료 플랫폼인 텔라닥이 만성질환 관리 영역을 강화하겠다는 것이다. 원격의료의 진료 범위 확대 트렌드를 반영했다고 볼 수 있다. 비슷한 시기에 세계 최대 영상진단 의료기기 제조사인 지멘스가 방사선 항암 치료기기 제조사인 베리언메디컬을 164억 달러에 인수하기로 한 뉴스가 발표됐다.[16] 2020년 상반기 기준 리봉고는 1억 6,070만 달러의 매출을 기록했고 베리언메디컬은 14억 8,880만 달러의 매출을 기록했다. 인수대상 기업의 매출과 인수금액을 고려하면 현재 원격의료 시장에 관한 관심과 성장성이 얼마나 뜨거운지 확인할 수 있다.

또한 원격의료는 가정용 진단 기기들과 결합해 질병예방과 조기진단 효과를 기대할 수도 있다. 암 조기진단 키트 제조업체인 이그젝트사이언스와 웨어러블 심장 모니터를 제조하는 아이리듬은 주문과 처방에 원격시스템을 구축해 환자들에게 제공하고 있다. 이그젝트사이언스는 원격주문 효과로 코로나바이러스로 인해 미루어진 대장내시경 수요의 30% 이상을 흡수할 것으로 기대하고 있다. 아이리듬은 병원 방문 없이 원격주문을 통해 처방받은 환자들의 순응도와 효과가 병원 내원 환자와 비슷하다는 통계를 발표했다.

# 2
## 헬스케어의 미래와
## 의료기기의 역할

### 기존 의료 시스템과 결합할 수밖에 없는 원격의료

원격의료는 코로나바이러스로 인해 더욱 확대될 가능성이 크다. 그렇다면 원격의료가 장기적으로 진화하기 위해서는 어떤 것들을 더 고려해보아야 할까? 필자는 원격의료가 기존 오프라인 진료와 통합된 솔루션 형태로 진화할 가능성이 크다고 생각한다.

지금까지 원격의료는 기존 의료의 특정 부분을 대체하는 방식으로 주로 일반 의료상담, 응급진료 스크리닝, 피부질환 등 경증질환과 정신질환에 활용되고 있다. 원격의료의 진료 범위가 확대되고 있지만 모든 진료를 대체하는 것은 불가능하다. 의료 산업은 규제 산업이고 원격으로 환자를 진단하고 치료 가능한 기술도 충분히 갖추어져 있지 못하다. 그리고 환자나 의사 모두 대면진료 대비 원격의료에 대한 심리적 거부감이 있다는 것도 또 다른 중요한 장벽이다. 이로 인해 원격의료는 기존 의료 시스템과 결합할 가능성이 매우 크다. 원격의료는 기존 의료를 대체하는 것에서 나아가 기존 의료와 연계를 강화해 통합 솔루션을 제공할 것이다. 예를 들어 온라인 주치의를 통해 정기 진료를 받고 오프라인 의료기관을 통해 추가 검사나 치료를 받는다. 또는 오프라인 병원에서 진료를 받고 난 이후 환자의 예후에 대한 모니터링은 온라인 진료 플랫폼을 통해 비대면으로 진행하는 것이다.

원격의료가 기존 의료 시스템과 결합한다는 것은 상당한 의미가 내포돼 있다. 디지털 기술이 헬스케어 시스템 안에 점점 더 긴밀히 관여된다는 의미이기 때문이다. 원격의료 외에도 코로나바이러스로 인해 부각된 기술 중 원격 모니터링이 있다. 환자의 생체신호나 의약품의 주입 상태를 데이터화해 의사와 환자에게 시각적인 피드백을 제공하는 것이다. 원격 모니터링이 활성화된 이유에 치료 목적 외에도 코로나바이러스 감염을 피하기 위한 특수성이 있었다. 하지만 실제 의료현장에서 이런 기술들을 활용하는 사례가 많아지고 있다는 것이 더 중요하다. 2020년 들어서 상당히 많은 의료기기 업체들이 자신들의 제품에 원격 모니터링 기능을 추가하는 것은 상당히 의미 있는 변화 중 하나다.

## 헬스케어의 미래를 이끄는 의료기기의 혁신과 디지털 전환

원격의료가 기존 의료 시스템과 연결될수록 필연적으로 의료기기의 디지털화와 혁신이 필요하다. 의료기기는 경피적 대동맥판막 삽입술, 복강경수술, 천수신경자극술 등 의료진의 의료행위를 보조하는 도구나 치료재료로 사용된다. 의료기기의 발전은 의료진의 술기나 의료행위의 발전을 촉진한다. 반대로 의료진의 술기나 의료행위의 발전은 의료기기의 발전을 촉진한다. 또한 새롭게 탄생하는 의료 솔루션은 의약품보다는 의료기기 일부로 관리될 가능성이 크다. 최근 부각되는 디지털 치료제나 의료 인공지능 솔루션도 의료기기의 일부인 의료 목적의 소프트웨어Software as A Medical Device, 일명 SaMD로 관리되고 있다.

원격의료에서 비롯된 헬스케어의 디지털화는 의료기기의 혁신을 요구한다. 의료기기의 디지털화가 없다면 더 이상 헬스케어의 디지털화는 진전되기 어렵다. 그런데 생각보다 의료기기 산업은 다른 어떤 산업보다 높은 혁신성을 갖추고 있었다. 지난 10년간 미국 스탠더드앤드푸어스500S&P500 지수는 200.8% 상승했다. 스탠더드앤드푸어스500 지수를 구성하는 24개의 섹터 중에서 스탠더드앤드푸어스500보다 주가 상승률이 높았던 세부 섹터는 7개에 불과하다. 의료기기 섹터는 그 7개 중 하나로 같은 기간 주가 상승률이 317.1%에 달한다.

국내에서 가장 관심이 높은 분야인 제약·바이오 섹터의 주가 상승률은 224.8%에 그친다. 시계열의 범위를 지난 5년으로 좁히면 더 재밌는 현상이 관찰된다. 지난 5년간 미국 스탠더드앤드푸어스500 지수는 51.7% 상승했는데 의료기기 섹터는 60.5% 상승했다. 그런데 제약·바이오 섹터의 주가 상승률은 20.0%에 그치며 스탠더드앤드푸어스500 지수 상승률보다 하회했다. 스탠더드앤드푸어스500 세부 섹터 중에서 의료기기 섹터가 지난 5년간 6번째로 높은 주가 상승률을 기록한 것에 비해 제약·바이오 섹터는 24개 세부 섹터 중 16번째에 불과했다. 일반적으로 주가는 산업이나 기업의 미래가치를 담고 있다고 이야기한다. 미래가치는 산업과 기업의 혁신성과 관련이 높다. 따라서 의료기기 섹터의 높은 주가 상승률은 의료기기 섹터의 혁신성이 제약·바이오 섹터보다 높다고 해석할 수 있다. 그뿐 아니라 의료기기는 제약·바이오 섹터보다 주가배수가 더 높다. 주가배수는 주가를 매출이나 순이익으로 나눈 값이다. 기업규모나 세부시장의 차이를 감안해 비교하기 위해 사용되는 지표다. 즉 단위 매출이나 단위 순이익당 평가받는 배수가 제약·바이오 섹터보다 의료기기가 높다는 뜻이다. 이 역시 의료기기가 제약·바이오 산업보다 혁신성이 높다고 해석할 수 있다.

의료기기의 높은 혁신성의 중심에는 디지털 기술이 있다. 의료기기 업체들은 기존 제품이나 서비스에 디지털 기술을 빠르게 적용하고 있다. 치료 영역에서는 로봇 기술이 적용된 수술로봇, 이미징 기술이 강화되거나 연계된 내시경과 카테터, 전기장을 활용한 웨어러블 암 치료기기, 생체신호 수집 기술을 활용해 데이터 기반 치료가 가능해진 인체삽입형 신경조절치료기기, 초음파를 활용한 전립샘 절제술 등이 개발되고 있다. 진단 영역에서는 인공지능을 활용한 디지털 병리, 차세대 유전체 분석 기술을 활용한 동반진단, 액체생검 기술과 인공지능을 활용한 바이오마커 발굴 기법 등이 개발되고 있다. 건강관리 영역에서는 웨어러블 기술을 활용한 1형 당뇨 환자 관리기기, 블루투스 기능을 활용해 환자 순응도를 높이는 수면무호흡증 치료 마스크, 인공지능 분석 기술을 활용한 디지털 치료제, 개인맞춤형 약물복용 관리 솔루션, 가정용 혈액투석기기, 디지털 덴티스트리를 활용한 투명교정기가 개발되고 있다.

의료 산업은 규제 산업이며 기존 이해관계자들의 영향력이 상당히

**미국 스탠더드앤드푸어스500 구성 세부지수의 지난 10년간 주가 상승률**

| 세부섹터명 | 10년간 주가 상승률<br>(2010. 6. 30.~2020. 06. 30) | 5년간 주가 상승률<br>(2015.6.30~2020.6.30) |
|---|---|---|
| 리테일유통 | 677.3% | 179.0% |
| 소프트웨어와 서비스 | 541.0% | 187.1% |
| IT 하드웨어 | 398.7% | 149.8% |
| 반도체와 반도체 장비 | 377.1% | 177.1% |
| 의료장비와 서비스 | 317.1% | 60.5% |
| 미디어 | 313.3% | 40.4% |
| 제약·바이오 | 224.8% | 20.0% |
| 스탠더드앤드푸어스500 | 200.8% | 51.7% |
| 외식업 | 188.4% | 26.1% |
| 상업용 전문 서비스 | 174.5% | 60.5% |
| 운송 | 168.6% | 29.2% |
| 소비자 서비스 | 162.8% | 26.4% |
| 내구소비재 | 141.3% | 0.2% |
| 자본재 | 132.5% | 15.6% |
| 다각화 금융 | 120.4% | 27.7% |
| 부동산 | 120.1% | 20.4% |
| 보험 | 112.8% | 12.1% |
| 음식료 | 112.8% | 9.7% |
| 가정용품과 개인용품 | 108.7% | 45.5% |
| 원자재 | 105.7% | 20.6% |
| 유틸리티 | 100.1% | 34.5% |
| 은행 | 89.5% | -0.3% |
| 정보통신 | 47.4% | -2.2% |
| 자동차 | 12.5% | -36.2% |
| 에너지 | -23.0% | -50.1% |

(출처: 블룸버그)

강력하고 생명에 관련된 보수성으로 인해 디지털 기술에 대한 심리적 거부감도 존재한다. 따라서 코로나바이러스로 원격의료가 부각되지 않았거나 의료기기의 혁신이 진행되지 않았다면 헬스케어의 디지털

**미국 스탠더드앤드푸어스500 헬스케어 세부지수의 주요 재무 지표**

| 세부섹터 | 기업수 | 시가총액 (조 원) | 2020년 예상 매출 (조 원) | 2020년 예상 영업이익률 | 2020 년 P/S | 2020 년 P/E |
|---|---|---|---|---|---|---|
| 의료기기 | 20 | 1,149.4 | 208.5 | 25.1% | 5.5 | 32.8 |
| 생명공학 | 7 | 363.3 | 63.9 | 23.2% | 5.7 | 32.0 |
| 바이오 | 8 | 778.9 | 155.0 | 48.1% | 5.0 | 13.5 |
| 제약사 | 7 | 1,359.3 | 316.7 | 35.5% | 4.3 | 15.1 |
| 보험사 | 6 | 700.1 | 1,172.3 | 6.6% | 0.6 | 13.8 |
| 유통사 | 4 | 50.8 | 420.9 | 1.4% | 0.1 | 12.4 |
| 기타 서비스 | 2 | 47.7 | 70.5 | 12.8% | 0.7 | 13.8 |
| 검진센터 | 3 | 50.9 | 37.1 | 15.0% | 1.4 | 17.6 |
| 합계 | 57 | 4,500.4 | 2,445.0 | 14.6% | 1.8 | 17.6 |

(출처: 블룸버그, 2020년 7월 9일 기준)

화는 진전되기 힘들었을 것이다. 그런데 코로나바이러스로 원격의료가 부각되기 시작했고 헬스케어의 디지털화를 구체화할 의료기기의 혁신도 진행되고 있다. 헬스케어 산업의 디지털화가 진행되기 매우 좋은 조건이다. 따라서 헬스케어 산업의 디지털화가 가능하다고 믿는다면 의료기기 산업에서 일어나는 혁신에 꾸준히 관심을 가져야 할 것이다.

## 의료기기는 바이오 산업보다 헬스케어의 문제들을 더 많이 해결할 것

의료기기 산업의 기존 제품과 서비스에 디지털 기술들이 빠르게 적용되고 있다. 거의 전 영역에서 디지털 기술을 활용한 혁신이 일어나고 있다. 혁신은 결국 우리 일상생활의 문제들을 해결하는 과정에서 일어났다. 디지털 기술이 접목된 의료기기는 앞으로 바이오 산업보다 헬스케어 분야의 더 다양한 문제를 해결하는 데 이바지할 것이다. 필자는 3가지 영역에서는 그런 일들이 발생할 것이라고 생각한다. 첫 번째는 의료기기가 의약품으로 치료하기 힘든 질환을 치료할 가능성이 점점 커질 것이다. 두 번째는 계속 올라가고 있는 헬스케어의 비용을 낮출 것이다. 세 번째는 삶의 질Quality of Life을 개선하는 데 더 큰 역할을 할 것이다.

먼저 의약품으로 치료하기 힘든 대표적인 영역으로는 비가역적 질병과 신경계 질환을 꼽을 수 있다. 비가역적 질병은 다시 원래대로 되돌릴 수 없는 질병을 말한다. 대표적으로 관절과 심장 관련 질병이 있다. 의료기기는 인공관절이나 인공판막 등을 활용해 기존 장기를 대체하는 식으로 비가역적 질병을 치료할 수 있다. 또한 몸속에 삽입하는 신경자극기기를 통해 파킨슨병, 만성통증, 부정맥, 변실금 등 신경계 질환을 치료할 수 있다. 관련 내용은 「3장 치료 영역의 혁신」에서 더 자세히 다루었다.

두 번째로 계속 올라가고 있는 헬스케어의 비용을 낮추는 방법으로 진단영역을 활용할 수 있다. 대표적인 사례가 질병을 초기에 잡아내는 조기진단, 항암제가 효과가 있을 사람을 선별해 고가 항암제의 효율적인 사용을 유도하는 동반진단, 환자의 신체 영상을 감지해 질환과 치료 방법 결정을 보조하는 의료 인공지능 진단 솔루션을 꼽을 수 있다. 이와 관련된 내용이 「4장 진단 영역의 혁신」과 6장의 「3 건강보험 관점의 분석」이다.

마지막으로 만성질환자에 대한 관리다. 고령화가 진행되면 만성질환자가 증가할 수밖에 없다. 그런데 만성질환은 단어 그 자체가 의미하듯이 완치가 어렵다. 그러다 보니 특정 생체지표를 특정 범위 내에서 관리해 삶의 질을 개선하는 것을 목표로 한다. 그러려면 의료기기, 의약품, 소프트웨어를 유기적으로 결합해야 한다. 의료기기, 의약품, 소프트웨어 각각에 디지털 기술을 적용하고 유기적으로 결합하는 데 디지털 기술을 활용할 수 있다. 이 내용은 「5장 건강관리의 혁신」에서 자세한 사례를 확인할 수 있다.

# 2장

# 글로벌 의료기기
# 산업의 이해

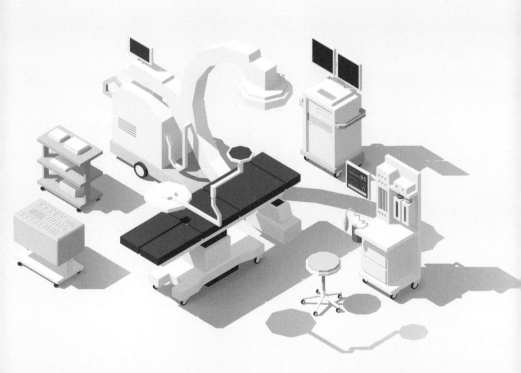

# 1
# 글로벌 의료기기 산업의 특징

### 의료기기 산업은 치료, 진단, 건강관리로 구분하는 것이 좋다

시장조사 기관인 이밸류에이트메드테크에 의하면 글로벌 의료기기 산업의 전체 시장규모는 약 4,775억 달러로 추정된다.[1] 약 9,290억 달러인 제약 시장의 절반 정도로 생각하면 이해가 쉽다. 의료기기 산업은 2024년까지 연평균 5.6%의 성장을 지속할 것으로 예상되는 대표적인 성장 산업이다.

그러나 의료기기 시장은 하나의 단일 시장이라기보다는 무수히 많은 독립적인 세부시장의 합으로 구성돼 있다. 예를 들어 엑스레이 시장과 임플란트 시장은 같은 의료기기 시장이지만 매우 다른 성격의 독립적인 시장이다. 또한 세부시장 내에서도 적응증이나 기술에 따라 또다시 세분화되기도 한다. 우리나라는 매년 의료기기 업체들의 생산실적을 집계하는데 생산실적으로 분류하는 품목이 무려 1,225개에 달한다.[2] 그래서 의료기기 산업은 1등 기업이 매우 많다. 이 많은 품목을 모두 영위하는 것은 현실적으로 불가능하다. 따라서 의료기기 시장은 단일 시장보다 현실적으로 접근 가능한 시장 Addressable Market으로 세분화하는 것이 훨씬 의미가 있다.

의료기기의 여러 세부시장 중 시장규모가 가장 큰 다섯 개의 시장은 체외진단, 심장, 영상진단, 정형외과, 안과 시장을 꼽는다. 다섯 개의 시장의 합이 전체 의료기기 시장의 절반에 육박한다. 또한 가장 성장률이 높을 것으로 예상되는 다섯 개의 시장은 신경학(9.1%), 당뇨(7.8%), 치과(6.5%), 성형(6.5%), 심장(6.4%)이다. 그런데 이렇게만 나열하면 처음 의료기기 산업을 분석하는 사람은 잘 와닿지 않는다. 그보다는 왜 저 산업들이 시장규모가 크고 성장률이 높을까를 고민하는 편이 더 쉽고 건설적이다. 필자의 경험으로는 의료기기 산업을 처음 분석할 때 막연하게 시장규모와 성장률로 구분하는 것보다 크게 치료, 진단, 건강관리의 영역으로 나눠 접근하는 것이 좋다고 생각한다. 이렇게 접근하면 산업에 대한 이해를 상당히 빠르게 높일 수 있다.

첫 번째로 살펴보면 좋은 것은 치료 영역이다. 의료기기 산업을 넘어 헬스케어 산업은 건강을 개선, 관리, 유지하기 위한 산업이다. 그중 질병 치료 분야는 헬스케어에서 가장 높은 가치로 평가받는다. 의료기기 영역도 치료와 관련된 분야가 시장규모도 크고 사업의 가치도 높게 평가받을 수 있다. 따라서 어떤 치료에 어떤 의료기기가 주로 사용되는가를 고민해보는 것은 의료기기 산업을 분석하는 매우 좋은 출발점이 된다. 질병에 대한 치료 방법을 의약품과 의료기기로 무 자르듯이 구분할 수는 없다. 그러나 산업 분석 관점에서 의료기기와 의약품을 대체 관계로 이해하면 상당히 좋은 인사이트를 얻을 수 있다. 약이 강한 영역에서 의료기기는 약하고 의료기기가 강한 영역에서 약은 약하다고 이해하면 크게 무리는 없다.

　치료 영역의 시장규모를 파악하는 가장 좋은 방법은 '사망'을 중심으로 생각해보는 것이다. 인간이 가장 피하고 싶은 사건 중 하나는 사망이다. 사망과 관련이 깊은 질병일수록 피하고 예방하고 치료하고 싶은 수요가 강하다. 따라서 사망률이 높은 질병의 치료와 연관이 될수록 그 치료기기의 가치와 시장규모가 커질 수 있다. 국가마다 다소 차이는 있겠지만 선진국일수록 사망의 압도적인 원인을 차지하는 질병은 암과 순환계 질병이다. 우리나라와 미국의 사례를 참고하면 거의 45~49%의 사망자가 암과 순환계 질병에서 발생한다.[3, 4]

　그렇다면 이 질병은 어떤 방법으로 치료하는가? 질문의 답은 환자의 상태에 따라 다르겠지만 순환계 질병은 의료기기로 치료하는 경우가 많고 암은 약으로 치료하는 경우가 많다. 그래서 의료기기 시장에서 치료 영역은 순환계가 가장 큰 시장을 형성하고 제약 시장은 항암 시장이 제일 큰 시장을 형성한다. 순환계 시장은 전체 의료기기 시장에서 12.2%를 차지하고 항암 시장은 전체 제약 시장에서 19.4%를 차지하고 있다.[5, 6] 순환계 질환에서 쓰이는 치료제는 항응고제와 혈전 제거제 등으로 생각보다 많지 않다. 오히려 인공판막, 제세동기, 페이스메이커, 스텐트, 좌심실 보조장치 등 의료기기의 활약이 두드러진다. 글로벌 대형 의료기기 기업들의 가장 큰 사업 부문은 대부분 순환계다. 반대로 글로벌 대형 제약사들은 대부분 항암 파이프라인을 보유하고 있다. 이것이 심장이 의료기기 세부시장에서 두 번째로 크고 치료 영역 중 가장 큰 시장인 이유이다. 또한 세부시장 중에서 신경학과 심장의 성장률이 높을 것으로 예상되는 이유가 되는 것이다.

　같은 방식으로 의료기기가 의약품보다 더 많이 활용되는 영역이 어디일까를 고민하면 다다르는 영역은 정형외과다. 정형외과는 엉덩이 관절이나 무릎 관절과 관련이 있으며 문제가 생기면 인공관절로 대체하는 수술을 진행할 수 있다. 이것이 정형외과 시장이 의료기기 시장에서 네 번째로 규모가 큰 이유다. 그러나 예상 성장률은 3.7%로 다른 세부시장보다 다소 낮다. 경쟁 심화로 인해 인공관절의 가격이 지속해서 하락하고 있기 때문이다. 또한 사용되거나 개발 중인 관절 관련 치료제가 늘어나는 것도 낮은 성장률의 또 다른 원인이다.

　두 번째는 진단 영역이다. 진단은 오직 의료기기만이 할 수 있는 영역이다. 전체 의료기기 산업에서 20%가 넘는 비중을 차지한다. 질병의 원인을 분석하고 치료 방법을 결정할 수 있다. 크게 영상진단과 체외진단으로 구분한다. 엑스레이, 컴퓨터단층촬영기기, 자기공명영상촬영기 등 주로 방사선을 활용해 신체 내부의 장기나 뼈를 촬영하는 영상진단기기는 의료기기를 상징하는 제품들이다. 그러나 최근에는 영상진단보다 체외진단이 더 빠르게 성장하고 있다. 시장규모도 이미 체외진단이 영상진단을 추월했고 예상 성장률도 더 높다. 가장 큰 이유는 비즈니스 모델 차이이다. 체외진단은 진단할 때마다 진단키트가 소비되는 소모품 매출 구조로 돼 있기 때문이다. 게다가 최근 정밀치료의 중요성이 부각되면서 정밀치료를 위해 우리 몸 안의 생체지표를 활용하는 경우가 많아지고 있다. 바이오마커라고 불리는 생체지표를 질병 조기진단에 활용하거나 항암치료의 효과를 높이는 데 활용하고 있다.

　또한 내시경처럼 진단이 되면서 치료가 가능한 독특한 영역도 존

## 글로벌 의료기기 및 제약·바이오의 세부 시장규모 및 예상 성장률 비교

| (십억 달러) | 24년 예상매출 | 비중 | 예상 성장률 | | 24년 예상매출 | 비중 | 예상 성장률 |
| --- | --- | --- | --- | --- | --- | --- | --- |
| 체외진단 | 79.6 | 13.4% | 6.1% | 항암 | 236.6 | 19.4% | 11.4% |
| 심장 | 72.6 | 12.2% | 6.4% | 당뇨 | 57.6 | 4.7% | 2.9% |
| 영상진단 | 51.0 | 8.6% | 3.7% | 류마티스 | 54.6 | 4.5% | -1.0% |
| 정형외과 | 47.1 | 7.9% | 3.7% | 백신 | 44.8 | 3.7% | 6.6% |
| 안과 | 42.2 | 7.1% | 6.2% | 바이러스 | 42.2 | 3.5% | 1.4% |
| 성형 | 34.3 | 5.8% | 6.5% | 면역억제제 | 36.1 | 3.0% | 16.8% |
| 내시경 | 28.3 | 4.8% | 6.3% | 피부과용제 | 32.1 | 2.6% | 12.5% |
| 약품 투여 | 25.3 | 4.3% | 4.6% | 기관지 확장제 | 30.7 | 2.5% | 1.5% |
| 치과 | 21.6 | 3.6% | 6.5% | 감각기관 | 30.5 | 2.5% | 5.4% |
| 상처치료 | 17.8 | 3.0% | 4.6% | 응고제 | 24.6 | 2.0% | 4.1% |
| 당뇨 | 19.8 | 3.3% | 7.8% | 고혈압 | 24.1 | 2.0% | 0.9% |
| 신장 | 15.6 | 2.6% | 4.2% | 다발성 경화증 치료 | 21.1 | 1.7% | -1.2% |
| 헬스케어IT | 17.6 | 3.0% | 5.9% | 섬유소 분해 | 18.2 | 1.5% | 4.7% |
| 신경학 | 15.8 | 2.7% | 9.1% | 고지혈증 | 17.7 | 1.4% | 10.7% |
| 이비인후과 | 13.1 | 2.2% | 5.7% | 면역 글로불린 | 15.1 | 1.2% | 6.2% |
| 상위15개 총합 | 501.7 | 84.4% | | 상위15개 총합 | 686.0 | 56.1% | |
| 기타 | 92.8 | 15.6% | | 기타 | 536.0 | 43.9% | |
| 전체 의료기기 시장 | 594.5 | 100.0% | 5.6% | 전체 제약·바이오 시장 | 1,222 | 100.0% | 5.9% |

(출처: 이밸류에이트메드테크, 이밸류에이트파마)

재한다. 영상기술과 인공지능을 활용한 알고리즘 기술이 발달하면서 내시경 시장의 성장률도 전체 의료기기 시장 성장률보다 높을 것으로 예상된다.

세 번째는 건강관리 영역이다. 삶의 질을 개선할 수 있어 현대사회에서 치료만큼이나 중요하다. 대표적인 영역은 당뇨, 고혈압, 만성폐쇄성폐질환처럼 완치가 힘든 만성질환이다. 만성질환은 완치가 어려우므로 특정 생체지표를 특정 범위 내에서 관리해 삶의 질을 개선하는 것을 목표로 한다. 만성질환은 의료기기, 의약품, 소프트웨어가 유기적으로 결합돼야 한다. 여기서 의료 목적의 소프트웨어Software as a Medical Device는 의료기기로 취급된다. 그래서 당뇨 시장의 예상 성장률이 7.8%로 상당히 높은 것이다. 특히 당뇨는 디지털 기술이 적극적으로 활용되고 있어 최근 부상하는 디지털 헬스케어의 핵심 시장으로 떠오르고 있다.

건강관리 영역에서 치과 시장도 매우 중요한 시장이다. 치과는 치료뿐 아니라 심미적 기능이 강화되고 있다. 소득 수준이 높아질수록 교정과 같은 심미 목적의 치료 수요가 증가하기 때문이다. 치과 시장의 성장률이 높을 것으로 기대되는 이유이다. 치과 역시 디지털 기술을 적극적으로 수용하고 있는데 3D프린팅이나 인공지능 등 다양한 기술이 접목되며 디지털 덴티스트리라는 새로운 시장이 형성되고 있다.


## 왜 필러는 의료기기인데 보톡스는 의약품인가

의료기기는 의료 목적으로 사용되는 장비를 통칭하는데 범위가 매우 광범위하다. 우리나라에서 의료기기 산업 생산실적으로 발표하는 통계에만 1,200개가 넘는 품목이 포함될 정도이다. 심지어 최근에는 인공지능과 같은 소프트웨어도 의료기기로 인정을 받고 있다. 그러다 보니 어떤 것은 의료기기가 아닌 것 같은데 맞고 또 어떤 것

**의료기기로 분류되는 필러와 콘택트렌즈**

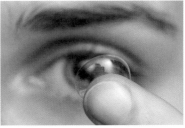

은 의료기기가 맞는 것 같은데 아닌 경우가 많다. 의료기기로 인정받기 위해서는 다음의 세 가지 조건을 갖추어야 한다.

첫 번째, 의료기기는 화학반응 없이 물리적으로만 작용해야 하며 체내에 직접 영향을 주지 않아야 한다. 사람들이 많이 헷갈리는 품목이 보톡스와 필러이다. 상술한 조건으로 인해 필러(4등급)만이 의료기기에 해당한다. 필러는 진피층에 주입돼 단순히 공간을 채우는 기능을 하기 때문이다. 보톡스는 근육에 주입해 근육을 마비하는 화학적인 작용을 수반하므로 의약품으로 분류한다. 체외진단이 의료기기로 관리되는 이유도 혈액, 소변, 대변 등의 검체를 몸 밖으로 빼낸 후 검사를 진행해 인체에 직접 화학작용을 하는 것은 아니기 때문이다.

두 번째, 의료기기는 의료 목적성이 있어야 한다. 질병, 상해, 장애, 임신 등과 관련해 진단, 치료, 예방의 목적이 있어야 한다. 우리가 일상생활에서 자주 사용하는 콘택트렌즈(2등급)는 신체 중 가장 예민한 눈에 직접 닿기 때문에 안과 전문의의 진단을 받아야 하는 의료기기다. 돋보기안경도 시력 교정 목적이 있어서 의료기기다. 재미있는 것은 콘돔인데 성병 예방과 임신 조절 목적성이 있어서 의료기기(3등급)로 분류된다.

세 번째, 환자의 진료나 치료에 직접적인 연관성이 있어야 한다. 한때 우리나라에서 의료 인공지능으로 매우 관심이 많았던 IBM의 왓슨은 의료기기로 분류되지 못했다. 규제 당국은 왓슨을 새로운 정보 분석이 아니라 기존의 의료 지식을 검색하는 의료 정보검색의 용도로 판단했기 때문이다. 그러나 영상진단에 활용되는 의료 인공지능 솔루션은 의사의 판독정확도를 높이고 재검률을 줄인다는 효용이 인정돼 의료기기 허가를 받을 수 있었다.

## 의료기기 규제 시스템

대부분 국가는 인체에 미치는 위험도에 따라 의료기기를 등급으로 나누어 관리한다. 우리나라는 잠재적 위해성이 거의 없는 의료기기는 1등급, 잠재적 위해성이 낮은 의료기기는 2등급, 중증도의 잠재적 위해성을 가진 의료기기는 3등급, 고도의 위해성을 가진 의료기기는 4등급으로 관리한다. 미국식품의약국은 3개의 등급으로 관리한다. 위험도가 낮은 의료기기는 클래스 1, 중간 정도의 위험도를 가진 의료기기는 클래스 2, 위험도가 매우 높은 의료기기는 클래스 3으로 관리한다. 그렇다면 의료기기의 등급은 어떻게 부여되는 것일까? 의료기기 규제는 크게 세 가지 시스템으로 관리된다.

첫째 전통 규제 시스템이다. 위험도가 높은 의료기기일수록 더 높은 수준의 검증을 통과해야 한다. 미국을 기준으로 이야기하면 등급이 높아질수록 심사를 위해 시판 전 신고510(K)와 시판 전 승인PMA이 요구된다. 칫솔, 붕대, 실험용 장갑, 칫솔, 청진기 같은 품목이 해당하는 클래스 1 의료기기는 대부분 시판 전 신고나 시판 전 승인 대상에

**메드트로닉의 뇌수술용 정위 장치에 대한 510(K) 신고 서류**

Stealth Autoguide™ System

| Item | Subject Device | Predicate Devices |
|---|---|---|
| General Description | Computer controlled electromechanical multi-jointed arm for use as a stereotactic instrument | **Predicate: ROSA Brain (K151359)** Computer controlled electromechanical multi-jointed arm for use as a stereotactic instrument |
| Product Code | HAW | **Predicate: ROSA Brain (K151359)** HAW |
| Intended Use/ Indications for Use | The Stealth Autoguide™ System is a positioning and guidance system intended for the spatial positioning and orientation of instrument holders or tool guides to be used by neurosurgeons to guide standard neurosurgical instruments, based on a pre-operative plan and feedback from an image-guided navigation system with three-dimensional imaging software. The Stealth Autoguide™ System is a remotely-operated positioning and guidance system, indicated for any neurological condition in which the use of stereotactic surgery may be appropriate (for example, stereotactic biopsy, stereotactic EEG, laser tissue ablation, etc.). | **Predicate: ROSA Brain (K151359)** Intended for the spatial positioning and orientation of instrument holders or tool guides to be used by neurosurgeons to guide standard neurosurgical instruments (biopsy needle, stimulation or recording electrode, endoscope). The device is indicated for any neurosurgical procedure in which the use of stereotactic surgery may be appropriate. **Reference Device: iSYS 1 (K131433)** The iSYS 1 device is intended to assist the surgeon in the positioning of a needle or electrode where both computed tomography (CT) and fluoroscopic imaging can |

(출처: 미국식품의약국)

포함되지 않는다.

　클래스 2 의료기기부터는 대부분 시판 전 신고510(K)가  필요하다. 대표적인 클래스 2 의료기기는 초음파 진단기기, 자기공명영상장치 등이 포함된다. 미국에서 제품을 판매하기 최소 90일 전까지 시판 전 신고 관련 서류를 제출해야 한다. 시판 전 신고에는 반드시 미국 시장에서 유통되는 같은 종류의 비교 제품을 선택해 기술적 안전성과 제품의 유효성 등이 동등하다는 것을 증명해야 한다. 이 과정에서 임상시험이 반드시 필요한 것은 아니다.

　클래스 3 의료기기는 대부분 시판 전 승인제도PMA를 통과해야 한다. 대부분 안전성과 유효성을 입증하기 위한 임상시험이 요구된다. 3등급 제품 중 희귀질환 환자에게 사용되는 의료기기는 인도주의적 의료기기Humanitarian Device Exemption 심사 절차 제도를 활용할 수 있다. 기존 시판 전 승인제도보다 심사에 걸리는 시간이 훨씬 빠르다. 미국의 노보큐어는 옵튠이라는 전기장을 활용한 항암 치료기기를 개발한다. 이 기업이 최초로 허가받은 적응증은 교모세포종이라는 암인데 인도주의적 의료기기 심사제도를 통해 허가받았다.

또한 클래스 1이나 2에 해당하는 의료기기라도 비교할 만한 동등 제품이 없을 때는 드 노보De Novo 제도를 통해 클래스 3 수준의 심사를 받아야 한다.

둘째 신규 규제 시스템이다. 최근에는 의료기기에 새로운 기술들이 융합되며 기존의 규제 시스템으로는 관리하기 어려운 새로운 형태의 의료기기들이 등장하고 있다. 규제 당국의 고민은 깊어질 수밖에 없다. 기존 규제 시스템을 활용하면 심사 기간이 길어져 의료기기의 상용화가 지연돼 환자들이 피해를 받고, 기존 규제를 대폭 완화하면 유효성이 검증되지 않은 기기들이 시중에 유통될 가능성이 커져 역시 환자들이 피해를 받을 수 있기 때문이다. 그래서 환자들의 효용을 높이면서 새로운 의료기기들을 효과적으로 관리할 수 있는 새로운 규제 시스템 실험이 진행되고 있다. 그 대표적인 시도가 사전승인 프로그램Pre-Cert Program, 획기적 의료기기 프로그램Break-through Devices Program, 그리고 공보험 병행검토제도Parallel Review with CMS이다.

사전승인 프로그램은 소프트웨어 형태의 의료기기를 관리하기 위해 시험되는 파일럿 프로그램이다. 의료기기 제품 자체를 검증하는 것이 아니라 의료기기 기업을 검증하는 것이 주요 골자다. 환자 안전, 제품 품질, 임상적 책임, 사이버상 책임, 적극적인 문화 등의 다섯 가지 기준으로 평가한다. 현재 애플, 핏빗, 존슨앤드존슨, 피어테라퓨

틱스, 로슈, 삼성, 타이드풀, 베릴리, 포스포러스 등 9개 기업이 선정 됐다.[7]

획기적 의료기기 프로그램은 의료기기나 의료기기를 포함한 여러 가지 기술이 융합된 복합제품을 관리하기 위한 것이다.[8] 기존 심사제도인 시판 전 신고와 시판 전 승인을 유지하면서 의료기기의 인허가를 신속하게 진행하기 위한 것이다. 크게 4가지의 사례가 해당된다. 획기적인 기술인 경우, 기존에 승인된 대체기술이 없는 경우, 기존 승인된 대체기술 대비 현저한 장점을 제공하는 경우, 환자에게 최상의 효용으로 이용 가능한 경우가 그 해당 사항이다. 획기적 의료기기로 지정된 의료기기는 다른 심사 건보다 우선 심사되는 혜택을 받고 필요에 따라 추가적인 심사지원을 받을 수 있다.

공보험 병행검토제도는 2011년부터 시행된 제도로 규제기관과 공보험이 의료기기 업체의 임상 데이터를 동시에 검토하는 제도이다.[9] 일시적인 파일럿 프로그램으로 시행됐으나 2016년부터 종료 시점이 무기한 연장됐다. 이 제도를 통해 출시된 제품은 2014년 이그젝트사이언스의 대장암 조기진단 제품인 콜로가드와 2017년 파운데이션메디슨의 동반진단 제품인 파운데이션 원이 있다.

셋째 사후 규제 시스템이다. 의료기기의 규제는 심사를 통과한 것으로 끝이 아니다. 실세계에서 사용되는 와중에도 규제 당국은 시판 후 조사Post Approval Study를 통해 꾸준히 사후검증하고 있다. 임상시험의 데이터는 통제된 환경에서 얻은 데이터지만 실세계에는 여러 가지 변수들이 많기 때문이다. 시판 후 조사는 의료기기가 실세계에서 사용되면서 측정한 유효성이 임상시험을 통한 유효성과 유의미한 차이가 있는지를 조사하며 장기간 사용할 때 나타나는 부작용이나 허가된 적응증 외 새로운 약효 등을 확인한다.

미국 기업 어바이오메드는 임펠라라고 하는 심장에 삽입되는 순환보조장치를 생산하고 있다. 임펠라는 고위험 관상동맥중재술을 시행하기 전에 심실 내에 삽입돼 심장의 기능과 순환을 유지할 수 있도록 보조하는 심장펌프이다. 그런데 2019년 2월 미국식품의약국이 이 기업에 경고장을 발송했다. 간단하게 이야기하면 이 기업이 시판 전 승인 때 제출한 임상 데이터보다 실세계의 임상 데이터의 유효성이 더 낮다는 것이다.[10]

이 회사의 제품 중 우심실에 쓰이는 임펠라RP 제품은 제품 사용 후 생존율 73%의 데이터로 시판 전 승인을 통과해 미국식품의약국 허가를 받았다. 성인 중에서 체외막산소공급장치ECMO를 활용한 환자의 생존율이 약 29~42%인 점을 고려하면 상당히 높은 생존율이었다. 그런데 미국식품의약국이 42명을 대상으로 시판 후 조사를 해보니 생존율이 17.4%에 그쳤다. 어바이오메드는 시판 후 조사에 포함된 42명 환자 중 어바이오메드가 미국식품의약국 허가를 받은 프로토콜대로 치료한 환자는 14명에 불과했고 그래서 생존율이 64%라고 반박했다. 그러나 이 사건으로 인해 2019년 2월 4일 153억 달러에 달했던 어바이오메드의 시가총액은 2019년 9월 말 기준 76억 달러까지 곤두박질쳤다.

이후 미국식품의약국은 2019년 5월, 2019년 12월, 2020년 7월에 걸쳐 임펠라RP 제품의 유효성에 대한 정보를 꾸준히 업데이트해 공표하고 있다.[11] 어바이오메드 사례에서 보는 것처럼 의료기기 산업은 제품 허가를 받는 일도 중요하지만 그 후에도 안전성과 유효성을 관리하는 것도 매우 중요하다.

**어바이오메드의 우심실 순환보조장치인 임펠라RP**

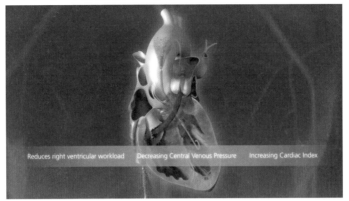

Reduces right ventricular workload　　Decreasing Central Venous Pressure　　Increasing Cardiac Index

(출처: 어바이오메드)

## 의료기기와 의약품의 임상시험 비교

헬스케어 산업은 규제 산업 특성상 임상시험이 요구된다. 임상시험은 진행 자체에 대해서도 허가를 받고 진행한다. 의약품 임상시험 사전허가IND와 의료기기 임상시험 사전허가IDE를 통과해야 임상시험을 진행할 수 있다. 대체로 의료기기 산업의 임상시험은 의약품의 임상시험과 유사하지만 설계와 수행방식에서 다음과 같은 분명한 차이가 있다.[12]

첫째 의료기기 산업의 임상시험은 모든 의료기기에서 요구되는 것은 아니다. 물론 새로운 형태의 의료기기는 의사들로부터 처방과 사용을 유도하기 위해 마케팅 임상시험이 필요하지만, 의료기기 허가 자체를 위해서는 꼭 필요한 것은 아니다. 시판 전 승인PMA에 해당하는 의료기기는 심사를 통과하기 위해 임상시험이 필요하지만 시판 전 신고제도510(K)를 활용하면 임상시험이 필요 없는 때도 있다.

둘째 임상시험의 진행 방식이 다르다. 의료기기는 제품 판매까지 보

### 제약 산업과 의료기기 산업의 임상시험의 차이

| | 제약 | | 의료기기 |
|---|---|---|---|
| 임상<br>1상 | • 임상약리시험으로 약의<br>유효성과 내약성 검증<br>• 일반인 대상(약 20~100명)<br>• 약의 용량과 주요 부작용<br>평가와 치료 효과 추정 | 탐색<br>임상 | • 환자대상(약 10~30명)<br>• 의료기기의 초기 안전성과<br>유효성 평가와 확증 임상시<br>험의 성공 확률을 높일 수 있<br>는 과학적 설계를 위해 실시<br>하는 임상시험 |
| 임상<br>2상 | • 개념증명 임상시험으로<br>약의 유효성과 안전성 검증<br>• 환자 대상(약 50~200명)<br>• 약의 용량과 주요 부작용<br>확정 | 확증<br>임상 | • 환자 대상(약 150~300명)<br>• 의료기기 허가를 위해서 제<br>출해야 하는 안전성과 유효<br>성에 대한 과학적 근거를 확<br>보하기 위한 임상시험 |
| 임상<br>3상 | • 약의 안전성과 유효성 검증<br>• 환자 대상(약 100~1,000명<br>이상)<br>• 약물 간 상호작용과 경미한<br>부작용 추정 | 시판 후<br>조사 | • 의료기기를 장기간 사용할<br>때 나타나는 부작용, 허가 적<br>응증 외 새로운 약효 등 확인 |
| 시판 후<br>조사 | • 치료제를 장기간 투여하면<br>나타나는 부작용, 허가 적응<br>증 외 새로운 약효 등 확인 | | |

통 3번의 사람 대상 임상시험을 진행하는 의약품과 달리 2번의 임상시험을 진행한다. 임상 1상, 2상, 3상으로 불리는 의약품 임상시험과 달리 의료기기 산업의 임상시험은 탐색 임상과 확증 임상으로 불린다. 의약품과 비교해 임상시험을 진행하는 피험자수도 적은 편이다.

셋째 임상시험 설계가 다르다. 환자를 대상으로 직접적인 처치나 시술을 해야 해서 이중맹검이나 가짜 의료기기를 활용한 대조군을 적용하기 불가능한 경우가 많다. 보통 임상시험은 치료 효과를 검증하기 위해 피험자를 치료군과 대조군으로 나눠서 진행한다. 치료군과 대조군으로 피험자의 무작위 배정까지는 이루어질 수 있지만 의료기기의 시술자는 피험자의 안전을 위해서 그 기계가 진짜인지 가짜인지를 알아야 하기 때문이다.

넷째 대규모 임상시험 진행이 어렵다. 의료기기는 임상시험을 진행할 때 환자보다는 시술자의 역할이 중요하다. 따라서 같은 의료기기라도 시술자의 숙련 정도에 따라 임상시험 결과에 미치는 영향이 크다. 또한 시술자가 개입돼야 하므로 동시다발적으로 진행하기가 어렵다.


## 가격결정의 주체는 기업이 아니라 건강보험

의료기기의 가격은 크게 두 가지가 있다. 의료기기 업체가 의료기기 도매상이나 병원에 납품하는 납품가격이 있고 병원에서 의료기기를 진료에 활용하고 건강보험사나 환자들로부터 청구하는 최종소비자가격이 있다. 결국 의료기기 납품가격은 최종소비자가격에 연동될 수밖에 없다. 그런데 이 최종소비자가격은 의료기기 기업이나 병원이 지정하는 것이 아니다. 최종소비자가격은 보험코드를 바탕으로 건강보험사에서 보험수가Reimbursement 형태로 지정한다. 따라서 진출 지역의 보험수가가 낮다면 의료기기 기업으로서 큰 문제가 된다. 의료기기 판매 이익이 매우 낮아지거나, 아예 발생할 수 없기 때문이다. 그러한 문제가 발생하는 지역이 안타깝게도 우리나라다.

미국에서는 크게 6개의 보험코드를 관리한다.[13] 대부분은 행위별 수가제를 사용하고 있다. 그리고 병원의 입원환자에 대해서는 포괄수가제를 사용하고 있다. 행위별 수가제는 의료 서비스 하나하나에 가격을 매기는 정책이고 포괄수가제는 특정 의료 서비스를 제공할 경우의 평균적인 가격을 설정해 지급하는 정책이다. 포괄수가제에서

## 미국과 한국의 보험코드

(출처: 좌 보스턴사이언티픽, 우 건강보험심사평가원)

**Medicare Physician, Hospital Outpatient, and ASC Payments**

It is important to remember that surgical endoscopy always includes a diagnostic endoscopy (CPT® Code 43260). Therefore, when a diagnostic endoscopy is performed during the same session as a surgical endoscopy, the diagnostic endoscopy code is not separately reported. (CPT Assistant, October 2001)

2020 Medicare National Average Payment

| CPT® Code[1] | Code Description | RVUs | | | Physician[1] | | Facility[1] | |
|---|---|---|---|---|---|---|---|---|
| | | Work | Total Office | Total Facility | In-Office | In-Facility | Hospital Outpatient | ASC |
| **Diagnostic** | | | | | | | | |
| 43260 | Endoscopic retrograde cholangiopancreatography (ERCP); diagnostic, including collection of specimen(s) by brushing or washing, when performed (separate procedure) | 5.85 | NA | 9.31 | NA | $336 | $2,999[1] | $1,306 |
| **Therapeutic** | | | | | | | | |
| 43261 | Endoscopic retrograde cholangiopancreatography (ERCP); with biopsy, single or multiple | 6.15 | NA | 9.76 | NA | $352 | $2,999[1] | $1,306 |
| 43262 | Endoscopic retrograde cholangiopancreatography (ERCP); with sphincterotomy/papillotomy | 6.50 | NA | 10.30 | NA | $372 | $2,999[1] | $1,306 |
| 43263 | Endoscopic retrograde cholangiopancreatography (ERCP); with pressure measurement of sphincter of Oddi | 6.50 | NA | 10.30 | NA | $372 | $2,999[1] | $1,306 |
| 43264 | Endoscopic retrograde cholangiopancreatography (ERCP); with removal of calculi/debris from biliary/pancreatic duct(s) | 6.63 | NA | 10.49 | NA | $379 | $2,999[1] | $1,306 |
| 43265 | Endoscopic retrograde cholangiopancreatography (ERCP); with destruction of calculi, any method (eg, mechanical, electrohydraulic, lithotripsy) | 7.93 | NA | 12.51 | NA | $451 | $4,781[1] | $1,961 |
| 43277 | Endoscopic retrograde cholangiopancreatography (ERCP); with trans-endoscopic balloon dilation of biliary/pancreatic duct(s) or of ampulla (sphincteroplasty), including sphincterotomy, when performed, each duct | 6.90 | NA | 10.92 | NA | $394 | $2,999[1] | $1,306 |
| 43278 | Endoscopic retrograde cholangiopancreatography (ERCP); with ablation of tumor(s), polyp(s), or other lesion(s), including pre- and post-dilation and guide wire passage, when performed | 7.92 | NA | 12.51 | NA | $451 | $2,999[1] | $1,306 |

| 분류번호 | 코드 | 분류 |
|---|---|---|
| | | **[순환기 기능검사]** |
| 나-722-2 | EZ873 | 바이오리액턴스 비침습적 심기능 측정[1일당] Noninvasive Cardiac Function Monitoring by Bioreactance Technology<br>• 목적: 심박출량 측정 및 감시<br>• 대상: 지속적으로 심박출량 측정 및 감시가 필요한 환자<br>• 방법: 흉부에 4개의 스티커형 전극을 부착하고 표본미세전류를 방출한 후 모니터에 나타난 심박출량 수치를 확인함 |
| 나-722-3 | E7226 | 바이오임피던스 비침습적 심기능 측정[1일당] Non-Invasive Cardiac Output Monitoring by Bioimpedance Technology<br>• 목적: 심박출량 측정 및 감시<br>• 대상: 지속적으로 심박출량 측정 및 감시가 필요한 환자<br>• 방법: 스티커형 전극을 체표면에 부착하고 신체의 교류저항의 변화를 측정하여, 모니터에 나타난 심박출량 수치를 확인함 |
| | | **제4절 내시경, 천자 및 생검료**<br>**[내시경]** |
| 나-759-1 | EZ942 | 기관지경이용 폐엽측부환기검사<br>Bronchoscopic Lung Lobal Collateral Ventilation Test<br>• 목적: 측부환기 유무를 확인하여 기관지내시경 적용 적축술의 대한 반응을 예측하기 위함<br>• 대상: 기관지내시경 폐엽 적축소술의 대상이 되는 폐기종을 동반한 중증 만성폐쇄성폐질환 환자<br>• 방법: 진단폐활량계에 내장된 공기호흡 및 압력센서에 의하여 환자의 호흡 중 공기흐름으로부터 날숨으로 변화될 때 공기흐름을 감지하여 전기적 신호에 의하여 램프를 여닫음으로써 호흡기류, 압력 및 저항을 측정하여 폐엽의 상태를 평가함 |

는 병원이 비용 절감을 하면 더 이익을 낼 수 있고 비용이 초과 발생하면 더 손해를 볼 수 있다.

이렇듯 보험수가라는 독특한 가격제도를 가진 의료기기 산업에서 기업은 크게 세 가지 가격책정 전략을 활용할 수 있다.

첫째, 원가를 절감해야 한다. 의료기기는 최종소비자가격이 보험수가로 정해져 있다. 병원으로서는 납품가격이 낮을수록 이익이 된다. 그런데 납품가격을 마냥 낮추기만 하면 의료기기 회사는 손해를 볼 수밖에 없다. 따라서 원가를 절감해 그 절감분을 가격을 낮추는 데 활용해야 한다.

둘째, 탁월한 임상 성능을 증명하는 것이다. 일종의 비가격적 경쟁우위를 갖추는 것이다. 비슷한 제품을 압도하는 탁월한 임상 성능을 갖춰 병원에서 처방이나 사용을 하지 않을 수 없게끔 하는 전략이다.

셋째, 가치기반지불제를 활용해 최종소비자가격을 높이는 것이다.

**미국 의료기기 산업의 보험코드**

| 지불제 | 코드 | 발행기관 | 업데이트 | 용도 | 기타 |
|---|---|---|---|---|---|
| 포괄<br>수가제 | DRG | CMS | 연간 | 입원환자의<br>병원비 | DRG코드는 ICD-10-<br>CM코드에 의해 결정 |
| | ICD-10-<br>CM | CMS | 연간 | 입원·외래환자<br>의 진단 코드 | |
| | ICD-10-<br>PCS | CMS | 연간 | 입원환자의<br>수술 코드 | |
| 행위별<br>수가제 | CPT | AMA | 연간 | 의료 전문인이<br>수행하는<br>수술이나 의료<br>서비스 | -카테고리1: 대부분의<br> 수술과 의료 서비스<br>-카테고리2: 비용청구<br> 를 할 수 없는 서비스<br>-카테고리3: 신규기기<br> 에 대한 임시코드 |
| | HCPCS | CMS | 연간 | 치료재료, 가정<br>용 의료기기 | |
| | APC | CMS | 분기 | 당일 퇴원 서비<br>스를 제공하는<br>응급수술센터 | 청구는 CPT코드로<br>해야 함 |

의료기기 기업이 최종소비자가격을 지정할 수는 없지만, 아예 제품 개발 초기부터 최종소비자가격을 높게 받을 수 있는 제품을 생산하는 것이다. 최근 건강보험사는 가치기반지불제 방식을 통해 의료비용 절감 효과나 환자의 효용을 크게 높이는 제품에 대해서는 그 가치만큼 높은 보험수가를 책정하고 있다. 가치기반지불제를 활용하려면 의료기기 업체는 상당히 높은 수준의 임상시험 데이터를 확보해야 한다.

### 실제 고객은 처방 권한을 가진 의사

대부분 의료기기는 의사의 판단으로 진단과 치료 같은 의료행위와 연계돼 사용된다. 의사들은 치료 의사결정 권한을 가지고 있다. 결국 제품의 사용 여부는 의사의 판단이 절대적으로 중요하다. 그러므로 의료기기나 제약회사의 마케팅 활동은 제품과 관련된 학회나 의사들을 대상으로 진행된다.

의사는 세상에서 가장 보수적인 가치관을 가진 직업군 중 하나다. 새로운 기술에 대해서 엔지니어와는 완전히 정반대의 가치관을 따르고 있다. 엔지니어에게 실패는 성공을 위해 자연스럽지만 의사에게 실패란 공포다. 단 한 번의 실패라도 환자의 생명에 위험한 일을 가져올 수 있기 때문이다. 제품이나 서비스 마케팅을 위해서는 탁월한 임상시험 결과가 뒷받침되는 상태에서 해당과의 핵심 오피니언 리더Key Opinion Leader를 활용하는 것이 중요하다. 따라서 가장 중요한 마케팅 도구는 '근거'이다. 의사들에게 처방이나 제품 이용을 많이 끌어내기 위해서는 각종 의학회에서 인정을 받고 치료 가이드라인에 등재되는 것이 매우 중요하다.

또 한 가지 어려운 일은 한 가지 질병에는 보통 여러 가지 진료과가 관여하는 경우가 많다. 그러다 보니 이들 간의 이해관계가 복잡해진다. 예를 들어 심장과 관련한 진료를 위해서는 순환기내과, 흉부외과, 마취통증의학과, 영상의학과 등이 관여된다. 그런데 진료과마다 환자를 보는 관점이 다를 수 있다. 다학제 진료는 이러한 여러 가지 관점을 포용해 환자에게 가장 좋은 방향으로 진료가 이루어지는 것인데 현실적으로 쉽지 않은 일이다. 만약 환자가 심장의 판막에 이상이 생겨 교체하는 치료법을 시행해야 하면 흉부외과 관점에서는 개흉을 통한 판막교체술을, 순환기내과 관점에서는 혈관으로 카테터를 삽입해 판막을 교체하는 시술을 주장할 수 있다.[14]

이와 마찬가지로 최근 들어 부상하는 인공지능을 활용한 의료기기 제품도 영상의학과와 병리학과의 관점이 다를 수 있다. 이런 진료과마다 다른 입장 차와 병원 내 파워게임도 반드시 고려해야 하는 주요변수이다.

## 제조업보다 높은 성장성과 수익성

의료기기는 헬스케어적 특성(의료)과 제조업적 특성(기기)을 모두 포함하는 상당히 독특한 산업이다. 그러다 보니 다른 산업에 비해서 상대적으로 성장성과 안정성이 높다. 다른 산업에 비해 높은 주가 상승률을 기록할 수 있는 가장 큰 이유이다.

다른 산업에 비해 성장성과 안정성이 높다는 특징은 밸류에이션, 즉 주가배수에서 잘 나타낸다. 의료기기는 제조업이나 바이오 산업보다 더 높은 주가배수를 부여받는다. 주가배수란 시가총액을 기업의 재무 지표를 구성하는 특정 항목으로 나눈 값을 의미한다. 시가총액을 매출로 나누면 PSR, 순이익으로 나누면 PER, 자기자본으로 나누면 PBR이 된다. 시가총액을 기준으로 삼으면 규모가 다른 종목 간의 비교가 쉽지 않다. 그래서 보통 주식시장에서 특정 종목의 주가가 비싸고 싸고의 기준을 잡을 때는 시가총액보다는 주가배수를 이용한다.

의료기기는 본질적으로 정밀기계 제품이다. 국내 주식시장에서 의료기기 상장사는 각종 기계업체와 함께 의료정밀기계지수에 포함돼 있다. 그런데 재미있는 현상은 정밀기계에서 일반적인 제조업체들은 대부분 10배 언저리의 PER로 평가된다. 반면 의료기기 업체들은

15~20배 수준의 PER로 평가된다.

같은 기계장비임에도 주가배수에서 큰 차이가 나는 가장 첫 번째 이유는 매출의 성장성이다. 대부분 제조업은 경기에 민감해 수요와 매출의 변동성이 크다. 경기를 타기 때문에 경기가 회복될 때는 상당히 폭발적인 매출이 일어나지만 경기가 둔화할 때는 매출이 매우 감소한다. 더욱이 이런 수요는 원청업체의 자본투자CAPEX가 집행돼야 가능해서 경기 동향과 더불어 원청업체의 동향을 상시로 파악해야 한다. 그런데 의료기기는 경기 방어적인 특징으로 대부분 수요가 일정하다. 따라서 매출이 주기를 타지 않고 꾸준히 증가하는 경우가 많다.

두 번째 이유는 높은 수익성이다. 원청업체들이 과점을 이루고 있는데 장비제조업체들은 과점을 이룬 특정 업체에 대한 매출 의존도가 상당히 높다. 또한 장비제조업체들은 원청업체들의 관리를 받기 때문에 대부분 영업이익률이 10% 미만으로 낮다. 그러나 의료기기는 고부가가치 품목이어서 영업이익률이 15% 이상이다. 매출이 안정적이고 수익성이 높다. 이것이 의료기기가 제조업체들과 차별화될 수 있는 이유다.

# 2
# 글로벌 의료기기 산업의 성장 전략

## 대기업의 기본 전략은 인수합병

의료기기 산업은 상위 10개 기업이 전체 시장의 약 39%를 점유하는 과점 시장이다.[15] 일부 세부 시장에서는 상위 10개 기업의 점유율이 70~90%에 육박하기도 한다. 의료기기 산업은 시간이 지날수록 구조적으로 과점화될 수밖에 없다. 생명과 연관이 있기 때문에 의사와 환자 모두 임상 데이터가 많은 제품과 브랜드 가치가 높은 제품을 선호한다. 특히 수술에 활용되는 의료기기는 의사들이 직접 사용하는 것이기 때문에 신제품보다는 검증된 제품을 선호한다. 따라서 의료기기 산업을 분석할 때는 업계 선도 기업이나 글로벌 초대형기업을 먼저 살펴보는 것이 산업의 큰 그림을 이해하는 방법으로 적합하다.

글로벌 초대형기업은 시장의 대부분을 점유하고 있어서 기존 시장에서 자체 경쟁력만으로 높은 성장을 지속하기는 쉽지 않다. 따라서 기존 시장에서 활동하는 기업을 인수해 시장지배력을 강화하거나 새로운 시장에서 활동하는 기업을 인수해 사업 다각화를 시도한다. 특히 시장의 대부분을 지배하는 기업 간의 인수합병이 진행될 때는 100억 달러가 넘어가는 초대형 거래가 성사되기도 한다. 현재 글로벌 상위 의료기기 기업들은 대부분 그러한 초대형 인수합병 경험이 있다.

세계 1위의 의료기기 기업인 메드트로닉은 여러 인수합병을 통해 경쟁력을 강화해왔다. 그중에서도 메드트로닉에 가장 큰 영향을 미친 인수합병 거래는 단연 코비디엔 인수합병이었다. 2014년 메드트로닉은 코비디엔과 429억 달러에 달하는 초대형 인수합병 거래를 성사하며 세계 2위에서 단숨에 세계 1위로 도약했다.[16] 코비디엔 인수로 메드트로닉은 심장 및 혈관 사업, 최소침습 치료 사업, 재건 사업, 당뇨관리 사업 등 네 가지 사업 부문을 완성했다.

종합 헬스케어 기업 애보트는 2013년 신약개발 사업을 애브비라는 기업으로 분사하면서 의료기기 사업에 집중하기 시작했다. 애보트는 2016년 심혈관 의료기기의 강자인 세인트주드메디컬을 250억 달러에 인수하며 의료기기 사업을 강화했다.[17] 또한 같은 해 세계 1위 신속진단 업체인 엘리어를 인수하며 체외진단 사업 역량도 강화했다. 세계 8위의 의료기기 기업이었던 애보트는 2건의 인수합병을 통해 3위 업체로 성장했다.

존슨앤드존슨은 미국을 대표하는 종합 헬스케어 기업이다. 의료기기뿐 아니라 제약과 소비재 사업 모두 세계 시장을 선도하는 기업이다. 존슨앤드존슨은 세계적인 의료기기 선도 기업인 만큼 많은 인수합병을 진행했다. 그중에서 역대 최고 금액의 거래는 2011년 213억

글로벌 의료기기 상위 10대 기업의 매출과 전체 의료기기 산업 내 비중

| 순위 | 기업 | 15 | 16 | 17 | 18 | 19 |
|------|------|------|------|------|------|------|
| 1 | 메드트로닉 | 28.8 | 29.7 | 30.0 | 30.0 | 30.6 |
| 2 | 존슨앤드존슨 | 25.1 | 25.1 | 26.6 | 27.0 | 26.0 |
| 3 | 애보트 | 9.6 | 9.9 | 16.0 | 18.9 | 20.0 |
| 4 | 벡톤디킨슨 | 9.2 | 11.4 | 11.0 | 16.0 | 17.3 |
| 5 | 지멘스헬시니어 | 14.8 | 15.0 | 15.5 | 16.0 | 16.4 |
| 6 | 필립스 | 12.7 | 13.1 | 13.6 | 14.9 | 15.3 |
| 7 | 스트라이커 | 9.9 | 11.3 | 12.4 | 13.6 | 14.9 |
| 8 | 로슈 | 11.2 | 11.6 | 12.3 | 13.2 | 13.0 |
| 9 | 보스턴사이언티픽 | 7.5 | 8.4 | 9.0 | 9.8 | 10.7 |
| 10 | 지이 | 9.5 | 9.8 | 10.2 | 10.4 | 10.6 |
|  | 상위 10개 기업 | 138.3 | 145.3 | 156.6 | 169.7 | 174.7 |
|  | 전체 매출 대비 비중 | 37% | 38% | 39% | 40% | 39% |
|  | 전체 합산 | 371.0 | 386.8 | 405.0 | 427.7 | 451.6 |

(단위: 십억 달러, 출처: 이밸류에이트메드테크)

달러에 정형외과 전문 의료기기 기업인 신테스를 인수한 것이다.[18] 신테스 인수 이후 존슨앤드존슨은 정형외과 시장에서 압도적인 1위를 유지하고 있다.

종합 의료기기 기업인 벡톤디킨슨의 성장에도 인수합병은 상당히 큰 영향을 끼쳤다. 벡톤디킨슨은 약물주입기 제조사인 케어퓨전을 2014년 122억 달러에 인수했고[19] 2년 뒤 카테터 등 수술도구 제조사인 바드를 240억 달러에 인수했다.[20] 이로 인해 벡톤디킨스는 세계 의료기기 9위 업체에서 6위 업체로 성장했다. 정형외과 분야의 선도기업이었던 짐머는 경쟁사인 바이오멧을 2015년 134억 달러에 인수하며 사명을 짐머바이오멧으로 변경했다.[21]

인수합병 전략은 과점화된 의료기기 산업에서 기업들이 굉장히 선호하는 전략이다. 따라서 선도기업에 피인수될 것 같은 기업을 찾아보거나 인수를 시도할 것으로 예상되는 선도기업을 생각해보는 것은 의료기기 산업을 분석하는 매우 좋은 방법이다.

## 시스템 매출보다 중요한 소모품 매출

의료기기는 한 번 도입하면 보통 7~10년 정도 사용하므로 교체 주기가 매우 길다. 그래서 이미 판매된 장비를 활용해 유지보수, 소모품, 부가서비스, 임대 등 지속적인 매출을 발생시키는 것이 중요하다. 특히 글로벌 초대형기업은 이미 과점화를 이루어 신규 수요가 많지 않기 때문에 기존에 설치한 시스템에서 주기적으로 발생하는 소모품이나 유지보수 같은 매출이 더 중요하다.

## 10배 상승하는 초기기업이 등장하는 이유

의료기기 산업의 혁신은 전통 기업과 신생 기업을 가리지 않고 전방위적으로 발생하고 있다. 새로운 기술과 제품을 갖춘 기업들이 등장해 산업에 새로운 바람을 넣고 전통 기업들도 현재의 모습에 안주하지 않고 지속적으로 발전하려고 노력한다. 그래서 의료기기 산업은 매출액이 100억 달러가 넘는 글로벌 초대형기업부터 주가가 10배 이상 상승하는 이른바 텐베거10 Bagger 기업까지 정말 다양한 스펙트럼을 가진 기업들이 함께 존재한다.

글로벌 초대형 업체들은 막대한 자금력과 제약 산업과 다른 의료

**매출액 100억 달러 이상을 기록한 글로벌 초대형기업의 장기 주가 상승률**

| 기업명 | 시가총액 (십억 달러) | 2019년 매출액 (십억 달러) | 10년 (%) | 5년(%) | 3년(%) | 1년(%) |
|---|---|---|---|---|---|---|
| 존슨앤드존슨 | 393.2 | 82.1 | 140.9 | 41.7 | 8.6 | 12.3 |
| 로슈 홀딩 | 309.5 | 61.9 | 122.9 | 22.4 | 39.4 | 26.4 |
| 애보트 래버러토리 | 170.5 | 31.9 | 148.1 | 129.5 | 101.6 | 12.7 |
| 메드트로닉 | 128.4 | 28.9 | 233.0 | 17.9 | 10.1 | −5.1 |
| 써모 피셔 사이언티픽 | 155.0 | 25.5 | 806.3 | 186.8 | 120.9 | 35.0 |
| 코닝클레이커 필립스 | 45.2 | 21.8 | 127.4 | 79.7 | 32.2 | 12.8 |
| 다나허 | 133.7 | 17.9 | 584.0 | 112.7 | 125.3 | 33.7 |
| 벡톤 디킨슨 | 76.8 | 17.3 | 361.4 | 147.8 | 68.1 | 13.1 |
| 지멘스헬시니어스 | 48.8 | 16.4 | 39.4 | 39.4 | 39.4 | 20.8 |
| 스트라이커 | 70.0 | 14.9 | 348.0 | 88.5 | 28.9 | −9.9 |
| 박스터 인터내셔널 | 43.5 | 11.4 | 32.8 | 114.0 | 28.8 | 3.0 |
| 보스턴 사이언티픽 | 52.0 | 10.7 | 243.6 | 116.0 | 36.5 | −11.5 |

(출처: 블룸버그, 2020년 7월 17일 기준)

기기 산업만의 임상시험 제도를 활용해 비교적 빠른 속도로 다수의 신제품 출시를 할 수 있고 본인들의 부족한 부분을 보강하기 위해 인수합병 전략도 활발하게 한다. 그러다 보니 글로벌 초대형기업들의 주가 상승률은 웬만한 혁신 중견기업 못지않은 수준이다.

의료기기 산업은 하나의 단일 시장이라기보다는 무수히 많은 독립적인 세부시장의 합으로 구성돼 있으며 새로운 틈새시장을 발굴할 가능성도 큰 편이다. 게다가 글로벌 초대형기업들이 혁신을 위해 새로운 기업들의 인수합병에 적극적이라는 점은 중소기업들에게 좋은 비즈니스 모델 수립의 기회를 제공하기도 한다. 글로벌 초대형기업들의 관심이 많은 영역에서 높은 기술력을 갖추고 있거나 큰 혁신

## 10배 이상의 주가상승률을 기록한 기업 리스트

| 기업명 | 소요 시간 | 주가상승률 | 시가총액 (십억 달러) | 19년 매출 (십억 달러) | 주요품목 |
|---|---|---|---|---|---|
| 탠덤 다이어비티즈 케어 | 3년 | 19,251% | 5.9 | 0.4 | 인슐린펌프 |
| 스테레오택시스 | | 2,215% | 0.3 | 0.03 | 수술로봇 |
| 텔라닥 헬스 | 4년 | 2,668% | 17.2 | 0.6 | 원격의료 |
| 이그젝트사이언시스 | | 1,040% | 14.3 | 0.9 | 암조기진단 |
| 베라사이트 | | 960% | 1.5 | 0.1 | 체외진단 |
| 덱스컴 | 6년 | 1,287% | 38.2 | 1.5 | 연속혈당측정기 |
| 아비오메드 | | 1,122% | 12.3 | 0.8 | 심혈관순환보조 장치 |
| 액셀러레이트 다이아그노스틱 | 8년 | 2,834% | 1.0 | 0.01 | 초고속항생제 감수성 검사 |
| 바이오텔러미트리 | | 2,620% | 1.4 | 0.4 | 웨어러블심전도 측정기 |
| 인슐렛 | | 1,190% | 12.9 | 0.7 | 인슐린패치 |
| 얼라인테크놀로지 | 9년 | 1,257% | 24.3 | 2.4 | 투명교정 |
| 젠마크 다이아그노스틱스 | | 1,048% | 1.2 | 0.1 | 체외진단 |
| 에드워즈 라이프사이언스 | 10년 | 1,069% | 44.5 | 4.3 | 심장판막 |

(출처: 블룸버그, 2020년 7월 17일 기준)

을 이룬 기업들은 글로벌 초대형기업들과 인수합병이나 유통 파트너십을 맺을 가능성이 매우 크기 때문이다. 이로 인해 의료기기 산업은 매우 과점화된 시장이면서 텐베거 기업들이 많이 등장하는 굉장히 독특한 특징을 지닌다.

**3**장

# 치료 영역의 혁신

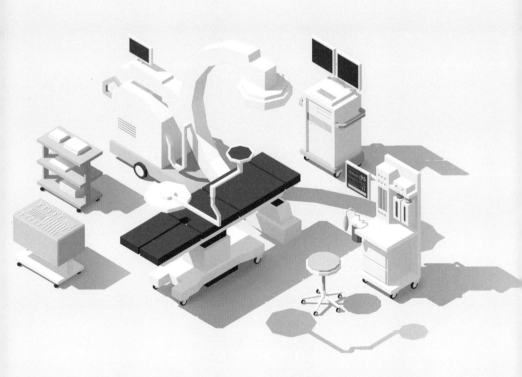

# 1
# 치료 영역 혁신의 메가트렌드

의료기기 산업을 넘어 헬스케어 산업은 건강을 개선, 관리, 유지하기 위한 산업이다. 그중에서도 질병을 치료하는 분야는 헬스케어에서 가장 높은 가치로 평가받는다. 통상적으로 어떤 질병을 치료한다고 할 때 약물요법을 떠올릴 것이다. 그러나 의료기기를 활용한 치료법도 상당히 많이 활용되고 있다. 특히 의료기기는 수술에 이용되는 경우가 많기 때문에 의사들이 새로운 술기를 개발하는 과정에서 발전하기도 한다. 그중에서 순환계와 신경계, 외과수술, 항암치료 등 3개의 영역에서 시행하고 있는 구체적인 혁신 사례를 소개하고자 한다.

그에 앞서 치료 영역에서 일어나는 혁신에 대해 간략히 정리하면 크게 네 가지이다. 최소침습, 데이터 기반 치료, 새로운 치료기법 도입, 비용 절감과 가치기반지불제이다.

첫 번째, 최소침습 치료이다. 절개를 최소화해 감염과 같은 부작용을 막고 회복 속도를 빠르게 하며 심미적 효과도 뛰어난 장점이 있다. 혈관에 카테터를 삽입해 개흉하지 않고 인공판막을 삽입하는 수술법인 경피적 대동맥판막 치환술과 개복하지 않고 내시경이나 조영술을 활용해 시야를 확보하고 로봇을 활용해 외과수술을 수행하는 수술로봇의 사례를 다루었다.

두 번째, 데이터 기반 치료이다. 환자에게서 측정 가능한 생체신호나 일상생활 데이터를 바탕으로 과거에 할 수 없었던 정밀한 치료가 가능한 혁신 기술이다. 인체삽입형 기기에 부착된 센서로 수집한 생체 정보를 바탕으로 치료를 시도하는 신경조절치료기기 사례를 다루었다.

세 번째, 새로운 치료기법 도입이다. 기존 기술보다 더 좋은 임상 효과를 위해 시도되고 있는 기술들을 소개했다. 뇌혈관이나 심혈관처럼 말초혈관에서도 표준치료법에 도전하는 기계적 혈전제거술과 전기장을 활용한 웨어러블 항암 치료기기, 초음파를 활용한 전립샘 절재술 사례를 다루었다.

네 번째, 비용 절감과 가치기반지불제이다. 시간이 지날수록 높아지는 의료비용은 전 세계적인 문제이다. 감염 관련 2차 의료비용을 낮추기 위해 부각되고 있는 일회용 내시경 사례를 다루었다.

# 2
## 순환계와 신경계

### 개흉수술을 대체하는 경피적 대동맥판막 치환술

글로벌 의료기기 산업에서 2019년에 가장 뜨거웠던 키워드 하나를 선택하라고 하면 바로 경피적 대동맥판막 치환술TAVR이다. 경피적 대동맥판막 치환술의 적응증 허용 범위가 중증도 환자에서 저위험 환자까지 확대됐기 때문이다. 대동맥판막 글로벌 1위 기업인 에드워즈라이프사이언스의 주가는 2019년 한 해에만 55.1% 상승했다.

심장판막은 혈액이 한 방향으로 흐를 수 있게 조절하는 역할을 한다. 판막에 이상이 생기면 심장 기능이 약화되어 심부전, 부정맥, 뇌졸중 등 여러 가지 치명적인 합병증을 일으킨다. 심장판막 질환을 치료하기 위해서는 크게 약물, 성형술, 치환술을 활용한다. 인공판막은 주로 치환술에 사용된다. 인공판막을 삽입하는 방법으로 절개수술이 시행됐으나 최근 수술 부위를 최소화하는 최소침습 수술 방식이 부각되고 있다. 경피적 대동맥판막 치환술은 가슴 절개를 하지 않고 허

**경피적 대동맥판막 치환술 시술에 사용되는 인공판막**

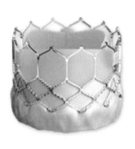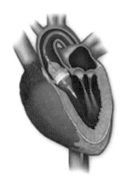

(출처: 에드워즈라이프사이언스)

벅지에 위치한 동맥에 카테터를 삽입해 대동맥판막까지 도달한 후 판막을 끼워 넣는 수술 방식이다.

이 치환술 시술법은 개흉수술에 비하면 상당히 혁신적인 기술이다. 의료기기 산업의 혁신은 기존 기술을 한 번에 뒤집기보다는 특정 목적과 용도의 일부 시장에서 인정받기 시작해서 임상 데이터를 축적하면서 적용 가능한 시장을 확대하는 방법으로 진행된다. 경피적 대동맥판막 치환술 시술법은 교과서적으로 의료기기 산업의 혁신 방식을 따르고 있다.

경피적 대동맥판막 치환술 시술은 한 번에 모든 환자에게 확대된 것이 아니라 2011년 수술이 불가능한 환자에게 사용하기 시작해 2012년에는 수술이 가능한 환자 중에서 고위험군 환자로, 2016년에는 중증도 위험군 환자로, 2019년 저위험 환자까지 순차적으로 확대됐다. 경피적 대동맥판막 치환술이 적용 가능한 환자를 확대하기 위한 가장 중요한 전략은 훌륭한 임상 데이터였다.

**에드워즈라이프사이언스의 파트너3 임상시험 결과**

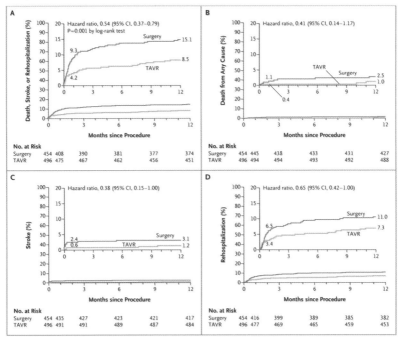

(출처: 『뉴잉글랜드저널오브메디슨』)

경피적 대동맥판막 치환술이 저위험 환자까지 확대될 수 있었던 데는 2019년 3월 미국심장학회에서 발표한 파트너-3 임상시험 결과가 절대적인 역할을 했다. 950명의 환자를 대상으로 한 임상시험에서 경피적 대동맥판막 치환술이 사망률, 뇌졸중, 재입원 비율 모두 개흉수술 대비 우월함을 입증했다.[1] 이후 2019년 6월 저위험 환자까지 공보험 급여 확대가 확정됐다. 2019년 8월에는 미국식품의약국이 저위험 환자에 대한 경피적 대동맥판막 치환술 적응증 확대를 허가했다.

경피적 대동맥판막 치환술 시장의 적응증이 저위험 환자까지 확대되면서 시장규모가 본격적으로 확대될 것으로 예상된다. 에드워즈라이프사이언스는 2018년 35억 달러인 경피적 대동맥판막 치환술 시장규모가 2024년에는 70억 달러까지 확대될 것으로 추정하고 있다. 이제 후발주자들은 적어도 에드워즈라이프사이언스만큼의 임상성능을 확보해야 한다. 그러나 에드워즈라이프사이언스는 실제 임상현장에서 저위험 환자에 대한 임상 데이터를 차곡차곡 모아갈 것이다. 다른 업체들에겐 진입장벽이 계속해서 높아지는 것이다. 의료기기의 혁신은 파괴적으로 발생하지 않지만 그 혁신을 달성한 기업은 아주 높은 진입장벽을 쌓게 된다.

## 표준치료법에 도전하는 기계적 혈전제거술

미국에서 정맥혈전색전증은 심근경색과 뇌졸중에 이어 세 번째로 흔한 혈관질환이다. 매년 정맥혈전색전증으로 100만 명의 환자가 진단받고 30만 명의 환자가 사망하며 100억 달러의 의료비용이 든다고 한다. 정맥은 동맥과 달리 혈류 속도가 느리고 이동 방향이 좁은 혈관에서 큰 혈관으로 진행한다. 그러다 보니 정맥혈전은 동맥혈전보다 더 크고 끈적끈적하다.

현재 정맥혈전을 제거하기 위한 표준치료법으로 사용되는 것은 항응고제이다. 먼저 헤파린이나 에녹사파린 주사제를 주입하고 모니터링을 진행한다. 이후 쿠마딘이나 아픽사반 같은 경구용 항응고제를 사용한다. 그런데도 경과가 좋지 않으면 카테터 기반의 중재술을 사용한다.

현재 표준치료법인 항응고제를 활용하는 데 세 가지 단점이 있다.

**정맥에서 발생하는 혈전들**

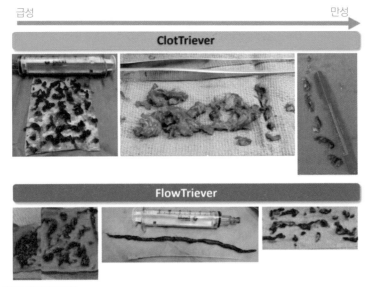

(출처: 이나리메디컬)

첫째, 정맥혈전은 3주 정도만 지나도 피브린 조성물이 콜라겐화돼 항응고제로 깨기가 어렵다. 즉 약물을 투입하는 시점에 이미 혈전의 콜라겐화가 진행됐을 가능성이 크다. 둘째, 환자의 출혈 위험이 있어 항응고제를 복용하는 동안 모니터링을 위해 병원에 입원해야 한다. 미국은 전체 의료비에서 약가(9%)보다 병원비(34.3%)와 의사 인건비(20.9%)가 더 높다.[2] 병원 입원일수가 증가하면 의료비가 커진다. 셋째, 항응고제는 추가적인 혈액 응고를 막도록 설계됐을 뿐 기존 응고를 분해하거나 제거하기는 힘들다. 즉 항응고제만으로 치료가 가능한 환자가 제한될 수밖에 없는 것이다.

이나리메디컬은 정맥혈전을 제거하는 데 특화된 의료장비를 생산하는 기업이다. 이 기업의 목표는 심근경색이나 뇌졸중 같은 다른 혈전성 질환처럼 항응고제를 사용하지 않고 기계적 혈전제거술만으로 혈전을 제거하는 치료법이 정맥혈전색전증에서도 표준치료법으로 인정받는 것이다. 이나리메디컬은 코로나 바이러스가 기승을 부렸던 2020년 5월 상장되어, 2021년 7월 기준 시가총액 45억 달러를 기록하고 있다.

뇌혈관이나 심혈관과 달리 말초혈관에서는 아직 항응고제를 이용한 치료만이 표준치료법으로 이용되고 있다. 그러나 항응고제를 활용한 치료는 상술한 것처럼 뚜렷한 단점이 존재한다. 또한 현재 말초혈관용 스텐트는 심혈관 스텐트 기반으로 제작되어 말초혈관에 최적화되어 있지 않다. 이나리메디컬은 이러한 미충족 욕구를 바탕으로 착실히 시장 침투를 지속하고 있다. 2020년에는 매출액이 2019년보다 173% 성장했다.

그러나 의료기기에서 혁신은 파괴적으로 진행되지 않는다. 이나리메디컬이 목표하는 표준치료법으로 인정받는 일은 많은 준비와 노력이 필요하다. 당장 세계적인 기업들과 경쟁해야 한다. 글로벌 대형 제약사인 로슈는 현재 표준치료법인 항응고제를 제조하고 있고, 글로벌 대형 의료기기 기업인 보스턴사이언티픽은 기계적 혈전제거술을 위한 의료장비를 생산하고 있다. 표준치료법을 지키려는 자와 빼앗으려는 자의 경쟁이 치열하다. 결국 핵심은 임상 데이터가 될 것이다. 기존 치료법보다 우월하다는 임상 데이터를 확보해서 의료기기 산업의 이해관계자들을 설득해야 한다. 의료기기 기업들은 규제기관의 허가를 받고 나서도 꾸준히 실세계에서 임상시험을 지속한다. 임상 데이터만큼 이해관계자를 설득할 수 있는 좋은 무기가 없기 때문이다.

**이나리메디컬의 기계적 혈전제거 장비**

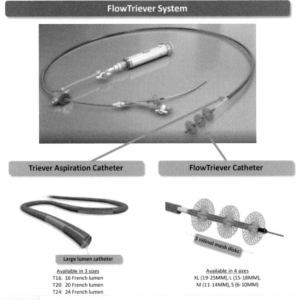

(출처: 이나리메디컬)

## 감염 관련 2차비용 절감이 가능한 일회용 내시경

내시경은 개복하지 않고도 신체 장기 내부를 들여다볼 수 있게 하는 의료기기다. 또한 수술도구를 내장할 수 있어 검사와 동시에 치료가 가능한 장점이 있다. 주기적인 내시경 검사는 대장암이나 위암 등의 조기진단 효과가 있다고 알려졌다. 최근 주목받는 내시경의 트렌드는 일회용 내시경이다. 일반적인 내시경은 재사용이 가능하다는 장점이 있지만 사용 후 세척, 살균, 건조 등 재처리 과정이 필요하고 노후화가 진행됨에 따라 부품을 교체해야 한다는 단점이 있기 때문이다.

특히 췌장, 쓸개, 담관 등을 검사할 때 사용하는 십이지장경은 세

척이 어려운 구조로 돼 있어 감염이 발생할 가능성이 크다. 미국 시애틀에서는 2012년부터 2014년까지 십이지장경 검사 후 30명의 환자가 내성 박테리아에 감염됐고 그중 11명이 사망했다고 한다.[3] 미국식품의약국은 환자 감염을 예방하기 위해서 2019년 8월 병원의 일회용 십이지장경 사용을 권고하는 성명을 발표하기도 했다.[4]

임상 전문 학술지인 『거트』에 실린 논문에 의하면 일반적으로 내시경에 의한 감염 발생 비율은 0.4~1%라고 한다.[5] 재사용이 가능한 일반적인 내시경 검사당 비용은 내시경 검사를 연간 100회 실시하는 병원 기준 927~2,068달러에 달했다. 하지만 감염이 일어나지 않았다면 검사당 비용은 427달러로 하락하게 된다. 감염 환자 치료를 위한 비용을 절감할 수 있기 때문이다. 미국 공보험에서 십이지장경 검사에 지급하는 수가는 일반적인 검사일 경우 평균 2,999달러이고 복잡한 검사일 경우 4,781달러다.[6] 내시경 검사로 인한 감염을 줄일수록 병원은 이익이 커진다.

보스턴사이언티픽은 2019년 12월 미국식품의약국 세계 최초로 일회용 십이지장경에 대해 허가를 받았다. 보스턴사이언티픽은 이미 요관 내시경이나 췌담도 내시경에서 일회용 내시경을 출시한 노하우와 기술력을 갖추고 있기에 가능한 일이었다. 미국식품의약국에 따르면 미국에서는 매년 50만 건의 내시경 역행성 담췌관조영술이 일어나고 있으며[7] 전 세계적으로는 150만 건이 시행되고 있다고 한다.[8] 보스턴사이언티픽은 일회용 십이지장경 글로벌 시장규모를 10억 달러로 추정하고 있다. 십이지장경 외에도 췌담도 내시경 등 일회용 내시경 전체 시장규모는 20억 달러에 이르는 것으로 추정되고 있다. 보스턴사이언티픽이 일회용 십이지장경의 납품가격을 얼마로 산정할

**보스턴사이언티픽의 일회용 내시경 포트폴리오**

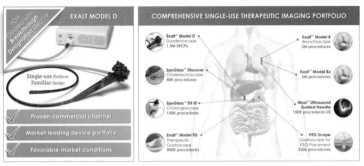

(출처: 보스턴사이언티픽)

지는 알려지지 않았다. 관건은 얼마나 감염을 줄일 수 있는가이다. 어차피 보험사에서 지급하는 수가는 바꿀 수 없다. 결국 실제 세계에서 내시경 검사에 의한 감염을 줄이는 것에 대한 경제성을 얼마나 입증하느냐에 따라 일회용 내시경의 납품가격이 높아질 수 있을 것이다.

## 데이터에 기반한 인체삽입형 신경조절치료

보통 질병을 수술이나 의약품으로 치료한다고 생각하지만 의료기기로 치료할 수 있는 영역도 아주 많다. 인체에 기계를 삽입한 뒤 전기자극을 생성해 신경신호를 조절하는 치료법인 신경조절치료가 대표적이다. 신경조절치료는 뇌심부자극술, 천골신경자극술, 페이스메이커를 활용한 부정맥 치료와 척수신경자극술 등 다양한 치료 방법이 존재한다. 보통 신경조절치료기기는 인체에 삽입되는 본체와 전기자극을 조절하는 프로그래머로 구성돼 있다.

**전기 자극기와 전기자극을 조절하는 프로그래머**

(출처: 메드트로닉)

신경조절치료는 실제 환자를 치료하는 데 널리 사용되는 만큼 시장규모가 작지 않다. 2020년 기준, 신경조절치료 관련 상위 업체인 메드트로닉은 약 16억 달러, 보스턴사이언티픽은 약 8억 달러, 애보트는 약 7억 달러의 매출을 기록하고 있다.

최근 눈에 띄는 인체삽입형 신경조절치료기기의 변화는 데이터를 활용한 '원격 모니터링과 정밀치료'다. 신경조절치료기기에 센서를 삽입해 신체 정보를 수집하고 클라우드 플랫폼이나 블루투스 기능을 활용해 스마트폰 같은 모바일기기에서 확인할 수 있게 함으로써 더 정밀한 치료가 가능한 기술이 도입되고 있다.[9] 이러한 트렌드는 글로벌 1위 의료기기 기업인 메드트로닉이 주도하고 있다. 글로벌 의료기기 업체 1위인 메드트로닉은 2015년부터 삼성전자와 파트너십을 체결하고 신경조절치료기기의 데이터를 모바일기기에서

**메드트로닉의 브레인센스 기술이 탑재된 뇌심부자극기**

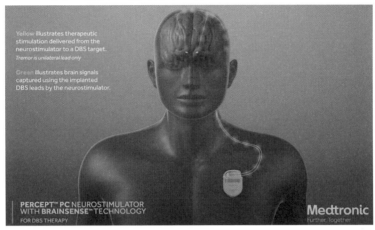

Yellow illustrates therapeutic
stimulation delivered from the
neurostimulator to a DBS target.
*Tremor is unilateral lead only*

Green illustrates brain signals
captured using the implanted
DBS leads by the neurostimulator.

PERCEPT™ PC NEUROSTIMULATOR
WITH BRAINSENSE™ TECHNOLOGY
FOR DBS THERAPY

Medtronic
Further, Together

(출처: 메드트로닉)

확인할 수 있는 디지털 솔루션을 개발하고 있다. 서서히 그 결과물들이 출시되고 있다.[10]

① 뇌심부자극술: 뇌에 전극을 심고 전기자극을 주어 파킨슨병과 같은 이상운동장애를 치료하는 데 쓰이는 치료법이다. 메드트로닉은 뇌심부자극기 세계 1위 기업이다. 1987년부터 2019년 말까지 약 15만 명의 환자들이 메드트로닉의 뇌심부자극기로 치료를 받았다. 메드트로닉은 2020년 들어 신기술인 브레인센스 기술이 탑재된 뇌심부자극기에 대해 미국식품의약국과 유럽 인증CE을 획득했다.[11] 브레인센스 기술은 현존하는 뇌심부자극기 중 유일하게 환자 뇌에 연결된 리드선을 따라 환자 뇌신호를 측정할 수 있는 기술이다. 뇌에서 수집한 데이터를 통해 전기자극, 뇌신호의 상관관계, 전기자극의 임상적 효과 등 데이터에 기반한 정밀치료를 가능하게 한다.

② 척수신경자극술: 허리나 엉덩이 부근에 전기 자극기를 이식해

척수와 뇌 사이를 이동하는 통증신호를 방해함으로써 만성통증에 대한 진통 효과를 제공하는 치료법이다. 메드트로닉의 척수신경자극기인 인텔리스는 어댑티브스팀 기술을 활용해 환자가 움직일 때마다 일곱 가지 신체 위치를 인식해 치료법을 자동으로 조정한다. 또한 환자의 움직임과 통증 정도가 클라우드 시스템에 계속 업로드된다. 의사는 데이터에 기반해서 치료할 수 있다.

③ 부정맥 치료: 부정맥은 심장의 전기신호에 이상이 생겨 심장박동에 이상이 생기는 질병이다. 환자 상태에 따라 맥박이 느린 서맥 환자에게는 인공심박동기를 삽입하고 맥박이 빠른 빈맥 환자에게는 삽입형 제세동기를 삽입하는 치료가 행해진다. 메드트로닉은 블루싱크 기술을 활용해 의사와 환자가 인공심박동기나 삽입형 제세동기에 대해 원격 모니터링하는 기능을 제공하고 있다.

④ 이식형 약물주입기: 메드트로닉은 만성통증과 근육경직 등 중증 신경계 질환 치료를 위해 모르핀과 바크로펜 등 신경치료제를 척수에 직접 주입할 수 있는 이식형 약물주입기인 싱크로메드를 생산하고 있다. 신경치료제는 경구로 투입하면 최종 목적지인 신경계에 전달되는 약물이 투여량과 일치하지 않는 경우가 많아 약물치료 효율성이 떨어진다. 싱크로메드는 약물주입기를 직접 척수에 연결해 치료 효율을 높이고 약물 사용을 최소화한다. 메드트로닉은 싱크로메드를 통한 표적약물전달치료를 좀 더 효율적으로 관리하고 환자 순응도를 높이기 위해 클라우드 소프트웨어 에피시오를 출시했다.[12]

⑤ 천골신경자극술: 괄약근과 골반저근 등의 움직임에 영향을 주는 천골신경에 전기자극기를 이식해 과민성 방광이나 변실금 등을 치료하는 데 쓰이는 치료법이다. 메드트로닉은 천골신경자극기를 이

식하기 전에 벨트에 찰 수 있는 형태의 천골신경자극기로 먼저 천골신경자극이 효과가 있는지 테스트를 한다. 테스트 결과 천골신경자극이 효과가 있다면 실제 천골신경자극기를 체내에 삽입하고 삼성전자의 모바일기기를 활용해 천골신경자극기를 관리할 수 있다.

## 전 세계 남성들의 새로운 희망, 초음파 전립샘 절제술

전립샘은 남성에게만 존재하는 장기로 소변과 정액의 배출을 조절하고 정액의 일부 구성물질을 만드는 생식기관이다. 전립샘은 임상적으로 방광, 요도, 신경혈관다발 같은 구조물들을 감싸고 있다. 전립샘이 비대해지면 화장실을 가는 것을 불편해하게 된다.

전립샘과 관련된 대표적인 질환이 전립샘암과 전립샘 비대증이다. 전립샘암은 전 세계 남성에서 폐암 다음 두 번째로 흔히 발생하는 악성 종양이다. 2018년 기준 연 130만 명이 확진을 받았다. 미국에서 매년 18만 명이 신규 전립샘암으로 진단받는다. 전립샘암은 매우 느리게 성장하는 종양이다. 최근 조기진단과 기술 발전으로 사망률이 꾸준히 줄고 있다. 전립샘암으로 진단받은 남성의 대부분은 위험이 낮거나 중간 정도의 위험으로 분류돼 수술과 같은 침습적인 치료보다는 적극적 추적관찰Active Surveillance로 관리받고 있다. 미국에서는 290만 명의 남성이 적극적인 추적관찰 대상이다.

전립샘 비대증은 전립샘 세포의 과잉 성장으로 생긴다. 미국에는 약 2,200만 명의 중증단계 이상의 전립샘 비대증 환자가 있다. 그중 1,200만 명이 적극적으로 관리되고 있는데 외과적 수술을 받는 인구는 30만 명이다.

## 전립샘의 임상학적 구조

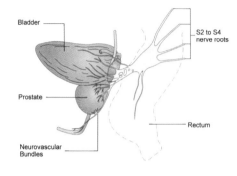

Prostate Disease
Anatomy & Current Landscape in the United States ("U.S.")

~175,000 new prostate cancer cases per year

60% are > 65 years

> 3M men living with diagnosed prostate cancer

10M men living with Benign Prostatic Hyperplasia ("BPH")[1]

300,000 BPH surgical procedures per year[1]

**Common treatment options**
1. Surgery to remove prostate
2. Radiation to kill it in place

**Common sides effects**
1. Urinary and/or rectal incontinence
2. Erectile dysfunction

- Bladder
- S2 to S4 nerve roots
- Prostate
- Rectum
- Neurovascular Bundles

PROFOUND
Figure, Kirby (1997) An Atlas of Prostatic Diseases, The Encyclopedia of Visual Medicine Series
Based upon CMS data

(출처: 프로파운드)

대부분 전립샘 양성질환 치료는 약물, 전립샘결찰술Urolift, 적극적 추적관찰 등 비침습적인 방법으로 수행된다. 질환이 더 진행되면 수술이나 방사선 요법을 통해 치료하는 것이 골드 스탠더드다.

언뜻 보면 큰 문제가 없어 보이지만 전립샘 질환 환자를 치료하기가 쉽지 않다. 전립샘 질환은 서서히 진행된다. 그러다 보니 질병이 침습적 치료를 할 정도가 될 때까지 진행되기를 기다려야 한다. 또 약물치료를 하면 발기부전과 역행 사정 등의 부작용이 발생할 수 있다. 환자군이 치료를 적절히 받기 어렵다 보니 일상에서 계속 불편함과 불안을 느끼며 생활해야 한다.

캐나다의 프로파운드라는 기업은 경요도 초음파절제술이 가능한 의료기기 툴사TULSA를 개발했다. 툴사는 먼저 자기공명영상을 통해 수술 계획을 세우고 환자의 요도와 직장에 각각 카테터를 삽입한다. 요도에 삽입한 카테터는 초음파를 통해 열을 발생시켜 치료 부위의

## 툴사의 전립샘 치료 방법

**TULSA-PRO**
Transurethral Gentle Heating of Prostate to 55° C

How we
*ablate*

Transurethral
Directional Thermal
Ultrasound

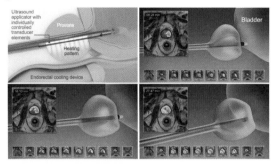

 Sweeping ultrasound, continuous rotation

 Capable of treating both large and small prostate volumes

Thermal protection of important anatomy

(출처: 프로파운드)

세포를 사멸하고, 직장에 삽입한 카테터는 직장을 냉각하는 기능을 한다. 이 모든 과정은 소프트웨어와 로봇팔로 제어된다. 전립샘 조직의 절제가 완료되면 절제된 조직은 신체에 흡수된다.

툴사는 115명을 대상으로 한 벤치마크 임상시험을 통해 전립샘의 의미 있는 감소와 낮은 부작용 발생에 의한 삶의 질 개선 효과를 증명해 2019년 미국식품의약국FDA 허가를 받았다. 툴사는 아직 전립샘 질환 치료의 골드 스탠더드인 수술이나 방사선 요법을 대체하기는 힘들다. 하지만 적극적인 추적관찰만으로 치료하기 어려운 환자들과, 약물치료에 심각한 부작용이 우려되는 환자들과, 외과수술과 방사선 요법이 과잉치료가 될 가능성이 높은 환자들까지 다양한 환자군에 적용 가능하다. 환자들의 삶의 질 개선에 도움을 줄 수 있다. 미국에서 툴사가 접근 가능한 시장은 연간 45억 달러 정도로 추정된다.

그러나 의료기기 산업의 혁신은 빠른 속도로 진행되지 않는다. 툴사는 임상시험을 통해 그 유효성을 증명했지만 상업적 성공을 하려면 더 큰 노력이 필요하다. 먼저 보험수가를 획득해야 한다. 현재 3만 달러에 달하는 시술비용을 환자 본인 부담으로 진행되고 있다. 빠른 시장 침투를 위해서는 보험수가 획득이 필수적이다. 또한 새로운 시술법인 만큼 의사들에게 영향력을 끼칠 수 있는 오피니언 리더를 활용해야 한다. 프로파운드는 비침습적 절제요법의 핵심 오피니언 리더인 스티븐 박사를 통해 마케팅을 진행하고 있다. 또한 전립샘 결찰술이나 집속초음파 치료 등 다른 기술과 경쟁도 이겨내야 한다. 이렇듯 의료기기는 아무리 혁신적인 제품일지라도 시장에 침투하기 위해서는 큰 노력이 필요하다.

# 3
# 외과수술

## 로봇수술의 역사와 독점기업의 탄생

로봇이라는 말을 들으면 아마도 드론, 전투로봇, 만화, 택배로봇, 개인집사 같은 것들이 떠오를 것이다. 그런데 의외로 의료기기에서도 이미 로봇이 많이 활용되고 있다. 바로 수술로봇이다. 수술로봇은 복강경 수술로봇, 관절 수술로봇, 척추 수술로봇, 내비게이션 로봇, 재활로봇 등 다양한 분야에서 활용되고 있다. 그중에서 가장 규모가 크고 널리 쓰이는 것이 바로 복강경 수술로봇이다.

최근 외과수술이 추구하는 목표 중 하나는 최소침습이다. 절개 부위를 최소화할수록 감염과 합병증 우려가 적고 회복이 빠르기 때문이다. 더불어 미용 목적으로도 훌륭하다. 외과수술은 개복 대신 배에 약 2~3센티미터의 작은 구멍을 뚫고 이산화탄소를 주입해 수술 공간을 확보한 뒤, 내시경과 각종 수술도구들을 넣어 수술을 집도하는 복강경수술로 발전했다. 복강경 수술로봇은 이 복강경수술을 로봇화

**기계부, 조종부, 보조영상 카트로 구성된 복강경 수술로봇**

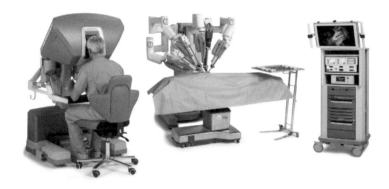

**로봇수술을 하는 의사와 로봇수술용 수술도구**

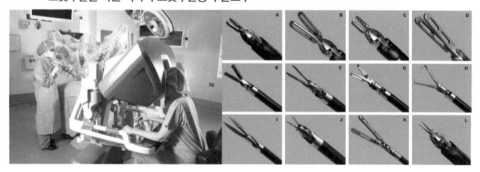

한 것이다. 복강경 수술로봇은 기계부와 조종부로 구분이 된다. 의사는 콘솔에 앉아서 마치 게임을 하듯이 기계부를 조종해 수술을 집도한다.

이 복강경 수술로봇 시장을 몇십 년째 장악하고 있는 기업이 바로 미국의 인튜이티브서지컬이다. 인튜이티브서지컬은 2003년 가장 큰 경쟁사였던 컴퓨터모션을 인수한 이후 이렇다 할 경쟁 없이 독점적 지위를 누려왔다. 2010년대 들어서면서 몇몇 초기기업들에게 도전을 받기는 했으나 수술로봇 판매 건수와 로봇수술 시행 건수를 비교하면 도전이라는 말이 무색할 정도였다. 인튜이티브서지컬은 지금까지 6,335대의 수술로봇(2021년 2분기 말 기준) 장비를 설치했고 연간 45억 달러의 매출을 기록하는 우량기업으로 성장했다.

외과수술에 로봇이 도입된 것은 매우 혁신적인 일이다. 하지만 의료기기 산업의 혁신이 그렇듯이 수술로봇의 도입도 서서히 진행됐다. 수술로봇이 많이 활용되는 곳은 주로 비뇨기과나 산부인과 같은 생식기관이다. 비뇨기과나 산부인과의 수술 부위는 신체에서 인간의 손이 닿기 가장 어려운 곳이다. 신체 구조상 꺾어진 좁은 공간에서 수술이 이루어져야 하는데다 주변에 예민한 부분이 많다. 예를 들어 우리가 전립선이라고 잘못 알고 있는 전립샘은 말 그대로 선이 아니다. 전립샘 수술 시 주변을 잘못 건드리면 합병증으로 요실금이나 변실금이 올 수도 있다. 현재 미국에서는 전립선절제술이나 자궁절제술은 대부분 로봇수술로 집도한다.

2010년만 하더라도 미국에서 로봇수술의 90% 이상은 산부인과와 비뇨기과에서 수행됐다. 그러다가 인튜이티브서지컬 수술로봇의 효용이 알려지면서 점점 일반외과 비중이 증가하기 시작했다. 일반외과의 수술 비중은 2012년 처음으로 10%를 넘어선 후 2014년 비뇨기과보다 높은 24%를 차지했고 2018년에는 43%로 산부인과마저 넘어섰다. 2019년에는 비뇨기과와 산부인과를 합친 것보다 큰 비중을 차지하고 있다.

의료기기의 혁신은 의료 시스템 때문에 다른 산업의 혁신보다 서서히 진행되고 있다. 하지만 한 번 혁신에 성공하면 오히려 그 의료 시스템이 경쟁사에 대한 든든한 진입장벽이 된다는 장점이 있다. 인튜이티브서지컬의 경우도 마찬가지다.

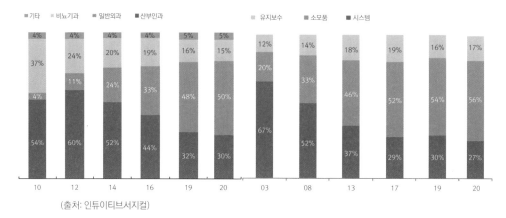

미국 로봇수술 비중 추이와 로봇수술 전체 매출 비중 추이

(출처: 인튜이티브서지컬)

　　수술로봇은 시스템 가격만 약 200만~250만 달러, 소모품은 약 700~3,500달러, 유지보수 서비스에 연간 약 8만~17만 달러가 소요되는 고가의 의료기기로 수술 건수가 많지 않은 중소형병원이 도입하면 감가상각비를 감당하는 것도 힘들 것이다. 따라서 일반외과의 비중이 높아졌다는 것은 수술로봇을 도입할 때 초기에는 산부인과나 비뇨기과에서만 관여했지만 점차 병원 내에서 수술로봇에 관여하는 과들이 많아졌다고 것으로 해석할 수 있다. 실제로 인튜이티브서지컬의 시스템 매출 비중은 2003년 67%에 달했으나 2020년에는 27%로 감소했다. 반면에 소모품 매출 비중은 2003년 21%에 불과했으나 2020년에는 56%로 증가했다. 게다가 20년에 가까운 세월 동안 약 720만 건의 수술이 진행됐다. 그 과정에서 2만 1,000개가 넘는 동료평가가 완료된 논문이 탄생했다. 새로운 경쟁사에게는 진입장벽이 지속해서 높아지고 있다.

## 로봇수술 20년 역사상 최강의 도전자 등장

앞으로 수술로봇의 경쟁 구도에 변화가 생길 가능성이 있다. 세계 최대 의료기기 업체인 메드트로닉이 수술로봇 상용화를 앞두고 있기 때문이다. 메드트로닉은 2019년 9월 투자자 대상 행사에서 수술로봇에 대한 구체적인 계획을 공유했다. 메드트로닉은 크게 세 가지 강점을 지니고 있다. 첫째, 세계적인 유통 네트워크와 핵심 오피니언 리더 관리 능력을 보유하고 있다. 둘째, 복강경수술도구 시장의 최강자이다. 셋째, 다양한 마케팅 전략을 활용할 수 있다.

메드트로닉은 복강경수술도구 시장의 최강자로서 매년 약 9,000명의 외과의에게 복강경수술을 훈련하고 있다. 기존에 메드트로닉의 복강경수술도구로 훈련을 받아본 경험이 있는 의사는 새로운 수술로봇에 적응하기가 쉬울 수 있다. 복강경 수술로봇은 복강경수술을 로봇화한 것이기 때문이다. 본인이 써봤던 장비와 비슷한 사용자경험을 느낄 수 있다는 것은 굉장한 장점이 될 수 있다. 메드트로닉은 1년에 약 280억~300억 달러의 매출을 기록하고 있다. 비록 수술로봇 사업이 실패한다고 해도 기업의 존속에 영향을 끼칠 가능성이 매우 작다. 따라서 수술로봇 사업이 안정화될 때까지 적극적인 프로모션이 가능하다. 수술로봇 개별 프로모션을 진행할 수도 있고 다른 장비들과 결합한 패키지 판매도 가능하다.

인튜이티브서지컬과 메드트로닉의 맞대결은 볼 만할 것이다. 이들 간의 경쟁을 좀 더 의미있게 관찰하기 위한 관전 포인트는 무엇일까? 수술로봇 자체의 경쟁력과 기술력은 당연히 중요하다. 하지만 의료기기 산업은 기술력만으로 시장 침투가 불가능하다. 따라서 제품들의 스펙을 서로 비교하는 것 외에도 결국 도입할 병원의 마음을 어떻게 사로잡느냐가 핵심일 것이다.

수술로봇을 도입할 대형병원 입장에서 생각한다면 경쟁의 핵심 지역은 미국 외 지역이 될 가능성이 커 보인다. 미국 외 지역은 아직 수술로봇 초기 시장인 곳이 많기 때문이다. 인튜이티브서지컬은 이미 6,300대 이상의 수술로봇을 설치했다. 이 중 무려 60% 이상이 미국 한 국가에 설치돼 있다. 미국을 제외한 전 세계의 수술로봇을 다 합쳐도 미국보다 작은 것이다. 그리고 로봇수술은 보통 비뇨기과나 산부인과에서 일반외과로 적용 범위를 넓혀간다. 미국에서는 이미 일반외과가 가장 많은 수술 비중을 차지하지만 미국 외 국가에서는 여전히 비뇨기과와 산부인과 비중이 훨씬 높다. 이 역시 미국 외 지역의 수술로봇 시장이 초기 시장이라는 근거다.

인튜이티브서지컬은 당연히 기존의 임상 데이터와 브랜드 가치를 내세울 것이다. 하지만 이들 간의 경쟁에서 생각보다 가격적인 부문은 매우 중요한 요소로 부각될 것이다. 인튜이티브서지컬의 수술로봇은 시스템 가격만 15억~30억 원에 달한다. 우리나라에서 판매되는 인튜이티브서지컬의 수술로봇 가격이 미국과 큰 차이가 없다. 미국 외에서 아직 본격적으로 로봇수술이 확산하지 못한 이유 중 하나에는 가격 요인이 있을 것이다. 미국은 전체 의료비에서 병원비와 인건비가 차지하는 비중이 약 55%에 달한다. 미국에서는 최소침습의 로봇수술 방식으로 집도하면 병원 체류시간을 줄여 총비용을 절감한다는 논리를 활용할 수 있다. 그러나 병원비나 인건비가 싼 다른 국가들에서는 이런 논리가 작동하기 힘들 수 있다. 따라서 미국 외 지역에서 메드트로닉이 자사의 다른 기기들과 패키지 영업을 구사하거나 가격할인 정책을 활용하면 인튜이티브서지컬 입장에서는 상

**메드트로닉의 수술로봇**

MEDTRONIC RAS
MODULAR SOLUTION DESIGNED TO ADDRESS
COST AND UTILIZATION BARRIERS

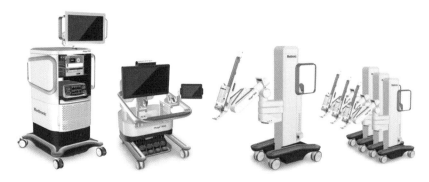

(출처: 메드트로닉)

당히 곤란할 수 있다.

또한 미국에서도 인튜이티브서지컬의 기존 고객사로 침투하는 것은 어렵겠지만 교체주기가 된 병원이나 아직 수술로봇을 도입한 적이 없는 병원은 충분히 침투가 가능할 것으로 보인다. 실제로 인튜이티브서지컬의 실적발표를 살펴보면 교체주기가 된 병원들의 제품 도입 이연이 감지된 사례가 있다고 한다. 현재 인튜이티브서지컬은 임대 비중을 늘리고 보상판매를 강화하고 있다. 코로나바이러스로 인해 아마도 본격적인 경쟁은 예상보다 지연될 가능성이 크다. 앞으로 인튜이티브서지컬과 세계 1위 의료기기 업체 간의 전략 싸움이 기대된다.

## 뇌, 척추, 혈관 수술까지 확장하는 로봇수술

수술로봇은 복강경수술 외에도 뇌수술, 척추수술, 관절수술, 혈관 카테터 수술, 폐생검 등 다양한 분야에서 연구개발이 진행 중이다. 로봇수술은 수술하기 전에 컴퓨터단층촬영으로 수술 부위의 3D 데이터를 확보해 수술 계획을 수립한다. 이후 본격적인 수술이 진행된다. 수술 부위마다 그 특성이 다르므로 시야를 확보하는 방법과 로봇이 수술에서 담당하는 역할이 달라진다.

의사가 수술 부위에 대한 시야를 확보하는 방법으로 여전히 절개해서 직접 들여다보는 방식도 사용된다. 하지만 최소침습을 위해 내시경과 조영술을 활용한 방식이 주로 활용된다. 또한 수술하려는 부위에 따라 수술 진행 방식도 달라진다. 의사가 수술로봇을 콘솔로 조작해서 집도하는 방식과 수술로봇을 보조도구로 활용해서 직접 집도하는 방식이 있다. 의사가 직접 수술을 시행하는 경우 수술로봇은 정교한 수술도구를 제공하거나 자동차 내비게이션처럼 수술 경로를 시각화하는 등의 보조적인 역할을 제공한다. 대표적인 네 가지 수술로봇의 수술 진행 방식은 다음과 같다.

관절 수술로봇은 현재 복강경 수술로봇 다음으로 가장 활발하게 사용된다. 노후한 무릎이나 엉덩이 관절을 인공관절로 대체하는 수술에 쓰인다. 관절 수술로봇은 상대적으로 부피가 큰 관절을 박아넣어야 하기 때문에 최소침습기법을 활용할 수 없어 직접 절개를 통한 수술이 시행된다. 가장 널리 사용되는 스트라이커의 관절 수술로봇 마코Mako는 2019년 전 세계에 약 860대(미국 700대, 해외 160대)가 설치돼 있고, 2020년에는 약 1,144대로 증가했다.[13]

로봇을 이용한 인공관절수술 과정은 먼저 컴퓨터단층촬영을 통해

**수술로봇의 종류**

| 로봇수술 종류 | 주요 적응증 | 수술 계획 | 시야 확보 | 수술 방식 | 장점 |
|---|---|---|---|---|---|
| 복강경 수술 | 신장 부분 절제술, 전립선절제술, 자궁절제술, 갑상선절제술 등 복강경수술이 가능한 대부분의 수술 | 컴퓨터단층촬영을 활용해 3D 수술 계획 | 내시경 | 콘솔로 조종 | 최소침습, 손 떨림 방지, 3D 시야 제공, 받침점 효과 방지 |
| 폐생검 | 폐생검 | 컴퓨터단층촬영을 활용해 3D 수술 계획 | 내시경 | 콘솔로 조종 | 최소침습, 시야 확보, 정밀 타깃팅 |
| 혈관 카테터 삽입술 | 전극도자절제술, 관상동맥중재술 | 컴퓨터단층촬영을 활용해 3D 수술 계획 | 조영술 | 콘솔로 조종 | 최소침습, 의료진 피폭 방지, 수술 정확도 상승 |
| 뇌수술 | 파킨슨병 등 운동이상 장애 | 컴퓨터단층촬영을 활용해 3D 수술 계획 | 조영술 | 의사가 직접 집도 | 최소침습, 수술 위치 정확도 향상 |
| 인공관절 수술 | 고관절·슬관절 치환술 | 컴퓨터단층촬영을 활용해 3D 수술 계획 | 절개 | 의사가 직접 집도 | 최소침습, 수술 정확도 상승 |

수술하려는 부위의 3D 데이터를 얻는다. 이 데이터를 바탕으로 수술을 집도하는 데 필요한 절개각도, 절개부위, 절개깊이 등의 수술 계획을 세운다. 실제 수술이 시작되면 무릎이나 엉덩이 관절을 절개하고 수술 부위의 위치 정보를 제공하는 마커를 박아넣는다. 마커를 통해 전송되는 위치 정보를 수술로봇이 센서로 읽어서 사전에 확보한 관절의 3D 데이터와 정합한다. 이후 로봇팔에 달린 톱을 이용해 절개를 시작하고 인공관절을 박아넣는다.

　뇌 수술로봇은 인간의 뇌에 전극을 심고 전기자극을 주어 파킨슨병과 같은 이상운동장애를 치료하는 데 쓰이는 뇌심부자극술에 활용된다. 뇌라는 특성상 내시경을 삽입하거나 직접 절개를 하기보다

### 관절 로봇수술용 톱과 뇌 수술로봇

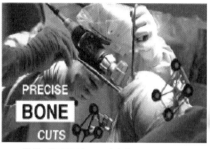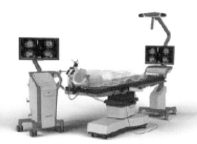

(출처: 메드트로닉, 스트라이커)

는 조영술을 통해 수술 진행 과정을 통제한다. 뇌심부자극술은 뇌에 전극을 심기 위해 두개골에 구멍을 뚫어야 한다. 여기서 수술로봇의 역할은 구멍을 내는 과정을 정교화하는 것이다. 기존 수술은 컴퍼스 모양과 흡사한 뇌 정위틀을 이용해 수술 위치를 잡는다. 그러나 뇌 수술로봇은 환자 뇌의 실제 위치 정보와 사전에 확보한 컴퓨터단층촬영 이미지를 병합해 구멍을 내야 하는 위치를 자동으로 지정할 수 있다. 이후 수술로봇은 수술 과정을 시각화해 내비게이션처럼 안내해준다.

혈관 카테터 수술로봇은 절개하지 않고 혈관에 카테터를 삽입해 시술하는 과정을 로봇화한 것이다. 주로 심방세동이나 관상동맥질환 등 심장이나 심혈관과 관련된 질환을 치료하는 데 이용된다. 시야는 조영술을 통해 확보하며 주로 허벅지에 위치한 굵은 혈관에 카테터를 삽입한다. 그 후 의사는 수술로봇을 콘솔로 조종하면서 카테터를 치료 부위까지 이동하고 스텐트를 삽입해 좁아진 혈관을 넓히거나 전극도자절제술을 시행한다.

폐생검로봇은 폐 조직 채취가 가능한 수술도구가 내장된 내시경을 몸 안으로 삽입해 폐 상태를 관찰하고 생검하고자 하는 부위의 조직을 채취한다. 의사는 게임기처럼 생긴 콘솔을 활용해 로봇을 조작한다. 존슨앤드존슨은 폐생검로봇 기업 오리스헬스를 34억 달러에 인수해 화제가 되기도 했다.[14]

# 4
# 항암치료

## 3대 표준 항암치료법의 장단점

암은 인류를 가장 괴롭히는 질병 중 하나로 헬스케어 산업에서 가장 큰 시장이다. 미국에서는 매년 2,000억 달러가 넘는 비용이 암 관련 치료에 사용되고 있다. 현재 암을 치료하기 위해 3가지 표준치료법으로 외과수술, 방사선 치료, 항암제가 활용된다. 각각 장단점이 있어 환자의 상황에 따라 병용 또는 단독으로 활용된다

외과수술(국소)은 초기 암일수록 효과적이다. 특정 부위를 제거하는 방식이기 때문에 다른 장기로 전이가 많이 진행된 경우 효과가 제한된다. 항암제나 방사선 치료의 효과를 향상하기 위해 감량수술 Debulking Surgery이 시행되기도 한다.

방사선 치료(국소)는 암세포가 정상세포보다 비정상적으로 활성화가 빠르다는 점을 착안한 치료법으로 입자의 이온화 현상을 이용한다. 방사선 치료는 수술과 비교해 상대적으로 장기의 기능이나 구조

를 보존할 가능성이 크고 수술이 힘든 환자에게도 사용할 수 있다. 하지만 치료비용이 비싸고 주기적인 치료가 필요하며 방사선 피폭 등의 우려가 있다.

항암제 투여(전신)는 의약품을 활용해 암세포를 공격하는 치료법이다. 다른 치료법과 달리 전신에 영향을 미친다. 화학항암제는 일종의 독이기 때문에 정상세포를 공격하는 등 부작용이 존재한다. 최근에는 부작용을 최소화하기 위해 표적항암제와 면역항암제가 주목받고 있다. 특히 키트루다로 대표되는 면역항암제가 가장 주목받는데 반응률과 암세포 살상력은 다소 떨어진다는 단점이 있다.


## 2만 명에게 사용된 암세포 분열을 방해하는 전기장 치료

3대 표준법은 훌륭한 암 치료 수단이다. 하지만 각각의 장단점이 명확하기에 이를 보완할 수 있는 새로운 기술에 대한 연구개발이 진행되고 있다. 그중에서 소개할 기술은 전기장을 활용한 암 치료법이다.

모든 세포는 분열과 소멸을 반복하는데 암세포는 소멸이 안 되고 계속해서 분열하는 것이 문제다. 노보큐어는 웨어러블 항암 치료기기 옵튠을 이용해 암세포의 체세포분열을 방해해 사멸시키고자 한다. 노보큐어의 장비는 소형화된 전기장 발생 장치와 트랜스듀서 어레이(일주일에 2회 이상 교체)로 구성된다. 동사의 웨어러블 장치를 암세포 주변에 부착하면 종양치료장Tumor Treating Field이라고 하는 50~200킬로헤르츠의 저강도 교번 전기장이 형성된다. 이를 통해 암의 체세포분열에 영향을 미치는 단백질인 튜불린과 셉틴의 위치를 교란한다. 2개의 단백질은 극성이 높아서 전기장으로 초당 10만~30

**노보큐어의 암 치료 웨어러블 기기인 옵튠 그리고 옵튠의 암 치료 기전**

# the Optune® system

### ELECTRIC FIELD GENERATOR

The portable field generator can be carried with you to generate Tumor Treating Fields as you go about your day.

### TRANSDUCER ARRAY

Sterile, single-use transducer arrays are connected to the electric field generator to deliver therapy. Transducer arrays should be changed at least 2 times per week (every 4 days at most).

## we can leverage physics to fight cancer

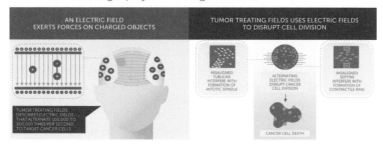

(출처: 노보큐어)

만 번 정도 교란하면 암세포의 체세포분열이 방해돼 결국 사멸한다는 원리다.

전기장은 중력, 전자기력, 강력, 핵력과 같은 인위적인 힘이 아니라 자연계에 존재하는 힘이다. 방사선 피폭이나 화학항암제의 독성과 같은 부작용이 없다는 것이 최대 장점이다.

노보큐어는 현재 교모세포종에 대해 화학항암제인 테모졸로마이드와 병용요법으로 신규 진단 환자와 재발환자에 사용허가를 받았다. 상용화 이후 2020년 1분기까지 총 2만 명 이상의 환자에게 처방됐다.

전기장 활용 항암 치료기기의 가장 큰 성공 요인은 임상시험 설계와 보험수가 획득이다. 노보큐어는 임상시험의 엔드포인트(목표)를 기존 표준치료법을 대체하는 것이 아니라 병용치료로서 효과를 입증하는 것으로 설계했다. 임상시험 결과 전체 생존율은 종양치료장과 화학항암제의 병용요법이 20.9개월로 화학항암제 단독으로 치료할 때 수치인 16개월보다 4.9개월이 더 길었다.[15] 임상 데이터를 바탕으로 2018년에는 미국 국립통합암네트워크NCCN 가이드라인에 카테고리1 추천요법으로 등재됐다.

만약 기존 표준치료 대비 우위를 입증하는 것으로 임상시험을 설계했다면 시간과 비용이 급격하게 증가하는 것은 물론이고 임상시험 성공도 보장할 수 없었을 것이다. 보수적인 성향이 강한 의료진을 설득할 때 병용요법으로 접근한 것이 이점이 됐으리라 추정된다. 노보큐어는 우수한 임상 성능을 바탕으로 보험사를 통한 보장 범위를 확대하고 있다. 2016년 3분기 1억 2,000만 명이었던 보험 보장 가능 환자는 2020년 1분기 기준 5억 명의 환자로 확대됐다.

전기장을 활용한 암 치료가 실제로 활용되고 있다는 것은 고무적인 일이다. 그러나 전기장 치료가 표준치료를 대체하는 것은 아니다. 교모세포종이라는 암도 유병률이 높은 암이 아니라 시장규모 확대에 한계가 있다. 미국과 주요 해외시장의 연간 교모세포종 확진 환자 중 전기장 치료의 목표 환자는 1만 3,000명에 불과하다. 따라서 앞

**노보큐어의 임상시험 데이터 요약**

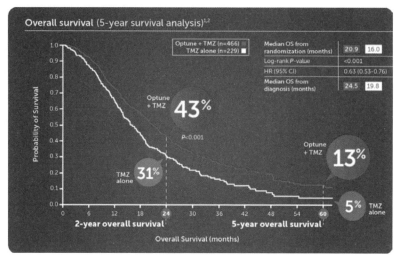

(출처: 노보큐어)

으로 전기장 치료는 교모세포종 외에 신규 적응증 확대를 통해 외연을 넓히는 것이 중요하다.

전기장 치료의 가장 큰 장점은 확장성이다. 특정 적응증에만 효과가 있는 것이 아니라 다른 적응증에도 사용될 가능성이 크다는 것이다. 세포 사이즈별로 최적화된 주파수가 존재하는 것으로 추정된다. 50킬로헤르츠(정상 창자), 150킬로헤르츠(악성중피종, 췌장, 비소세포폐암), 200킬로헤르츠(난소, 교모세포종) 등 각 장기에 맞는 전기장을 형성함으로써 적응증을 확대하려고 하고 있다.

첫 번째 성과는 2019년 5월에 허가를 받은 악성중피종이다. 노보큐어는 희귀질환인 악성중피종에 대해서 미국식품의약국의 인도주의적 의료기기 제도를 활용했다. 표준 화학항암제와 병용 임상을 하여 전체 생존율 18.2개월, 무진행 생존율 7.6개월이라는 결과값으로 유효성과 안전성을 입증했다.[16] 특히 이번 허가는 지난 15년간 미국식품의약국이 허가한 최초의 악성중피종 사례였다는 것은 주목할 만하다. 현재 상업화를 위한 준비가 진행 중이다.

이 외에도 노보큐어는 2021년 2분기 말 기준 4개의 3상 임상시험과 2개의 2상 임상시험을 진행하고 있다. 향후 임상시험 성공 여부에 따라 목표 가능 시장(연간 암 확진자 수 기준)은 미국에서만 1만 8,000명(교모세포종 1만 5,000명 + 악성중피종 3,000명)에서 35만 명으로 확대될 수 있다. 또한 중국의 생명공학기업 자이랩과의 파트너십으로 중국 지역(중국, 홍콩, 마카오, 대만)에 침투할 계획이다. 서양보다 아시아에서 더 흔한 적응증인 위암 파이프라인 개발에 성공하면 중국 시장 확대가 탄력을 받을 것으로 보인다.

**4**장

# 진단 영역의 혁신

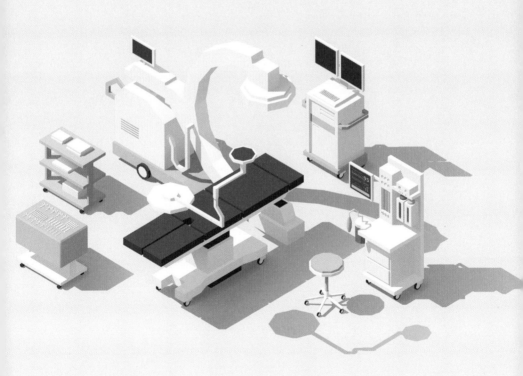

# 1
# 진단 영역 혁신의 메가트렌드

질병은 진단을 통해 원인을 분석하고 치료 방법을 결정할 수 있다. 진단은 오직 의료기기만이 할 수 있는 영역이다. 무려 전체 의료기기 산업에서 20%가 넘는 비중을 차지한다.

진단은 영상진단과 체외진단으로 구분하는데 둘은 이름만큼이나 방식이 다르다. 영상진단은 엑스레이, 컴퓨터단층촬영기기, 자기공명영상촬영기 등 주로 방사선을 활용해 촬영한 신체 내부의 장기나 뼈 영상을 의사가 임상적 지식과 경험을 통해 해석해 진단한다. 체외진단은 소변, 혈액, 타액 등 몸의 검체를 외부로 추출한 후 여러 진단 기법을 활용해 나온 결괏값을 통해 질병을 진단한다. 영상진단과 체외진단은 진단 방식의 차이만큼 혁신도 각각 다른 방향으로 진행되고 있다.

영상진단은 인공지능 기술을 상당히 빠르게 도입하고 있다. 영상진단 방식 자체가 의사 개인의 역량에 의존하는 방식인 만큼 의사를 보조할 수 있는 인공지능 솔루션 개발이 빠르게 진행되고 있다. 크게 세 가지 사례를 소개하고자 한다. 첫 번째는 인공지능 솔루션 도입을 기존 영상진단 기업 입장에서 생각해본 사례이다. 성장성이 둔화된 영상진단 업체에 있어 인공지능 솔루션은 소모품 매출을 일으키는 좋은 수단이 될 가능성이 있다. 두 번째는 체외진단의 바이오마커처럼 영상 자체가 바이오마커 역할을 할 수 있는 디지털 병리의 사례다. 항암제의 반응률을 높이기 위해 바이오마커 발굴에 관심이 매우 높은 제약회사의 미충족 수요와 상관이 깊다. 마지막으로 뇌졸중 치료기기 제조 기업이 인공지능 솔루션 스타트업과 유통계약을 체결한 사례를 다루었다. 이 거래는 양쪽 모두에게 유익하다. 스타트업은 유통판로를 확보했고 뇌졸중 치료기기 기업은 자사의 혈전 제거기기를 활용한 혈전제거술을 시행할 기회를 키울 수 있기 때문이다.

체외진단은 최근 정밀치료의 중요성이 커지면서 몸 안의 생체지표를 활용하는 경우가 많아지고 있다. 이른바 바이오마커로 불리는 생체지표를 질병 조기진단에 활용하거나 항암치료의 효과를 높이는 데 활용하는 사례를 살펴보았다. 액체생검과 암 조기진단 키트, 적응면역계를 활용한 진단, 그리고 동반진단의 사례를 담았다.

# 2
# 영상진단

## 영상진단 기업 관점에서 인공지능의 역할

전 세계 모든 산업에서 가장 주목받는 기술 중 하나는 인공지능일 것이다. 당대 가장 핫한 기술을 의료기기 산업에 적용하려는 것은 당연한 일이다. 그중에 인공지능과 결합이 가장 많이 시도되는 곳이 영상진단이다. 그런데 왜 인공지능이 영상진단 시장에서 유독 핫한 것일까? 여기엔 여러 가지 이유가 있다. 다른 앱보다 개발하기가 편해서일 수도 있고, 학습 데이터가 많아서일 수도 있고, 초기에 개발되기 시작했던 다른 프로젝트보다 진도가 빨리 나가서일 수도 있다. 그런데 상상력을 발휘해서 '인공지능이 핫할 수밖에 없는 이유는 무엇일까?'로 질문을 바꿔보면 좀 더 재미있는 인사이트를 얻을 수 있다.

인공지능은 왜 핫할 수밖에 없을까? 이 비밀을 알기 위해서는 영상진단 시장을 좀 더 자세하게 들여다볼 필요가 있다. 영상진단 시장의 선도업체 중 하나인 지멘스헬시니어스에서 발표한 자료를 참고하면 영상진단 전체 시장규모는 2016년 기준 174억 달러로 추정된다고 한다.[1] 약 4,200억 달러의 반도체 시장이나 약 5,310억 달러의 자동차 시장에 비하면 생각보다 크진 않다. 지멘스헬시니어스를 잘 모르는 분들을 위해서 잠시 소개하면 영상진단의 빅 3라고 불리는 SGP에서 'S'에 해당하는 기업으로 컴퓨터단층촬영기, 자기공명영상장치, 엑스레이 분야의 세계 1위, 양전자방출단층촬영기 2위, 초음파 5위이다. 물론 업체마다 자기들이 1등이라고 주장하기 때문에 구체적으로 어디 사업 부문에서 몇 등을 한다는 것은 그리 중요지 않다. 이 기업이 '이 시장에서 지배력이 있는 회사'라는 정도로 이해하면 좋을 것 같다.

이 시장을 세분화하면 초음파는 53억 달러, 자기공명영상장치는 42억 달러, 컴퓨터단층촬영기는 34억 달러, 엑스레이는 34억 달러, 양전자방출단층촬영기는 10억 달러 정도가 된다고 한다.

영상진단 각각의 시장을 지멘스헬시니어스에서 공개한 판매가로 나눈다면 대략적인 연간 판매물량을 계산해볼 수 있다. 각각 시장의 연 판매 물량은 초음파기는 18만~350만 대, 자기공명영상장치는 5,000~10만 대, 컴퓨터단층촬영기는 17만~22만 대, 엑스레이는 7만~70만 대, 양전자방출단층촬영기는 5,000~4만 대가 팔린다고 가정할 수 있다. 2019년 애플의 스마트워치인 애플워치가 3,000만 대 정도 팔린 것을 고려하면 생각보다 판매대수가 크지 않다. 이것이 바로 핵심 중의 핵심이다.[2]

영상진단기기의 연간 판매대수가 적다는 것은 매우 큰 의미가 있다. 영상진단기기의 판매대수는 쉽게 늘어나기 힘들다. 이미 대부분의 선진국에서 영상진단기기가 보급돼 있다. 경제협력개발기구 가입

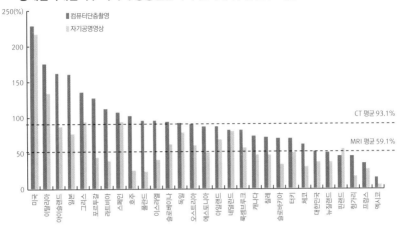

**경제협력개발기구 국가의 영상진단기기 설치대수/병원수 비율**

- 컴퓨터단층촬영
- 자기공명영상

CT 평균 93.1%

MRI 평균 59.1%

(출처: 경제협력개발기구)

국들의 영상진단기기 설치대수와 병원수 비율을 계산해보면 컴퓨터단층촬영기는 평균 93.1%이고 자기공명영상장치는 59.1%에 달한다.[3] 컴퓨터단층촬영기나 자기공명영상장치보다 가격이 훨씬 저렴한 엑스레이는 훨씬 보급이 많이 돼 있을 것으로 추정된다. 잘 생각해보면 독자 중에서 컴퓨터단층촬영기, 자기공명영상장치, 엑스레이 등 영상진단기기가 부족해서 의료대란이 일어났다는 기사는 본 적이 없을 것이다.

신규 수요만큼 기존에 설치된 장비의 교체 수요를 기대하는 것도 만만치 않은 일이다. 의료기기는 통상 교체주기가 7~10년 정도로 매우 길기 때문이다. 따라서 한 번 설치된 영상진단기기는 신규 수요가 잘 발생하지 않는다. 그리고 이러한 의료장비는 보험사에서 단독으로 가격을 책정하는 것이 아니다. 어떤 의료행위의 일부로 가격을 책정하기 때문에 비용 절감 차원에서 중고 의료기기를 도입하는 경우도 아주 흔하다.

　결국 영상진단기기는 고가의 가격으로 지금의 시장규모가 유지되는 것이지 판매대수가 커서 시장이 큰 것이 아니었다. 이 정도 가격대면 영상진단 시장은 3차병원을 위한 시장일 것이다. 그렇다면 3차병원은 어떤 조건들을 원할까? 이런 개념을 가지고 앞으로 의료기기 산업을 분석하는 연습을 하면 독자 여러분의 인사이트가 한층 더 강력해질 것이다.

　다시 돌아가서 신규로 판매할 수 있는 제품이 적어진다면 자연스럽게 이미 설치된 제품을 활용할 수 있는 비즈니스 모델이 중요해진다. 바로 소모품과 유지보수 같은 서비스다. 영상진단 장비 기업으로서는 앞으로 기존에 설치된 장비에서 파생되는 지속적인 매출이 중요하다. 이미 지멘스헬시니어스는 초음파를 제외하고 전 세계에 설치된 영상장비가 약 13만 대 정도가 된다고 한다. 1대당 1년에 100만 원씩만 소모품 매출이 일어나도 1,300억 원의 매출이 발생하는 것이다.

　설치된 장비에서 파생되는 지속적인 매출은 매우 중요한 개념이다. 영상진단기기 보급률 확대로 인해 판매대수가 감소하고 있다. 그러면서 의료기기 시장을 대표했던 영상진단 시장은 이제 의료기기 세부시장 중 3위로 하락했고 의료기기 산업에서 차지하는 비중도 점점 줄어들고 있다.[4] 현재 의료기기 산업에서 차지하는 매출 비중이 가장 높은 세부시장 1위는 체외진단 시장이다.

　체외진단은 몸속을 들여다보는 영상진단과 달리 검체인 소변, 혈액, 타액 등을 몸 밖으로 빼내 건강 상태와 질병을 검사한다. 체외진단의 비중이 높아지는 이유도 바로 소모품 매출 덕분이다. 체외진단

**영상진단과 체외진단의 의료기기 산업 내 비중 변화**

체외진단     영상진단

13.4%

12.4%        13.0%   13.3%               13.0%

12.5%                13.0%  12.8%

11.0%                         10.5%  10.1%

10.3%                                9.8%

9.8%

9.5%                                   8.6%

11    12    13    14    15    16    17    24F

(출처: 이밸류에이트메드테크)

은 진단할 때마다 진단시약이 소비되어 마치 면도기 비즈니스와 유사한 비즈니스 모델을 가지고 있기 때문이다.

그렇다면 영상진단 업체들도 소모품 매출을 늘리고 싶어할 것이다. 그렇다고 하면 어떤 것들을 통해 소모품 매출을 늘릴 수 있을까? 여기까지 이야기하면 눈치 빠른 독자들은 이미 어느 정도 감을 잡았을 것이다. 그렇다. 바로 여기서 인공지능이 중요해진다. 인공지능을 활용해 새로운 소모품 매출을 만들어내고 기존 제품의 충성도를 높일 수가 있다.

그런데 인공지능의 가장 큰 특징 중 하나는 범용 솔루션이 등장하기 어렵다는 것이다. 즉 유방암 솔루션을 만들었다고 그 알고리즘을 그대로 폐암 솔루션에 활용할 수는 없다. 따라서 글로벌 대형업체들이 인공지능 솔루션 개발에 속도를 내고 싶다면 자연스럽게 기술이전, 파트너십, 인수합병에 관심을 가질 것이다. 우리나라 기업들은 이런 글로벌 대형기업들의 수요를 이해하고 활용해야 한다. 이처럼 글로벌 대형기업 입장에서 생각하는 습관을 들이면 그동안 보지 못했던 것들을 보게 될 수 있다.

## 디지털 병리와 영상 바이오마커

암과 같이 인체에 미치는 위험이 매우 큰 질병을 확진할 때는 대부분 조직검사를 한다. 그럼으로써 오진 시 발생할 리스크를 줄일 뿐 아니라 병의 진행 상태와 치료 방법을 선택할 수 있다. 조직검사를 하려면 암 발생이 예상되는 부위의 조직을 떼어내 화학적 처리 과정을 거친 후 얇게 저며 조직 슬라이드를 만들어야 한다. 이후 조직 슬라이드에 담긴 조직과 세포의 형태Morphology를 현미경을 통해 관찰해 질환명을 결정하고 확진을 한다.

최근 조직검사에서 '디지털 병리' 개념이 주목받고 있다. 조직 슬라이드를 현미경을 통해 판독하는 것이 아니라 스캐너를 통해 디지털 이미지화해 의료영상 표준인 다이콤Dicom 형태로 변환하는 것이다. 디지털화된 이미지는 현미경이 아니라 컴퓨터에서 기존에 설치된 의료영상 저장 및 전송 시스템PACS을 활용해 판독할 수 있고 다른 병원에서 조직 슬라이드 자료를 의뢰할 때도 손쉽게 전달할 수 있는 장점이 있다.

이 외에도 디지털 병리는 또 다른 잠재력을 가지고 있다. 바로 정밀한 항암치료를 가능하게 하는 바이오마커의 기능이다. 즉 표적항암제나 면역항암제 등의 항암제를 투여하기 전에 환자가 해당 항암제의 효과를 극대화할 생체지표를 가졌는지를 확인 검사를 할 수 있

**주요 암종에 대한 선별검사와 확진검사**

| 암종 | 선별검사 | 확진검사 |
|------|----------|----------|
| 위암 | 위내시경 검사 | 조직검사 |
| 간암 | 알파태아단백+초음파 검사 | 조직검사 |
| 대장암 | 분변잠혈 검사 | 대장내시경 |
| 유방암 | 유방촬영술 | 조직검사 |
| 자궁경부암 | 자궁경부세포 검사 | 조직검사 |
| 췌장암 | 컴퓨터단층촬영, 자기공명영상법 | 조직검사 |
| 전립선암 | PSA 검사 | 조직검사 |
| 방광암 | 방광경 검사 | 조직검사 |
| 폐암 | 저선량 컴퓨터단층촬영 | 조직검사 |
| 갑상선암 | 초음파 검사 | 미세침흡인세포검사(조직검사) |
| 식도암 | 식도내시경 초음파 검사 | 식도내시경, 조직검사 |

다는 의미다. 이렇게 의료영상을 활용한 바이오마커를 영상 바이오마커라고 부른다. 디지털 병리의 영상 바이오마커로서의 가능성은 임상종양학회에서 관찰할 수 있다. 종양학회 중 미국임상종양학회는 매년 시카고에서 개최되는 세계 최대의 암학회로 JP모건 헬스케어 콘퍼런스와 더불어 제약·바이오업계 연중 최대 행사로 꼽힌다. 매년 3~4만 명의 참가자가 모이며 수많은 제약·바이오업계 업체들의 임상시험 결과를 발표한다. 이 학회가 주목받는 이유는 종양학과 관련된 가장 최신 연구 동향을 살펴볼 수 있고 무엇보다 그 과정에서 다양한 기술 계약들이 이루어지기 때문이다. 그런데 몇 년 전부터 낯선 기업이 미국임상종양학회를 찾아 임상 결과를 발표하고 있다. 그 업체는 인공지능 솔루션 기업인 루닛이라는 국내 기업이다.

　루닛은 암 조직 슬라이드를 인공지능 솔루션으로 분석한 결과를 면역항암제의 반응률을 높일 수 있는 바이오마커로 사용할 수 있는

가를 연구하고 있다. 영상 바이오마커를 연구·개발하는 것이다. 미국 임상종양학회에서 공개한 임상 결과에 따르면 루닛은 암 조직 슬라이드를 분석해 종양침윤림프구의 분포 상태를 면역활성, 면역제외, 면역결핍의 세 가지 종류로 분류했다. 이를 독립 환자군에 대해 검증한 결과 인공지능이 정량적으로 분류한 면역 활성 환자군이 나머지 환자군과 비교해 최대 7배 이상 높은 무진행 생존 기간을 보였다고 한다.[5]

현재 상업적으로 활용되고 있거나 규제기관 허가를 받은 대부분의 인공지능 솔루션은 의사를 보조해 암을 진단하는 솔루션이다. 루닛의 사례처럼 의료 인공지능 솔루션을 영상 바이오마커처럼 암 치료반응을 예측하는 용도로 이용하려는 시도는 매우 드물다. 보통 암 치료반응을 예측하는 마커로는 특정 유전자 돌연변이나 PD-L1과 같은 면역세포의 단백질이 사용된다. 우리 몸 안에 있는 생체지표를 이용하기 때문에 바이오마커라고 불린다.

그렇다면 루닛은 왜 면역항암제와 관련된 동반진단 연구를 하고 있을까? 이 질문에 답을 하기 위해서 먼저 질문을 '면역항암제 업체들은 어떤 고민을 하고 있을까?'로 바꾸어보자. 인류에게 암은 너무나 정복하고 싶은 질병 중 하나다. 인류는 암에 대항하기 위해 항암제라는 무기를 만들었다. 1세대 항암제는 암세포 자체를 제거하는데 집중한 화학항암제다. 그러나 정상세포를 공격하는 치명적인 부작용이 존재했다. 이런 부작용을 최소화하기 위한 방법론을 연구하면서 암 치료의 관점도 확장됐다. 암세포 자체를 제거하는 데서 나아가 종양 미세환경을 제거하는 것으로 확장됐고 또 면역체계의 균형을 회복하는 것으로 확장됐다. 이 과정에서 2세대 항암제인 표적

**미국임상종양학회에서 발표한 루닛의 임상 데이터**

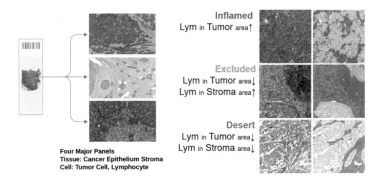

Lunit SCOPE
H&E Deep-learning analysis

Four Major Panels
Tissue: Cancer Epithelium Stroma
Cell: Tumor Cell, Lymphocyte

Inflamed
Lym in Tumor area↑

Excluded
Lym in Tumor area↓
Lym in Stroma area↑

Desert
Lym in Tumor area↓
Lym in Stroma area↓

(출처: 루닛)

치료제와 3세대 항암제인 면역항암제가 개발됐다.

면역항암제는 약화된 우리 몸의 면역 시스템을 정상화해 암을 치료하려 한다. 면역항암제는 크게 면역을 증강하는 항암제와 면역세포의 활동을 억제하는 스위치를 꺼버리는 방식의 항암제가 존재한다. 면역 증강 방식은 특정 암세포를 인식할 수 있는 T세포를 배양해 인체에 주입하여 치료하는 방식으로 강력한 암세포 살상 능력을 보여주지만 그만큼 부작용도 심각하다. 면역 시스템은 균형을 맞추는 것이 중요한데 면역이 약한 것도 문제지만 면역이 지나치게 세지면 자가면역질환이나 면역과민증이 발생하기 때문이다. 따라서 면역 증강 방식은 주로 혈액암에 사용되며 유명한 제품은 '킴리아'다.

면역세포의 활동을 억제하는 스위치를 꺼버리는 방식은 면역세포가 그 기능을 제대로 할 수 있게 도와주는 방식이다. 면역관문억제제라고 불리며 주로 고형암에 사용된다. 가장 널리 알려진 항암제는 그 유명한 '키트루다'이다. 면역관문억제제는 면역 증강 방식보다 부작용은 덜하지만 반응률이 20% 수준으로 낮고[6] 암세포에 대한 살상력이 떨어진다는 단점이 있다. 이러한 단점을 보완하기 위해 다른 항암제와 병용요법을 통해 살상 능력을 높이고 반응률을 높이기 위한 바이오마커를 찾는 연구가 활발하게 진행되고 있다.

다국적 기업 입장에서 생각해보면 면역관문억제제와 궁합이 잘 맞는 바이오마커를 발굴하는 일은 정말 중요하다. 현재로서는 면역관문억제제의 반응률이 매우 낮다. 10명 중 8명은 면역관문억제제에 반응이 없다는 의미이기 때문이다. 적절한 바이오마커를 찾기 위한 동반진단이 선행된다면 면역관문억제제의 치료 효과를 극대화할 수 있다. 그런 측면에서 인공지능을 항암제의 바이오마커로 활용하려는 시도는 굉장히 의미가 있다. 영상 바이오마커는 무엇보다 제약사가 굉장히 필요로 하는 것이기 때문에 개발에 성공한다면 비즈니스 모델이 구현될 가능성이 매우 크다. 현재 면역관문억제제의 치료 효과를 극대화하기 위해 PD-1, PD-L1, TMB, MSI-H, MMR-d 등 다양한 바이오마커의 임상이 진행되고 있다. 아직 압도적인 임상 결과를 제시하는 바이오마커는 존재하지 않다는 점에서 다른 바이오마커들과도 한번 경쟁해볼 만하다는 것도 장점이다.

이런 움직임은 글로벌 대형기업에서도 진행되고 있다. 세계 최대 체외진단 기업인 로슈는 최근 2개의 조직 슬라이드 분석 알고리즘을 갖춘 디지털 병리 솔루션을 출시했다[7] 하나는 PD-L1을 분석하는 솔루션이고 HER2 Dual ISH를 분석하는 솔루션이다. 조직과 세포 슬라이드에 대해 형태, 색, 밀도, 크기, 패턴, 모양 등을 평가해 환자 진단과 타깃 치료제 옵션 선택을 도와주는 기능이다. 환자의 전자의무

**로슈의 디지털 병리 솔루션**

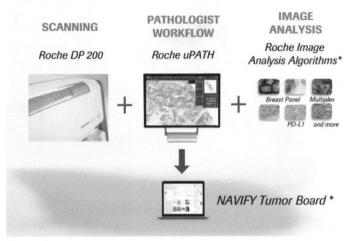

기록과 병리정보관리 시스템과 연동될 수 있다. 게다가 로슈는 그룹 내에서 제약사업을 영위하고 있다. 디지털 병리 솔루션은 자사의 항암제 처방확률을 높일 수 있는 시너지 효과까지 기대할 수 있다.

## 뇌졸중 치료기기와 인공지능의 제휴

뇌졸중의 뜻을 풀어쓰면 뇌가 졸도해 중풍이 왔다는 것이다. 그만큼 매우 위험한 질병이다. 뇌졸중 환자는 미국에서 매년 80만 명이 발병하고 14만 명이 사망하며 340억 달러가 뇌졸중 관련 비용으로 지출되고 있다.[8] 뇌졸중은 크게 뇌혈관이 막혀서 발생하는 뇌경색과 뇌혈관이 터져서 발생하는 뇌출혈로 구분할 수 있다. 대부분의 환자는 뇌경색에 해당한다. 뇌경색을 치료하기 위해서는 혈전용해제

혈전을 혈관 밖으로 끄집어내는 혈전 제거 스텐트와 뇌졸중 진단 솔루션

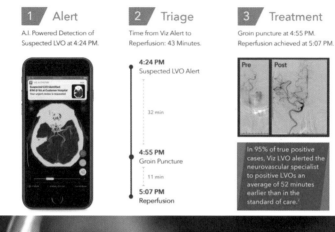

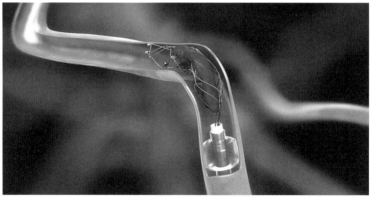

(출처: 비즈에이아이, 메드트로닉)

를 투여하는 약물요법이 주로 활용된다. 최근 대퇴동맥을 통해 카테터를 삽입해 혈전을 직접 제거하는 혈전제거술의 중요성도 커지고 있다. 메드트로닉은 혈전제거기기 시장 1위 기업이다. 메드트로닉은 지난 2019년 7월에 인공지능을 활용한 뇌졸중 진단 솔루션 업체 비즈에이아이와 유통 파트너십을 맺었다.[9]

혈전제거술을 위해서는 혈관조영 컴퓨터단층촬영을 통해 혈전제 거술이 가능한지, 어떻게 치료해야 하는지를 결정해야 한다. 혈전의 크기와 위치에 따라 수술 방식이 달라지기 때문이다. 또한 혈전제거 술을 시행할 숙련된 의료진은 필수적이다. 우리나라 뇌졸중학회의 뇌졸중 치료지침에서도 뇌졸중 치료는 뇌졸중 관련 전문의, 관련 팀, 그리고 전문 장비를 갖춘 뇌졸중 전문 치료실 혹은 뇌졸중 센터에서 치료하는 것을 권장한다.[10] 그런데 뇌졸중 전문 치료시설을 갖춘 병 원은 많지 않다. 그래서 뇌졸중 환자의 치료에는 빠른 이송이 매우 중요하다.

비즈에이아이의 솔루션을 활용하면 혈관조영 컴퓨터단층촬영 영 상과 연계돼 대혈관 폐색 뇌졸중의 가능성을 찾아 분류하고 그 내용 을 전문의에게 전송할 수 있다. 이 거래는 메드트로닉과 비즈에이아 이 모두에게 유익하다. 스타트업인 비즈에이아이는 유통판로를 확보 했고 메드트로닉은 자사의 혈전제거기를 활용한 혈전제거술을 시행 할 기회를 키울 수 있기 때문이다.

# 3
# 체외진단

## 조기진단보다 동반진단과 예후진단에 더 적합한 액체생검

액체생검은 주로 암 진단 용도로 개발되는 신기술이다. 암세포가 사멸할 때 떨어져 나와 혈액 속에 떠다니는 찌꺼기인 ctDNA를 검출해 진단한다. 암 진단은 보통 매우 침습적인 방법인 조직생검을 통해 이루어진다. 액체생검은 간편하고 침습을 최소화하기 때문에 사람들의 관심을 끌었다. 많은 연구자는 액체생검을 암을 조기진단하는 데 활용하려 했다. 혈액으로 암을 조기에 진단한다는 콘셉트는 무척 매력적이다. 그 대표기업인 그레일은 아마존의 제프 베조스와 마이크로소프트의 빌 게이츠로부터 투자자금을 유치하며 화제의 중심에 올랐다.

그런데 액체생검은 암 조기진단에 활용되기엔 세 가지 단점이 있다. 첫 번째 단점은 민감도(환자를 환자로 진단하는 능력)가 낮다는 것이다. 암의 진행 상태가 초기일수록 암의 찌꺼기가 적을 것이고 그것

## 가던트헬스의 액체생검 과정

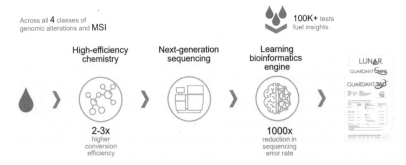

(출처: 가던트헬스)

이 핏속에 포함돼 있을 확률도 낮을 것이다. 쉽게 설명하면 세숫대야에 물을 받고 소금을 두 알갱이 정도 넣은 후 잘 섞고 물 한 방울을 채취한다. 이 물 한 방울에 소금 알갱이가 들어 있을 확률은 얼마나 될까? 이런 느낌인 것이다. 이 민감도를 높이는 것이 액체생검을 개발하는 업체들이 극복해야 할 가장 중요한 난관이다. 두 번째 단점은 ctDNA가 다루기 어려운 바이오마커라는 점이다. ctDNA가 실험실에서 망가지지 않고 버틸 수 있는 시간이 얼마 되지 않는다. 세 번째 단점은 혈액 속의 ctDNA를 찾아내도 그것이 유래한 암의 위치가 어디인지를 알 수가 없다는 것이다. 따라서 암의 위치 정보를 알 수 있는 다른 바이오마커나 진단기법이 추가로 필요하다.

그래일은 어마어마한 자금을 투자해 액체생검과 관련한 임상시험을 진행하고 있지만 결과는 만족스럽지 못하다. 그래일이 2020년 미국임상종양학회에서 발표한 임상 데이터에 의하면 암 진행별 민감도가 암 1기 39%, 2기 69%, 3기 83%, 4기 92%였다.[11] 보통 우리가 조기진단하려는 환자군은 무증상 환자부터 암 1기 환자까지를 의미한다. 저 정도 수치면 조기진단용으로 상품성이 없다. 암의 진행 단계가 높아질수록 민감도가 높아지는 것은 ctDNA가 그만큼 혈액 속에 많기 때문에 매우 당연한 결과이다.

여전히 그래일은 고군분투하고 있지만 액체생검으로 상업적 성공에 가장 근접한 곳은 바로 가던트헬스이다. 가던트헬스의 액체생검 제품인 가던트360은 고빈도 마이크로새틀라이트 불안정성MSI-High을 포함해 여러 고형암에 관련된 70개 이상의 유전자를 한 번에 검출할 수 있다. 미국에서 액체생검 방식의 암진단에 대해 공보험 급여 혜택을 받는 곳은 현재 가던트헬스가 유일하다. 가던트헬스의 행보는 주목할 만하다. 이 회사는 달성하기 어려운 조기진단에 얽매이지 않고 기존 조직생검보다 강점이 크다는 것을 강조했다. 핵심은 15일과 1만 4,000달러가 소요되는 조직생검보다 빠르고 싼 7일과 3,500달러로 암을 진단할 수 있다는 것이다.

가던트헬스의 임상시험 디자인을 살펴보면 매우 영리하다. 조직생검보다 액체생검이 우월하다는 것을 차분히 풀어간 것이다. 가던트헬스는 두 가지 대규모 임상시험을 진행했다. 첫 번째 임상시험으로 조직생검과 병용 사용 시 조직생검 단독으로 사용할 때보다 표적 돌연변이 검출 능력이 2배 이상 향상되는 결과를 도출했다.[12] 이어진 임상시험에서는 조직생검보다 액체생검이 우월하다는 것을 증명했다.[13]

가던트헬스는 조기진단보다 매력은 떨어질지 몰라도 임상시험을 통해 기존 조직생검 대비 액체생검의 장점을 명확히 드러냄으로써

## 가던트헬스가 한 번에 검사할 수 있는 70개 이상의 유전자 목록

GUARDANT360 COVERS ALTERATIONS IN OVER 70 GENES RELEVANT TO MULTIPLE SOLID TUMORS INCLUDING MSI-HIGH

| Point Mutations (SNVs) and Deletion Variants (Indels) (74 Genes) | | | | | | Amplifications (18 Genes) | | Fusions (6 Genes) |
|---|---|---|---|---|---|---|---|---|
| AKT1 | **ALK** | APC | AR | ARAF | ARID1A | AR | BRAF | **ALK** |
| ATM | **BRAF** | BRCA1 | BRCA2 | CCND1 | CCND2 | CCND1 | CCND2 | FGFR2 |
| CCNE1 | CDH1 | CDK4 | CDK6 | CDK12 | CDKN2A | CCNE1 | CDK4 | FGFR3 |
| CTNNB1 | DDR2 | **EGFR** | **ERBB2** | ESR1 | EZH2 | CDK6 | EGFR | **NTRK1** |
| FBXW7 | FGFR1 | FGFR2 | FGFR3 | GATA3 | GNA11 | ERBB2 | FGFR1 | **RET** |
| GNAQ | GNAS | HNF1A | HRAS | IDH1 | IDH2 | FGFR2 | KIT | **ROS1** |
| JAK2 | JAK3 | KIT | KRAS | MAP2K1 | MAP2K2 | KRAS | **MET** | |
| MAPK1 | MAPK3 | **MET** | MLH1 | MPL | MTOR | MYC | PDGFRA | |
| MYC | NF1 | NFE2L2 | NOTCH1 | NPM1 | NRAS | PIK3CA | RAF1 | |
| NTRK1 | NTRK3 | PDGFRA | PIK3CA | PTEN | PTPN11 | | | |
| RAF1 | RB1 | **RET** | RHEB | RHOA | RIT1 | | | |
| **ROS1** | SMAD4 | SMO | STK11 | TERT† | TP53 | | | |
| TSC1 | VHL | | | | | | | |

Critical or all exons* completely sequenced and all four major classes of alterations

NSCLC guideline-recommended genes shown in bold · *Exons selected to maximize detection of known somatic mutations · † Includes TERT promoter region

(출처: 가던트헬스)

보험사의 급여 혜택까지 이끌어냈다. 가던트헬스는 보험 보장 범위가 점점 확대되어 2019년까지는 비소세포폐암에 대해서만 공보험이 적용됐으나 2020년부터는 다른 고형암인 유방암, 대장암, 위암, 자궁암, 갑상선암, 흑색종 등까지 확대됐다.[14]

이 외에도 가던트헬스는 2021년 2월, 혈액을 활용하여 항암 치료 후 우리 몸속에 남아 있는 미세잔존질환MRD을 진단하는 모니터링 제품인 가던트리빌Guardant Reveal을 출시하였다. 예후진단 및 암 모니터링 시장은 액체생검의 활용도가 높을 것으로 기대되는 또 다른 영역이다. 가던트헬스에 의하면 모니터링 시장은 미국에서만 150억 달러에 이를 것으로 기대된다고 한다.

**이그젝트사이언스의 대장암 조기진단 키트인 콜로가드의 구성**

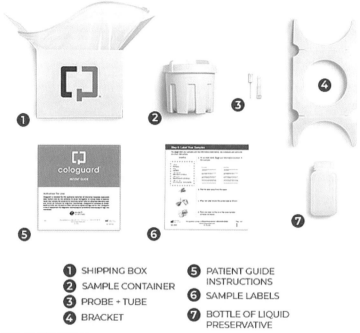

① SHIPPING BOX
② SAMPLE CONTAINER
③ PROBE + TUBE
④ BRACKET

⑤ PATIENT GUIDE INSTRUCTIONS
⑥ SAMPLE LABELS
⑦ BOTTLE OF LIQUID PRESERVATIVE

(출처: 이그젝트사이언스)

## 미국 최초의 대장암 조기진단 키트

대장암은 미국에서 사망자가 두 번째로 많은 암 질환이다. 매년 13만 5,000명이 대장암으로 진단받고 5만 명이 사망한다. 대장암도 조기진단 시 치료비용이 대폭 줄고 생존율이 급격하게 상승할 수 있다. 그러나 대장암 의심 환자를 선별하는 비율은 60% 수준에 불과하다고 한다.[15] 선별검사로 활용되는 분변잠혈 검사는 민감도가 40% 수준으로 매우 낮고 확진검사가 가능한 대장내시경은 침습적인 방법이라는 점에서 사람들이 적극적으로 참여하지 않기 때문이다.

이그젝트사이언스는 미국 최초로 암 조기진단 제품을 상업화한 업체다. 의사의 처방을 받고 이그젝트사이언스의 제품을 신청하면 집으로 진단키트를 보내준다. 이 진단키트에 대변을 채취해 업체로 보내면 검사결과를 알려주는 방식이다. 대변에 들어 있는 총 10개의 바이오마커(분변 속의 잠혈, 2개의 메틸화 마커와 7개의 돌연변이)를 검사해 종양이 의심되는 결과가 나오면 대장내시경 검사를 통해 확인하면 된다. 이그젝트사이언스의 매출은 제품 허가를 받은 2014년에 180만 달러에 불과했으나 5년 만인 2019년에는 매출액 8억 7,630만 달러를 기록하며 세계 10대 체외진단 기업으로 성장했다. 이그젝트사이언스가 이렇게 빨리 성장할 수 있었던 데는 건강보험, 병원, 글로벌 대형기업의 미충족 욕구를 모두 만족했기 때문이다.

이그젝트사이언스는 2014년 미국식품의약국 허가와 함께 미국 공보험인 메디케어의 급여 목록에 함께 등재됐다. 보통 민간기업에서 보험 급여를 먼저 등재하고 추후 공보험 급여 목록에 등재되는 것을 고려하면 상당히 파격적인 조치였다. 이그젝트사이언스가 공보험 보장을 빠르게 받을 수 있었던 가장 강력한 이유는 미국과 캐나다 90개 의료기관에서 약 1만 명(50~84세)을 대상으로 한 임상시험을 바탕으로 분변잠혈 검사 대비 월등한 성능(민감도 92%, 특이도 87%)을 증명했기 때문이다. 대장내시경 검사에서 대장암으로 판명된 65명에 대해 이그젝트사이언스의 진단키트는 60명(민감도 92%)을 찾아냈고 분변잠혈 검사는 42명(민감도 74%)을 찾아냈다. 다만, 특이도에서는 이그젝트사이언스는 87%로 분변잠혈 검사(95%) 대비 낮았다.[16] 미국 공보험사는 이그젝트사이언스의 검사가 확진검사인 대장내시경 검사를 대체할 수는 없지만 선별검사로서 가치가 있다고 판단해 3년에 한 번씩 시행하도록 권고했다.

이그젝트사이언스의 수가는 508달러이다. 분변잠혈 검사 수가인 17달러에 비하면 상당히 비싸 보인다.[17] 그러나 미국에서 대장암의 확진검사인 대장내시경 검사 가격이 3,000달러 이상이며 조기진단에 성공하면 대장암이 3기나 4기로 진행됐을 때보다 총 의료비용 절감이 가능하다는 점을 고려하면 그렇게 비싸다고 할 수도 없다. 이런 가격책정 방식을 가치기반지불제Value Based Pricing라고 한다.

아무리 보험에서 급여 혜택을 제공하고 있다고 해도 의사들이 처방해주지 않으면 매출이 발생할 수 없다. 선별검사는 1차병원에서 진행하는 경우가 많다. 1차병원에서는 이윤이 높은 제품을 선호한다. 이그젝트사이언스의 수가는 508달러로 분변잠혈 검사 17달러에 비해 상당히 높다. 하지만 의사 입장에서 상담 이외에 별다른 노동력이 투입되지 않는다는 점에서 굉장히 매력적이다. 게다가 선별검사인 이그젝트사이언스의 제품은 환자 상태에 따라 확진검사인 내시경 검사로 유도하거나 다른 암종에 따른 추가 검사를 유도한다는 장점도 있다.

물론 의사 입장에서 단순히 이윤이 높다고 제품을 처방하지 않는다. 의사들의 처방을 유도하기 위해서는 높은 이윤과 함께 처방을 위한 충분한 근거를 갖추는 것이 중요하다. 이그젝트사이언스는 2014년 11월 미국 암학회에서 대장암 진단의 선별검사로 추천됐고 2016년 6월에는 미국 질병예방특별위원회에서도 추천검사로 등재됐다.

건강보험과 병원들의 미충족 욕구를 충족할 수 있다고 하더라도 이그젝트사이언스는 신생 기업이다. 소비자들의 인지도나 병원 유통망이 부족할 수밖에 없다. 이그젝트사이언스는 이러한 문제점을 세계 최대 제약회사인 화이자제약과 유통 파트너십을 통해 해결했다. 쉽게 말해서 화이자제약의 영업사원들이 이그젝트사이언스의 대장암 조기진단 제품을 판매하고 판매 수익을 공유하는 계약을 맺은 것이다. 화이자제약과 마케팅 계약은 1차 의료기관을 대상으로 체결됐다. 이후 2018년 4분기에는 소화기과 2019년 1분기에는 산부인과로 확대됐다.

## 면역체계를 활용한 질병 진단지도

인간의 면역체계는 선천성 면역계와 후천적인 학습으로 형성되는 적응성 면역계로 구분할 수 있다. 적응성 면역체계는 몸 안에 침투한 병원균(항원)을 직접 파괴하는 T세포와 병원균에 결합하는 항체를 생산하는 B세포로 병원균을 물리친다. 병원균을 공격하는 과정에서 T세포와 B세포는 특정 병원균을 학습할 수 있으므로 다음에 같은 병원균이 침투하면 빠르게 공격할 수 있다. 적응성 면역세포인 T세포와 B세포는 각각 표면에 항원을 인식하는 단백질인 수용체를 가지고 있다. 이 수용체를 통해서 병원균을 인식할 수 있다. 하나의 적응성 면역세포는 유전자 재조합으로 단 하나의 항원(병원균)에 특이적인 수용체를 발현한다. 말하자면 적응성 면역세포 수용체는 특정 질병을 인식할 수 있는 고유의 바코드를 가지고 있는 것이다. 어댑티브바이오테크놀로지는 적응성 면역세포 수용체의 염기서열을 분석해 질병 진단에 활용하려고 한다. 어댑티브바이오테크놀로지는 크게 두 가지 진단제품을 개발하고 있다. 혈액암 예후진단 제품과 조기진단 제품이다.

**마이크로소프트와 함께 개발하고 있는 T세포 수용체-항원 매칭 지도**

## Using the map at the individual patient level

(출처: 어댑티브바이오테크놀로지)

　혈액암의 예후는 골수 속에 혈액암세포가 얼마나 남았는지를 의미하는 미세잔존질환을 측정해 진단한다. 미세잔존질환 측정의 골드스탠더드(최적표준법)는 유세포분석법이다. 어댑티브바이오테크놀로지는 골수에 들어 있는 적응성 면역세포 수용체를 차세대 염기서열 분석법으로 분석해 미세잔존질환을 측정하는데 유세포분석법보다 민감도가 10~100배 이상 좋다는 임상 데이터를 획득했다.[18] 현재 급성림프모구백혈병과 다발성골수종에 사용되고 있고 만성림프모구백혈병과 비 호지킨림프종에 대한 임상시험이 진행되고 있다.

　또한 현재 라임병, 셀리악병, 난소병을 조기진단하는 제품을 개발하고 있다. 어댑티브바이오테크놀로지는 마이크로소프트와 제휴해 일종의 질병 진단지도를 만들고 있다. 마이크로소프트 클라우드 서비스인 애저의 인공지능 분석 능력을 활용하려는 것이다. 1,000개의 항원에 대해 1,000조 개의 T세포 수용체를 매칭하는 항원지도를 만드는 것이 목표이다. 2019년 말 기준 600개의 항원에 매칭되는 3,000개의 항원 특이적 T세포 수용체를 확보한 것으로 알려져 있다.

## 항암제의 반응률을 높여주는 동반진단

암을 치료하는 3대 표준치료법 중 하나는 항암제다. 그러나 1세대 항암제인 화학항암제는 정상세포를 공격한다는 치명적인 단점이 있다. 그래서 2세대 항암제로 암세포 특이인자를 식별하고 공격하는 표적항암제와 3세대 항암제로 인체의 면역반응을 활용하는 면역항암제가 개발되고 있다. 동반진단은 표적항암제나 면역항암제 처방을 위해 환자가 특정 유전자 돌연변이나 특정 바이오마커(PD-L1이나 TMB 등)를 보유하고 있는지를 검사하는 것이다. 특정 유전자 돌연변이나 바이오마커가 없거나 적다면 표적항암제나 면역항암제의 암세포 살상력과 반응률이 매우 떨어지거나 효과가 없어지기 때문이다.

동반진단은 이처럼 표적항암제나 면역항암제에 효과가 없는 사람을 선별함으로써 고가 항암제가 의미 없이 사용되는 것을 방지하는 역할을 한다. 따라서 보험사는 총비용 절감을 위해 관심이 많고 제약사는 해당 제품의 효능을 극대화할 수 있어 관심이 많다. 시장조사기관IQVIA에 따르면 2019년 전 세계 종양학 관련 임상시험의 42%가 효과, 독성, 약물유전체PGX 등과 관련된 바이오마커를 이용했다고 한다. 항암 치료제 개발의 성공률을 높일 수 있기 때문이다. 2011~2020년까지 진행된 임상시험을 분석한 결과 임상 1상에서 최종승인까지 성공률은 7.9%에 불과하지만, 바이오마커를 활용하여

**파운데이션메디슨의 동반진단 제품 사용이 허가된 표적항암제 리스트**

| 적응증 | 항암제 |
| --- | --- |
| 비소세포폐암 | 길로트리프 |
| | 이레사 |
| | 타쎄바 |
| | 타그리쏘 |
| | 알레센자 |
| | 잴코리 |
| | 자이카디아 |
| | 타핀라 |
| | 타브렉타 |
| 흑색종 | 타핀라 |
| | 제보라프 |
| | 멕키니스트 |
| 유방암 | 허셉틴 |
| | 퍼제타 |
| | 캐사일라 |
| | 피크레이 |
| 대장암 | 얼비툭스 |
| | 벡티빅스 |
| 난소암 | 루브라카 |
| | 린파자 |
| 담도암 | 페마자이르 |
| 전이성 거세저항성 전립선암 | 린파자 |
| 종양변이부담을 바이오마커로 하는 고형암 | 키트루다 |

(출처: 미국식품의약국, 2020년 6월 19일 기준)

환자군을 선별하면 성공률은 15.6%로 상승하게 된다.

최근에는 제약사와 진단 업체가 파트너십을 맺고 같이 임상시험을 진행하는 경우가 많다. 예를 들어 일루미나는 로슈와 파트너십을 맺었고,[19] 암젠은 퀴아젠과 함께 KRAS G12C 돌연변이에 대한 동반진단 개발 파트너십을 체결해 연구개발을 진행하고 있다.[20] 그러나 아직

### 동반진단을 받는 사람들의 비중

**Biomarker testing rates remain low despite approved indications and guideline recommendations**

**8%**
of patients with
metastatic NSCLC
are **tested for all
guideline-
recommended
biomarkers**[1,a]

**~40%-50%**
of patients with
metastatic
colorectal cancer
are tested for all
guideline-
recommended
biomarkers[2,b]

**30%**
of patients with
ovarian cancer
are tested for
all guideline-
recommended
biomarkers[3,c]

[a]Guideline recommended biomarkers assessed in patients with metastatic NSCLC are EGFR, ALK, BRAF, HER2, MET, RET and ROS1. [b]Guideline recommended biomarkers assessed in patients with metastatic colorectal cancer are KRAS, NRAS, BRAF and MMR deficiency. [c]Guideline recommended biomarkers assessed in patients with ovarian cancer include 11 genes designated as ovarian cancer susceptibility genes (BRCA1, BRCA2, BRIP1, EPCAM, MLH1, MSH2, MSH6, PMS2, RAD51C, RAD51D, and STK11). 1.Gutierrez ME, et al. Clin Lung Cancer. 2017;18(6):651-659. 2. Gutierrez et al. JCO Precision Oncology. 2019;3:1-9. 3. Kurian AW, et al. J Clin Oncol. 2019;37(15):1305-1315.

(출처: 피어리안디엑스닷컴)

임상현장에서 동반진단의 침투율은 높지 않다. 전이성 비소세포폐암 환자의 8%, 전이성 대장암 환자의 40~50%, 난소암 환자의 30%만이 가이드라인에서 권장하는 바이오마커 검사를 받고 있다고 한다.[21] 암 치료제의 개발과 처방 시 바이오마커의 역할이 점점 중요해짐에 따라 동반진단 침투율도 지속적으로 증가할 것으로 예상된다.

**5**장

# 건강관리 영역의 혁신

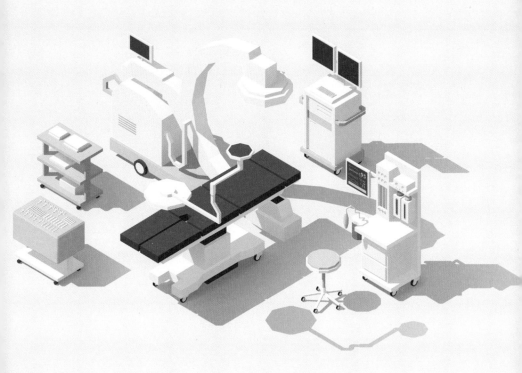

# 1
## 건강관리 영역 혁신의 메가트렌드

마지막 영역은 건강관리다. 당뇨, 고혈압, 만성폐쇄성 폐질환처럼 완치가 힘든 만성질환과 미용 기능이 부각되는 치과가 대표적이다.

만성질환은 완치가 어려우므로 특정 생체지표를 특정 범위 내에서 관리해 삶의 질을 개선하는 것을 목표로 한다. 만성질환은 의료기기, 의약품, 소프트웨어가 유기적으로 결합돼야 한다. 여기서 의료 목적의 소프트웨어는 의료기기로 취급된다. 특히 당뇨는 디지털 기술이 적극적으로 활용되며 최근 부상하는 디지털 헬스케어의 핵심 시장으로 부상하고 있다.

인공지능과 자체 진단 센터를 활용한 웨어러블 심전도 검사기, 1형 당뇨 환자용 기기인 인슐린 자동주입기와 연속혈당측정기, 이들 간의 연계로 구현되는 인공췌장, 2형 당뇨 환자에 활용되는 디지털 치료제, 디지털 플랫폼을 활용해 수면무호흡증 환자의 치료순응도를 높이기 위한 시도, 마지막으로 복약순응도를 높이기 위한 개인맞춤형 약물복용 관리 솔루션, 가정용 혈액투석기기의 사례를 살펴보았다.

건강관리 영역에서 치과 시장도 매우 중요한 시장이다. 치과는 치료뿐 아니라 심미적 기능이 강화되고 있다. 소득 수준이 높아질수록 교정과 같은 심미 목적의 치료 수요가 증가하기 때문이다. 이 과정에서 치과는 디지털 기술을 적극적으로 수용하고 있다. 3D프린팅, 인공지능 등 다양한 디지털 기술이 접목되며 디지털 덴티스트리라는 새로운 시장이 형성되고 있다. 투명교정을 중심으로 한 치과 영역의 혁신 사례를 살펴보았다.

# 2
# 만성질환

## 반전에 반전을 거듭하는 웨어러블 심전도 검사기

부정맥은 대표적인 심장질환으로 심장박동을 일으키는 전기신호에 문제가 생겨 심장박동이 불규칙해지는 질환이다. 부정맥에서 가장 흔한 증상이 심방세동이다. 심방세동은 심방이 지속해서 무질서하게 뛰면서 빠르고 불규칙한 심박수가 발생하는 증상이다. 60세 이상의 고령자에게서는 흔하게 발생한다는 점에서 고령화가 진행될수록 심방세동 환자는 증가할 것으로 보인다.

심방세동의 가장 큰 리스크는 증상이 지속되면 혈전 생성에 의한 허혈성 뇌졸중으로 이어지기 쉽다는 것이다. 심방세동이 있는 사람은 뇌졸중 확률이 무려 5배가 높다고 한다. 매년 뇌졸중으로 미국에서 340억 달러의 의료비용이 발생하고 있다.[1] 허혈성 뇌졸중은 뇌졸중의 87%를 차지하며 그중에서 15~20%가 심방세동으로 인해 발생하는 것으로 알려져 있다. 그런데 미국 뇌졸중협회에 의하면 심방세동 환자가 겪는 뇌졸중의 80%는 조기진단으로 예방이 가능한 것이라고 한다.[2] 따라서 심방세동을 최대한 빨리 감지해내는 것은 수명 연장과 의료비용 절감 측면에서 매우 중요하다.

부정맥 진단의 골드 스탠더드는 심전도 검사다. 그러나 이 방식은 측정할 때 심전도에 이상이 발생하지 않으면 부정맥을 감지하기가 어렵다는 단점이 있다. 통상적으로 심장의 문제는 병원보다 일상생활을 하는 중에 발생한다. 그래서 병원 내 심전도 검사에서 문제점이 발생하지 않은 환자들은 모니터링 장비를 부착하고 병원 밖에서 심전도 검사를 수행한다. 이것을 외래 심장 모니터링이라고 한다. 홀터, 이벤트 모니터, 이식형 루프 리코더 등 다양한 외래 심장 모니터링 장비가 존재한다. 병원에서 실시하는 심전도 검사보다 외래 심장 모니터링기기들은 장점이 많다. 그러나 기기마다 불편한 점으로 인해 환자 순응도가 낮고 진단 수율이 떨어진다는 단점이 있다.

바로 이 지점을 파고든 업체가 아이리듬이다. 아이리듬의 제품은 방수기능, 상대적으로 작은 크기, 충전이 필요 없는 방식 등을 활용해 일상생활에서 편의성을 극대화했다. 외래 심장 모니터링기기의 단점은 일상생활에 불편함을 초래해 환자 순응도가 떨어진다는 것이다. 일상생활에 큰 지장을 주지 않는다는 것은 환자 순응도를 높여 진단 수율을 올리는 데 상당히 중요한 부분이었다. 또한 최대 14일까지 사용할 수 있어 병원 내 심전도 검사로 잡기 힘든 일상생활에서의 심장 리듬의 이상 징후를 잘 포착할 수 있다.

아이리듬은 2014년 2,200만 달러의 매출에서 연평균 52%의 엄청난 속도로 성장하며 2020년 2억 6,520억 달러 매출을 기록했다. 2009년 미국식품의약국 허가를 받은 이래 200만 명 이상 환자에게

## 아이리듬의 웨어러블 심전도 측정기

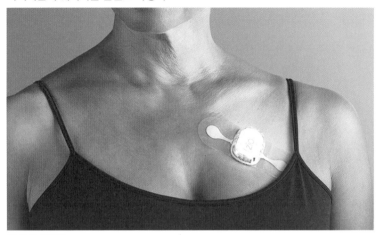

(출처: 아이리듬)

서비스를 제공하고 있으며 6억 시간이 넘는 데이터를 수집했다. 어떤 점이 이런 가파른 성장을 가능하게 했을까? 다른 장비에 비해서 편리하고 간편하다는 점만으로는 설명할 수 없다.

아이리듬의 놀라운 성장의 비밀은 의사들에게 제품의 효용을 인정받고 처방을 끌어낸 것이다. 단순히 환자에게 심전도 데이터를 시각화해서 보여주는 것은 아무런 의미가 없다. 대부분 일반인은 심전도 데이터를 해석할 수 없고 안다고 해도 혼자서 취할 수 있는 조치가 제한적이기 때문이다. 아이리듬이 의사들의 지지를 끌어낸 배경에는 의사의 업무 부담을 크게 경감할 수 있는 자체 진단 센터와 강력한 임상 데이터가 있었다.

아이리듬은 자체 진단 센터를 통해 의료진의 업무 부담을 해결해주었다. 외래 심장 모니터링을 사용하면 일상생활에 일어나는 부정맥 현상을 감지하기가 쉽지만 엄청난 데이터가 생성된다. 예를 들어 연속적으로 10일 이상 데이터를 측정한다면 얼마나 많은 심전도 데이터가 쌓일까? 의사 입장에서는 해야 하는 일이 상당히 늘어나게 되는 것이다. 특히 중소형병원으로서는 심전도 분석만을 위한 자체 분석 센터를 운영하는 것은 예산 문제로 거의 불가능하다.

환자가 2주간 착용 후 아이리듬에 패치를 보내면 아이리듬의 자체 진단 센터에서 패치에 기록된 자료를 분석한 보고서를 작성해 환자의 주치의에게 발송한다. 이 과정에서 전체 데이터가 아니라 의사가 꼭 봐야 할 데이터만 전달함으로써 업무 부담과 예산 문제가 상당히 해결될 수 있다.

그러나 아무리 편리하고 획기적인 제품이라도 임상 데이터가 기반이 되지 않으면 절대로 의료기기 제품으로 사용될 수 없다. 만약 환자가 아이리듬 장비에서 이상을 감지해 병원을 찾아 검사했는데 이상이 없는 상황이 많다면 진료에 활용되지 않을 것이다. 부정맥 진단의 골드 스탠더드인 심전도 검사가 12개의 리드를 통해 부정맥을 진단하는 데 비해 아이리듬의 제품은 심전도를 측정할 리드가 한 개밖에 없다. 그래서 아이리듬은 인공지능을 활용한 알고리즘을 중요한 기술력으로 내세우고 있고 임상시험을 통해 증명하고 있다.

2013년 3월 『페이싱과 임상 전기생리학』에는 홀터와 아이리듬의 제품인 지오를 비교한 임상시험 결과가 발표됐다. 지오를 처방한 후 28.4%의 사례에서 환자의 임상관리 방법을 변경했다고 한다.[3] 또한 아이리듬은 2013년 8월 2만 6,751명의 환자를 대상으로 한 임상시험 결과를 『미국심장학저널』에 게재했다. 부정맥이 감지된 환자(1만 6,142명) 중에서 모니터링 장비를 착용한 지 48시간 이후에 부정맥이 감지된 환자가 전체의 50% 이상이었다.[4] 홀터 검사의 착용 기간

이 최대 48시간인 점을 고려하면 장기간 착용할수록 부정맥을 좀 더 잘 잡아낸다는 근거가 된다. 이외에도 지오와 관련해 동료평가가 완료된 300편 이상의 논문이 존재한다.

그런데 2021년 들어 심상치 않은 일들이 발생했다. 의사의 업무 부담을 크게 경감할 수 있는 자체 진단 센터와 강력한 임상 데이터를 바탕으로 꽃길만 걸을 것 같았던 아이리듬의 주가가 연초부터 7월 말까지 80% 가까이 폭락했다. 문제는 보험수가였다. 의료기기의 가격은 CPT 코드에 의거해 보험사가 책정한다. 아이리듬 같은 기존에 시장에 존재하지 않았던 혁신 제품은 먼저 임시코드를 부여하고 향후 정식 CPT 코드 부여 여부를 결정한다. 아이리듬의 장기 외래 심장 모니터링기기가 정식코드를 받을 수 있느냐는 초미의 관심사였고, 2020년 7월 미국 공보험공단cms은 2021년부터 아이리듬 장비에 정식코드를 부여할 것을 발표하였다. 그러나 정식코드가 부여되던 2021년 1월 누구도 예상치 못한 일이 발생했다. 임시 CPT 코드로 311달러 정도였던 보험수가가 40~80달러로 결정된 것이다. 이 요율은 최대 48시간까지 사용 가능한 일반적인 외래 모니터링 기기에 부여되는 수가인데, 아이리듬은 최대 14일까지 사용 가능한 장비였기에 충격이 더 컸다. 실제로 2021년 1분기 매출을 살펴보면 전체 매출은 전년 대비 17% 상승했지만, 공보험 관련 고객 매출은 41% 감소했다. 아이리듬은 2022년 수가협상에서 반전을 노리고 있지만 현실적으로 쉽지는 않을 것 같다. 이 모든 일들이 1년 만에 벌어졌다. 그 사이 아이리듬의 주가는 고점 대비 80%나 하락했다. 이처럼 의료기기의 혁신은 다른 산업에 비해서 복잡하고 어렵다. 더 자세한 이야기는 「6장 글로벌 의료기기 산업분석」에서 자세히 다루고자 한다.

## 연속혈당측정기와 인슐린 자동주입기

만성질환인 당뇨병은 완치보다는 혈당과 당화혈색소를 정상 범위 내에서 관리하는 것에 초점을 맞춰 치료한다. 따라서 당뇨관리의 가장 기본이 되는 것이 혈당측정이다. 당뇨관리 시장은 1980년대 자가혈당측정기기가 개발되고 1990년대 효소전극 방식이 개발되면서 폭발적으로 성장하기 시작했다. 그러나 기술의 발전으로 혈당측정기기의 상품화(제품 간 차별성이 약해지며 가격이 하락하는 현상)가 가속화됐다. 특히 2013년 최대 시장인 미국의 통신판매 시장 보험수가 하락(평균 72% 하락)이 발표되며 성장 동력이 크게 훼손됐다.[5] 이때를 기점으로 주요 기업들의 혈당측정 관련 사업 부문이 본격적으로 역성장하기 시작했다. 결국 1위 사업자였던 존슨앤드존슨이 2018년 혈당관리 사업부를 사모펀드에 매각하는 사건이 발생하고 말았다.[6]

당뇨관리 업체들은 돌파구가 필요했다. 신흥 시장은 성장성은 높게 전망됐으나 좋은 대안은 아니었다. 만성질환으로 꾸준한 관리가 필요한 질병인 만큼 인구수보다는 한 국가의 경제와 복지 수준과 밀접하게 관련이 있기 때문이다. 우리나라도 국내총생산 1만 달러 시절에는 당뇨 미인지율이 60%에 달했다. 그러나 국내총생산이 2만 달러 후반을 넘어가면서 당뇨 미인지율은 27%로 급감했다.[7] 이러한 현상은 국가뿐 아니라 계층 간에도 적용이 된다. 통계적으로 고소득층에서는 50~60%가 당뇨병 확진을 받지만 저소득층에서는 확진 비율이 30%가 되지 않는다고 한다.[8]

당뇨관리와 경제 수준이 밀접한 관계를 보이는 이유를 생각해보면 결국 비용 때문이다. 혈당측정을 주기적으로 하는 것이 가장 효과적인 당뇨병 관리 방법이라는 것은 여러 논문을 통해 알려졌다. 그

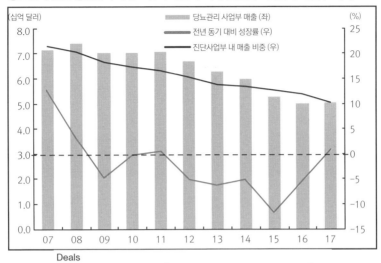

당뇨관리 관련 상위 3사의 당뇨관리 매출 추이와 존슨앤드존슨의 사업부 매각

Deals

# J&J Reaches $2.1 Billion Deal to Sell Diabetes Device Business

By Cynthia Koons
2018년 3월 16일 오후 8:56 GMT+9

Johnson & Johnson got a $2.1 billion offer from a private-equity firm for its glucose monitor business LifeScan, the drugmaker said Friday.

The company said in January of last year that it was considering options for the diabetes device business as part of a broader effort to focus on its core health-care offerings. The deal, with Platinum Equity, is expected to close by the end of the year.

Most Read

TECHNOLOGY
Peloton Plans Si
and New High-E

(출처: 각사 홈페이지, 블룸버그)

런데 혈당측정을 주기적으로 하려면 적어도 연간 50만~150만 원의 비용이 든다. 당뇨 환자는 크게 1형 환자와 2형 환자로 구분할 수 있다. 쉽게 말해 1형 당뇨 환자는 인슐린이 전혀 분비되지 않는 환자이며 2형 환자는 인슐린 분비에 장애가 있는 환자를 의미한다. 당뇨병은 1형 당뇨병과 2형 당뇨병 일부를 제외하면 당장 생명이 위급하지 않다. 대부분의 2형 당뇨 환자 중에서 경제적 여유가 부족한 사람들은 생존과 관련된 문제(음식, 거주 등)가 더 중요할 수 있다. 따라서 당

**연속혈당측정기와 인슐린 자동주입기**

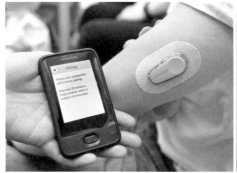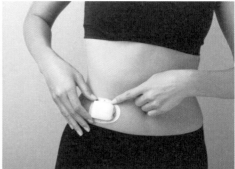

(출처: 인슐렛, 덱스컴)

뇨 확진자 비중이 작다는 이유로 저소득 국가에 침투한다는 것은 위험 부담이 있다.

　그런 점에서 업체들이 주목한 것은 바로 1형 당뇨 환자였다. 기업들은 선진국 시장의 1형 당뇨 환자의 미충족 수요에 주목하기 시작했다. 1형 당뇨 환자는 인슐린이 전혀 분비되지 않아 특히 저혈당에 취약하다. 적정 범위의 혈당으로 관리되는 환자는 30% 수준에 불과해 각종 합병증에 노출돼 있다. 저혈당은 합병증으로 사망에 이를 수 있어 고혈당보다 훨씬 위험하다. 특히 1형 당뇨는 스스로 조절과 관리가 어려운 아동 환자가 많다는 것이 가장 큰 문제였다. 이러한 미충족 수요에 디지털 기술이 접목되며 연속혈당측정기와 인슐린 자동주입기 등이 개발됐다.

　연속혈당측정기는 패치 형태로 부착돼 매번 채혈을 통해 혈당을 측정할 필요 없이 5분 간격으로 혈당 정보를 제공하는 웨어러블 장비다. 피하 간질액의 혈당 농도로 혈액의 포도당 수치를 유추하는 방식이다. 실질적으로 덱스컴과 애보트의 2파전이라고 할 수 있다. 덱

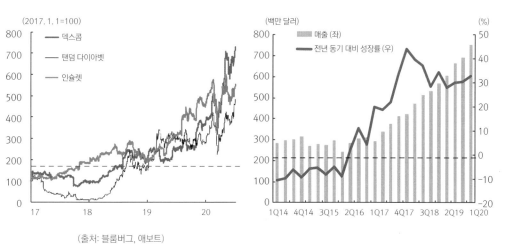

**당뇨 관련 상장기업의 주가 추이 및 애보트의 당뇨관리 사업 부문 매출 추이**

(출처: 블룸버그, 애보트)

스컴은 트랜스미터를 통해 전달되는 혈당 정보를 5분 간격으로 확인한다. 애보트 방식은 트랜스미터가 없어 단가경쟁력이 높지만 리더기에 접촉해야만 혈당 정보를 알 수 있다. 과거에는 덱스컴 방식은 채혈보정이 필수적이었고 애보트 방식은 알림 기능이 없는 등 각각의 단점이 있었으나 최근에는 서로의 장점을 받아들이며 기능을 보완하고 있다.

인슐린 자동주입기는 펌프·패치 형태로 자동 혹은 수동으로 인슐린을 정해진 용량만큼 주입하는 장비이다. 인슐린 자동주입기는 인슐린 전체 시장의 20%까지 성장한 것으로 알려져 있다. 존슨앤드존슨와 로슈의 이탈로 현재 메드트로닉, 인슐렛, 탠덤다이아베츠케어의 3파전이라고 볼 수 있다.

현대 당뇨관리 시장의 흐름은 완전히 1형 당뇨 환자용 제품을 만드는 기업들이 주도하고 있다. 1형 당뇨 환자용 제품을 생산하고 있느냐와 아니냐에 따라 판이하게 기업의 주가와 매출이 다르다. 2010년대 들어 역성장을 벗어나지 못하던 애보트의 당뇨관리 사업 부문의 매출도 연속혈당측정기인 프리스타일 리브레가 등장한 후에야 성장세로 돌아섰다.

1형 당뇨관리 제품 개발 기업들이 급격한 매출 성장을 기록할 수 있었던 가장 중요한 원인은 보험수가 획득이다. 웨어러블 장비들은 전통적인 당뇨관리 제품과 비교해 상당히 비싸기 때문이다. 1형 당뇨 환자의 연간 유지비용이 혈당측정기를 활용하면 1,200달러라고 할 때 웨어러블 당뇨관리 제품을 사용하면 1,870달러에서 많게는 5,000달러 이상으로 비용이 급격하게 상승한다. 이것은 인슐린 구입 비용은 제외한 가격이니 인슐린 구매 비용까지 고려하면 굉장한 비용부담이 발생하는 것이다.

보험수가 획득을 위해 제일 중요한 것은 결국 임상 데이터다. 해당 제품이 얼마나 안전하고 유효한지를 증명해야 한다. 대부분 웨어러블 장비 제조사들은 제품 출시 이후에도 실세계 데이터를 꾸준히 확보하며 임상적 효과를 증명하고 있다. 자가 혈당측정기나 인슐린 펜을 사용할 때보다 당화혈색소HbA1c나 범위 내 시간Time In Range이 더 높다는 임상 데이터를 확보하는 것도 그 일환이다.


## 디지털 치료제부터 인공췌장까지

최근 당뇨관리업계는 서로 다른 기기들 간의 상호연결성이 굉장히 중요해지고 있다. 다른 기기들과 연계가 강할수록 환자들이 느끼는 효용이 커질 수 있기 때문이다. 이러한 현상은 1형 당뇨뿐 아니라

**인공췌장의 개념**

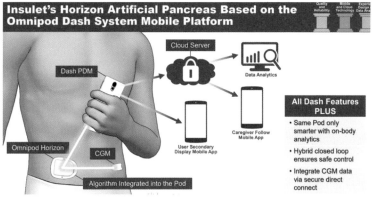

(출처: 인슐렛)

당뇨관리 시장 전체에서 발생하고 있다.

1형 당뇨 시장에서는 췌장의 기능을 모방한 인공췌장을 구현하는 것이 가장 큰 화두다. 인공췌장은 연속혈당측정기로 혈당의 변화를 감지하고 알고리즘으로 해석한 후 인슐린 자동주입기(패치·펌프 타입)로 인슐린을 주입함으로써 체내 혈당을 특정 범위로 관리하는 것을 목표로 한다. 스스로 모든 생태계를 구축하고자 하는 세계 최대 의료기기 업체인 메드트로닉을 제외하면 대부분 기업은 적극적으로 파트너십을 통해 생태계를 구축하고자 노력하고 있다.

지금까지의 변화는 1형 당뇨 시장이 주도를 해왔지만 당뇨 환자의 절대다수를 차지하는 2형 당뇨 시장에서도 혁신이 나타나고 있다. 그러나 2형 당뇨 시장에서 일어나는 혁신은 1형 당뇨 시장과는 사뭇 느낌이 다르다. 2형 당뇨 환자는 인공췌장 정도의 기능까지는 필요 없는 환자가 대부분이라 1형 당뇨 환자와 비교해 가격민감도가 높다. 2형 당뇨 시장은 약물치료 요법에 해당하지 않는 환자가 많아 대

**당뇨관리를 위한 파트너십 현황**

| 연속혈당 측정기 | 인슐린 펜·패치·펌프 | 알고리즘 | 인슐린 펜 | 당뇨관리 앱 |
|---|---|---|---|---|
| – 덱스컴 (G6) | – 인슐렛<br>– 탠덤 다이아벳 | – 타이드풀<br>– 타입제로<br>– 인슐렛(호라이즌)<br>– 탠덤 다이아벳(콘트롤 아이큐) | – 노보노 디스크<br>– 릴리 | – 리봉고 |
| – 애보트 (프리스타일 리브레) | – 인슐렛<br>– 탠덤 다이아벳<br>– 빅풋 | – 빅풋<br>– 인슐렛(호라이즌)<br>– 탠덤 다이아벳(콘트롤 아이큐) | – 노보노 디스크<br>– 사노피 | – 리봉고<br>– 오마다헬스 |
| – 메드트로닉 (가디언) | – 메드트로닉 (미니메드) | – 메드트로닉(슈거 아이큐) | –노보노 디스크 | – 메드트로닉 |

**리봉고가 고객에게 보내주는 당뇨관리 키트**

(출처: 리봉고)

부분 혈당측정기와 관리 솔루션 업체를 중심으로 혁신이 진행되고 있다.

특히 2형 당뇨 시장은 최근 주목받는 디지털 치료제 업체들의 행보가 눈에 띈다. 2형 당뇨 환자는 인슐린과 같은 약물보다는 운동이나 식이요법 등 일상생활에서 관리가 중요한 경우가 많다. 그러다 보니 생활습관 변화에 지속해서 도움을 줄 수 있는 솔루션 제공이 가능한 디지털 치료제 업체들이 부각될 수 있는 것이다. 이들은 혈당측정기와의 연동과 환자들이 입력한 생활정보 데이터(음식, 수면시간, 활동량 등)를 토대로 식사량 조절이나 운동 권유 등 일종의 코칭 서비스를 제공하면서 환자들이 혈당을 정상 범위 내에서 관리할 수 있도록 도움을 준다. 예를 들어 당뇨관리 솔루션 업체 리봉고는 자사의 당뇨관리 프로그램에 가입한 환자에게 자가 혈당측정기와 혈당스트립을 제공하고 이메일, 스마트폰 앱, 메신저 등을 활용해 코칭과 모니터링을 제공한다. 2014년 614명이었던 가입자수는 2021년 상반기 기준 72만 명(현재 텔레닥에 인수)까지 성장했다.

## 수면무호흡증 치료를 위한 원격 모니터링

수면무호흡증은 수면 중 상기도의 반복적인 폐쇄로 인해 호흡이 멈추거나 호흡이 감소해 체내 산소공급이 원활하지 못한 현상을 일컫는다. 수면무호흡증의 대표적인 증상이 코골이다. 일견 대수롭지 않은 질병 같지만 방치하면 뇌졸중, 당뇨, 비만, 심방세동, 고혈압, 심부전증의 심각한 만성질환을 일으킬 가능성이 아주 크다.

수면무호흡증 치료에는 수술과 양압기라고 불리는 웨어러블 장치를 활용한 치료법이 주로 활용된다. 수술 후 재발률이 50% 이상이라는 점과 중증환자의 경우 수술로 인한 완치가 거의 불가능하다는 점 때문에 양압기를 활용한 치료가 많이 권장되는 편이다. 양압기는 사용 즉시 효과를 느낄 수 있고 비침습적인 치료라는 장점이 있지만 평생 착용해야 한다는 단점이 있다. 이 점이 양압기 치료의 가장 큰 장애물이다. 그러다 보니 효과적인 치료법임에도 불편함으로 인해 순응도가 떨어진다. 환자 순응도가 낮은 상태로 보험 급여 혜택을 제

**레즈메드의 양압기**

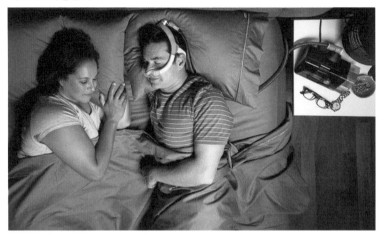

(출처: 레즈메드)

공하면 건강보험 재원을 낭비하게 된다. 그래서 활용되는 제도가 순응도 평가와 디지털 플랫폼이다.

국내에서는 양압기에 대해 2018년 8월부터 건강보험 급여를 적용하고 있는데 보험 급여 혜택을 받기 위해서 환자가 양압기를 꾸준히 사용한다는 것을 증명하는 순응도 평가를 해야 한다. 순응도 평가는 최초 처방일부터 90일까지 양압기 사용 성공 여부를 평가한다. 이 기간 안에 연이은 30일 동안 1일 4시간 이상 사용한 날이 21일 이상인 경우를 성공으로 판정한다.[9] 순응도 평가 결과 양압기 순응에 성공한 때에만 지속적 급여 대상자로 인정된다. 순응도 평가를 통과하지 못하면 순응도 평가 기간 이후 급여 혜택을 받을 수 없다. 순응도 평가라는 강제성과 보험 급여라는 유인책을 통해 환자 순응도를 개선하고자 하는 사례다.

순응도 상승을 위한 또 다른 방법론으로 원격 모니터링이나 스마트폰 앱 등 디지털 플랫폼과 연계된 통합 솔루션 방식도 중요해지고 있다. 원격 모니터링과 스마트폰 앱을 활용해 현재 상황을 환자 스스로 알 수 있게 해주고 의사를 개입시켜 지속적인 사용을 독려하는 것이다. 2019년에 일본에서는 원격의료가 수면무호흡증 환자의 치료 순응도를 높인다는 임상시험 결과가 발표됐다. 일본 교토대 의대 키미히코 무라세 교수팀은 총 483명을 6개월 동안 추적 관찰해 장기간 수면무호흡증 환자에게 대면진료와 원격의료 지원을 병행했을 때 환자가 양압기 사용을 유지할 확률이 의사와 대면진료만 한 경우보다 높다는 사실을 발견했다.[10] '레즈메드'라는 기업은 클라우드를 기반으로 에어뷰라고 불리는 원격 모니터링 플랫폼과 마이에어라는 스마트폰 앱을 통해 환자 순응도를 높이는 디지털 플랫폼 서비스를 제공하고 있다. 관련 매출도 빠르게 증가하고 있는데 2016년(회계연도 기준) 2,900만 달러에 불과했던 디지털 플랫폼 매출은 2021년(회계연도 기준) 3억 7,360만 달러로 성장했다.


## 개인맞춤형 약물복용 관리 솔루션

질병치료를 위해서 환자가 치료지침을 준수하는 일은 매우 중요하다. 그러나 환자들의 순응도는 대부분 질병에서 높지 않다. 어르신들일수록 순응도가 떨어지는 경우가 많다.

65세 이상 인구의 80% 이상이 하나 이상의 만성질환을 보유하고 있다.[11] 5개 이상의 약물을 복용하는 어르신들이 미국에는 36%, 영국에서는 50%에 달한다고 한다. 일반적으로 최적의 치료 효능을 위해서는 80%의 환자 순응률이 필요하다고 알려져 있는데 만성질환 환자의 순응도는 50%에 불과하다.[12] 그러다 보니 미국에서는 매년 약물 위해 사례로 15만 명이 사망하며 12만 5,000명의 입원환자가 발생하고 있다. 2018년에는 17만 명이 사망해 미국 사망 원인 3위에 오르기도 했다.

'타뷸라 라사'라는 기업은 클라우드 기반으로 자체 알고리즘을 통해 개인맞춤형 약물복용 관리 솔루션을 제공한다. 여러 약물 간의 상호작용을 분석해 복잡한 처방이 필요한 복용자를 관리하고 복용자에 최적화된 약물 리스트를 병원, 의료진, 약국의 약사가 모니터링하고 제안할 수 있도록 한다.

아마존이 인수해서 화제가 됐던 필팩은 우리나라에서 원격 의약품 배송으로 화제가 됐지만 가장 차별화된 경쟁력은 이름에서도 드러나듯이 다수의 약품을 개별 포장하는 것에 있다. 미국은 의사 판단에 따라 동일한 처방전으로 여러 번 약을 탈 수 있는 리필이 가능하다. 필팩의 경쟁력은 환자가 리필이 가능한 다수의 의약품을 복용해야 할 때 한 번에 복용하기 편하게 소분해 포장하는 것이다. 이로 인해 복용순응도를 높여 약물 위해 사례를 최소화하고자 한다.

## 가정용 혈액투석기기

건강한 사람의 신장은 혈액 내 노폐물을 제거하는 기능을 한다. 신장 기능에 이상이 생기면 몸 안에 노폐물이 쌓여서 신체의 여러 기능이 제대로 이루어지지 않는 신부전증으로 이어진다. 2020년 미국에는 81만 명(56만 명 투석환자, 25만 명 간 이식 예정)의 신부전증 환자가 있다. 그런데 문제는 미국 신부전증 환자가 당뇨병, 고혈압, 비

**미국 혈액 투석시장 개요**

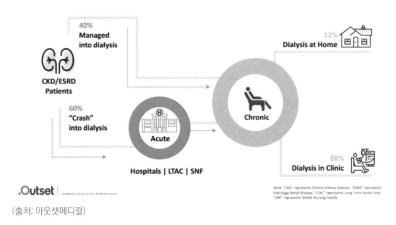

(출처: 아웃셋메디컬)

만 환자의 증가와 고령화로 계속 증가할 가능성이 크다는 것이다. 2030년 미국 신부전증 환자는 100만 명을 돌파할 것으로 예상된다.

일반적으로 신부전증 환자는 신장이식을 받거나 인위적으로 혈액투석을 받아야 한다. 신장이식은 현실적으로 하기가 쉽지 않기 때문에 혈액투석을 많이 활용한다. 혈액투석을 급성 신부전증은 신장 기능이 호전될 때까지 몇 차례 받으면 되지만 만성 신부전증은 주기적으로 받아야 한다. 혈액투석을 정기적으로 받지 않으면 몸속에 노폐물이 쌓여 심할 경우 사망에 이를 수도 있기 때문이다.

그런데 현재 혈액투석은 두 가지 문제가 있다. 일단 비싸고 환자 삶의 질을 떨어뜨린다는 것이다. 혈액투석하는 데 돈이 많이 든다. 미국에서 혈액투석에만 연간 740억 달러가 지출되고 있다. 그중 440억 달러가 공보험인 메디케어에서 발생하고 있다. 2017년 기준으로 신부전증 환자는 전체 메디케어 대상자의 1%에 불과하지만 비용의 7%를 사용하고 있었다.

또한 혈액투석은 생각보다 자주 해야 한다. 미국에서 연간 8,500만 건의 혈액투석이 이루어진다. 환자당 연간 받는 혈액투석이 152건 (월 13회)이다. 주로 가정이 아니라 외래 클리닉에서 이루어진다. 만성 신부전증 환자의 88%는 외래 투석 전문클리닉에서 혈액투석을 하고 있다. 가정에서 혈액투석을 하는 환자는 전체의 2% 수준인 1만 3,500명이라고 한다. 외부 클리닉에서 하면 돈이 많이 들 뿐 아니라 환자의 삶의 질도 상당히 떨어뜨린다. 신부전증 환자들과 이야기를 나눠보면 혈액투석은 한 번에 3~5시간이 걸려 엄청나게 많은 정신적이고 육체적인 에너지를 쓴다. 혈액투석 한 번 하고 나면 진이 다 빠진다고 한다.

이런 상황을 개선하기 위해 2019년 7월 미국에서는 미국인 신장 건강 개선 정책Advancing American Kidney Health Initiative을 발표했다. 혈액투석 비용을 낮추고 환자 삶의 질을 높이는 것이 목표다. 해당 정책의 주요 목표는 2025년까지 가정 투석과 장기이식을 받는 신규 신부전증 환자를 80%까지 늘리는 것이다. 그러기 위해서는 환자들이 가정에서 혈액투석을 받도록 하는 것이 중요하다. 2020년 11월에 미국 공보험에서는 가정 혈액투석을 받도록 하기 위해 2021년부터 별도의 인증 장비에 대한 가산 수가 부여 정책을 시행하기로 했다.

그러나 가정용 혈액투석을 높이기는 쉽지 않다. 가정용 혈액투석 장비는 수동식이 많다. 데이터의 문서화와 기계 관리가 어려워 통상 100시간 이상의 교육이 필요한 것으로 알려져 있다. 또한 환자가 투석액을 직접 만드는 데 주당 16~24시간이 걸린다. 그러다 보니 신부전증 환자가 가정 투석을 첫해에 그만두는 비율이 최대 45%에 달

**기존 가정용 혈액투석 장비 대비 타볼로의 장비**

Current Device  .Outset

| | |
|---|---|
| 5-6x treatments per week | 3x treatments per week |
| 100 hours training per patient | <25 hours of training per patient |
| 16-24 hours/week dialysate prep time | 0 hours/week dialysate prep time |

Tablo streamlines home hemodialysis

.Outset | Confidential. Internal Use Only. Do Not Distribute.

20

(출처: 아웃셋메디컬)

한다고 한다. 의사들은 환자들이 제대로 혈액투석을 하지 못하면 건
강 상태가 나빠질 수 있기 때문에 가정보다는 외래 전문 클리닉에서
혈액투석을 하도록 하기도 한다.

이런 상황에서 아웃셋 메디컬이라는 기업은 타볼로라고 불리는
이동형 혈액투석 시스템을 개발했다. 타볼로의 가장 큰 장점은 투
석액을 생산할 수 있는 완전 통합 수처리 시스템을 갖춰 별도의 수
처리 시설이 필요 없고 환자가 몇 시간에 걸쳐 투석액을 준비할 필
요가 없다는 것이다. 게다가 직관적이고 자동화된 인터페이스를 적
용해 간편하게 사용 방법을 터득할 수 있다. 환자 교육 시간이 평균
100시간에서 25시간 정도로 줄었다. 또한 시스템이 아마존의 클라
우드 시스템으로 연결돼 기계 진단과 분석 그리고 모니터링뿐 아니
라 전체 치료과정에서 발생하는 의료기록과 문서를 디지털화할 수
있다. 타볼로는 임상시험 결과를 토대로 2020년 3월 미국식품의약
국FDA으로부터 가정용 혈액투석 장비로 승인받았다. 미국 가정용 혈

액투석 시장의 규모는 89억 달러로 예상된다.

그러나 아웃셋메디컬이 시장에 들어가려면 높은 진입장벽을 통과해야 한다. 미국 전역에서 4,000개 이상의 외래 투석 클리닉을 운영하며 시장을 과점하고 있는 기업이 있다. 바로 프레제니우스다. 프레제니우스는 혈액투석과 관련된 가치사슬이 모두 수직통합이 되어 있어 투석 제품을 제조하고 투석 클리닉을 운영하며 병원과 의료 시스템에 입원 환자 투석 서비스를 제공할 수 있다. 더욱이 2019년 가정용 투석 장비 생산 업체 넥스테이지를 20억 달러에 인수해 가정용 혈액투석 장비 역량까지 강화했다.

아웃셋 메디칼에게는 프레제니우스는 분명히 쉽지 않은 상대이다. 그러나 정부 정책 자체가 가정용 혈액투석 시장의 성장을 유도하고 있다. 또한 다른 기업들도 속속 진입을 시도하고 있다. 대표적인 예가 약국 체인인 CVS헬스다. 아웃셋메디컬은 자체 역량만으로 진검승부를 할 수도 있다. 또한 이 시장으로 들어오려는 다른 기업들과 파트너십을 맺는 전략도 생각해볼 수 있다. 그렇게 다양한 시나리오를 그려볼 수 있다. 한 가지 분명한 것은 가정용 혈액투석 시장의 경쟁 구도는 과거보다 상당히 역동적이 될 가능성이 크다.

# 3
## 치과

### 에스테틱 덴티스트리의 부상

치아 건강은 오복五福 중의 하나로 여겨질 정도로 삶의 질에 미치는 영향이 매우 크다. 치아 치료는 음식을 씹거나, 정확한 발음을 내는 데 도움을 주거나, 치주조직을 보호하는 치아의 본원적 기능을 유지할 수 있는 방향으로 진행된다. 그러나 최근 떠오르는 치아의 기능은 '심미'다. 치아는 사람의 외형적 매력을 증가하는 데 매우 중요한 역할을 한다. 교정을 통해 돌출 입이나 치아 간격을 좁히는 것만으로도 인상이 달라진다는 소리를 들을 정도다. 따라서 최근 치과 시장에서는 치아의 심미적인 기능을 강조하는 에스테틱 덴티스트리가 강조되고 있다.

여기서 가장 주목받는 시장이 바로 투명교정 시장이다. 많은 업체가 투명교정 시장에 진출하고 있다. 선구자인 얼라인테크놀로지가 굳건히 시장 1위를 지키고 있는 가운데 치과용 임플란트 시장 세계

## 투명교정 치료과정

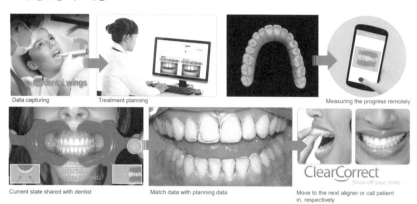

(출처: 스트라우만)

1위인 스트라우만이 2017년 투명교정기 제조업체인 클리어커렉트를 1억 5,000만 달러에 인수하며 투명교정 시장에 진출했다.[13] 이후 치과 시장 전체 1위인 덴츠플라이시로나는 2018년에 투명교정기 슈어스마일을 출시했고 2위 업체인 엔비스타는 2019년에 투명교정기 스파크를 출시했다.

브라켓과 와이어를 사용하는 일반 교정과 달리 투명교정은 마우스피스처럼 생긴 투명한 플라스틱 틀을 활용해 부정교합이나 돌출입 등을 개선하는 치아 교정 방법이다. 치아는 일반적으로 일주일에 약 0.25밀리미터 정도 움직일 수 있다. 교정 진행 상태에 따라 교정기를 교체해나가며 치아 상태를 점진적으로 교정해나간다.

투명교정은 일반 교정보다 교정력은 떨어진다. 하지만 투명하다는 장점으로 인해 교정할지 말지 고민하는 중도층을 유인하기 매우 좋은 도구다. 미국인 75%에게 부정교합이 발생한다고 한다. 이중 15%는 매우 심각한 상태, 45%는 가벼운 상태부터 심각한 상태,

**스트라우만의 투명교정 포트폴리오**

| Intra-oral scanning and software appl. | Treatment planning | 3D model printing | Production |
|---|---|---|---|
| ✔ ✔ ✔ | ✔ | ✔ | ✔ ✔ ✔ ✔ |
| • Dental Wings<br>• 3Shape<br>• Carestream | Digital Planning Service Private Ltd. | Rapidshape | • Round Rock<br>• Curitiba<br>• Markkleeberg<br>• Tianjin |
| **Materials** | **Patient monitoring** | **Brands to address global market** | **Sales network and reach** |
| ✔ ✔ | ✔ | ✔ | ✔ |
| • Yller<br>• Bay Materials | Dental Monitoring (DenToGo) | clearcorrect<br>A Straumann Group Brand<br>smyletec | Global organization to address all customer groups |

(출처: 스트라우만)

15%는 매우 경미한 부정교합으로 구분된다.[14] 즉 투명교정의 시장규모는 전체 인구의 15%에서 최대 60%까지 접근 가능한 시장이 된다.

투명교정의 또 다른 장점은 환자 중 청소년이 차지하는 비율이 매우 높다는 것이다. 투명교정 세계 1위 기업인 얼라인테크놀로지의 매출 비중을 살펴보면 청소년의 비율이 27~29%에 달한다. 교정은 어릴 때부터 시작하는 경우가 많고 청소년기는 외모에 민감한 시기인 점을 고려하면 당연해 보이는 통계다. 그런데 이 통계가 중요한 이유는 따로 있다. 보통 치과는 여기저기 옮겨 다니기보다는 한 곳을 지정해서 꾸준히 다니는 경우가 많다. 그리고 교정치료는 꽤 장기간 진행된다. 따라서 교정 치료가 자연스럽게 다른 치료로 연계할 수 있는 플랫폼이 되는 것이다.

투명교정이 활성화된 것은 디지털 장비의 발전 덕분이다. 2000년대 초까지만 하더라도 투명교정기를 제작하려면 치아 상태를 석고 모델로 본을 뜬 후 수작업을 통해 제작하는 경우가 많았다. 그러나 기술이 발전하면서 투명교정기를 제작하는 전 과정에 디지털화가 진행됐다. 구강스캐너로 구강 데이터를 얻고 그 후 컴퓨터 소프트웨어를 통해 투명교정기를 시뮬레이션하고 3D프린팅을 통해 투명교정기를 제작한다. 현재 투명교정은 디지털 덴티스트리의 집합체라고 볼 수 있다. 투명교정은 3D프린팅이 상업적으로 가장 활발하게 이용되는 영역 중 하나이다.

## 석고인상을 대체하는 디지털 구강스캐너

투명교정이 치과치료에서 가장 관심이 높은 것이라면 구강스캐너는 가장 높은 관심을 불러일으키는 장비 중 하나이다. 구강스캐너는 석고인상을 대체할 장비로 입안의 이미지를 3D으로 시각화할 수 있는 장비다. 구강스캐너가 세상에 등장한 지는 몇십 년이 됐으나 그동안 기술적 한계로 임상 현장에서 활발하게 사용되지 않았다. 2010년 중반 이후 구강스캐너의 기술력이 상당히 개선되면서 석고인상을 대체하는 디지털 인상 시장이 빠르게 성장하고 있다. 구강스캐너를 제조하는 회사 중 유일하게 매출을 공개하는 얼라인테크놀로지의 구강스캐너 매출을 살펴보면 2016년부터 매우 급격하게 매출이 증가했음을 알 수 있다. 현재 대부분 유명한 글로벌 치과 업체들은 구강스캐너 개발 경쟁을 치열하게 하고 있다.

구강스캐너가 주목받는 이유는 크게 세 가지다. 첫 번째는 보철물 제작이 아니라 치과진료에 활용될 수 있기 때문이다. 치과 치료 프로세스는 이원화되어 있는데 진료는 치과에서 하고 보철물 제작은 기공소에서 한다. 최근 치과업계에서 디지털화된 장비들은 컴퓨터 이용 설계·제조, 3D프린터, 모델 스캐너 등 대부분 보철물 제작과 관련

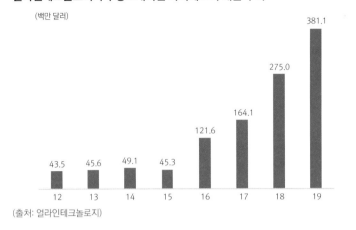

**얼라인테크놀로지의 구강스캐너인 아이테로의 매출 추이**

(백만 달러)

| 연도 | 매출 |
|---|---|
| 12 | 43.5 |
| 13 | 45.6 |
| 14 | 49.1 |
| 15 | 45.3 |
| 16 | 121.6 |
| 17 | 164.1 |
| 18 | 275.0 |
| 19 | 381.1 |

(출처: 얼라인테크놀로지)

된 장비들이다. 즉 기공소에서 쓰던 장비들을 치과에서 직접 사용해 시간과 아웃소싱 비용을 절감할 수 있도록 하겠다는 전략이다. 그런데 이 전략이 현실에서는 생각보다 잘 작동하지 않는다. 핵심은 투자자본수익률이다. 치과의사 입장에서 생각해보면, 이미 기공소를 활용한 워크플로가 매우 효율적인 상황에서 보철물 제작 장비에 설비투자를 하는 것은 비용면에서 효율적이지 못하기 때문이다. 그런데 구강스캐너는 진단에 활용되는 장비로 기공소에서 사용하는 장비가 아니다. 그리고 불편한 석고인상을 대체할 수 있다는 장점도 존재한다.

두 번째 이유는 의사로서 이 제품을 활용하면 높은 이윤의 진료가 가능해진다는 점이다. 구강스캐너를 활용하면 임플란트와 투명교정 등 높은 이윤의 진료와 연계가 쉽다. 그러다 보니 의료기기 업체로선 다른 제품과 패키지 판매 전략이 가능하다. 구강스캐너는 패키지 상품의 전략제품이 될 수 있다.

세 번째 이유는 의료기기 기업으로서도 굉장히 고이윤 제품이라는 것이다. 구강스캐너의 가격은 거의 치과용 컴퓨터단층촬영기와 유사할 정도로 높다. 치과용 컴퓨터단층촬영기는 디텍터나 엑스레이 튜브 등 핵심부품들의 단가가 비싸다. 그런데 구강스캐너를 구성하는 장비는 카메라와 인쇄회로기판 등 치과용 컴퓨터단층촬영기에 비해 간단한 부품이 들어간다. 이로 인해 제품의 이윤율이 치과 업체치고 상당히 높은 편인 20~50%에 달한다.

구강스캐너 시장은 여전히 공급자 우위 시장이다. 사용자인 병원보다 공급자인 의료기기 업체가 가격을 주도한다는 뜻이다. 아직 정확도나 속도 측면에서 쓸 만한 수준의 제품을 생산하는 기업이 손가락에 꼽을 정도다. 구강스캐너는 하드웨어 기술도 기술이지만 소프트웨어가 중요하다. 광학카메라로 얻은 단편적인 이미지 정보를 병합해 빠르게 3D 전체 구강 이미지를 완성해야 한다. 여기서 중요한 것은 이미지 병합에 드는 시간을 최소화해야 한다는 것이다. 이미지를 취합하는 데 시간이 오래 걸리면 사용성이 떨어진다. 컴퓨팅 파워를 최소화하는 알고리즘 기술이 필요해진다. 그런데 이런 소프트웨어 기술은 전통적인 치과용 의료기기 업체의 고유 기술이 아니다. 인공지능과 컴퓨팅 등 새로운 기술이 필요한데 기존 연구개발 역량으로 자체 개발하기가 쉽지 않다.

이런 상황에서 국내 중소기업 메디트는 2018년 6월 세계적인 제품과 견주어도 떨어지지 않는 성능과 가격 경쟁력까지 갖춘 구강스캐너 i500을 출시했다. 메디트는 2018년 329억 원의 매출을 기록했는데 2019년 매출액이 2018년보다 120% 상승한 722억 원을 기록했다. 이윤율은 더 놀라운데 고이윤 제품인 구강스캐너 매출 상승에 의한 영업 레버리지 효과가 발생하며 영업이익률 50%에 순이익률

세계 2위 치과장비 업체와 파트너십을 체결한 메디트

# X Pro / X 500 Intraoral Scanner (IOS)

**X Pro**

Seamless workflow integration – designed for DTX

Feature set comparable with other leading offerings

**X500**

Strong point solution - bridge to DTX studio

OEM partnership

(출처: 엔비스타)

44%를 기록했다. 코로나바이러스가 전 세계적으로 유행했던 2020 년 매출도 832억원으로 2019년보다 15% 성장했다.

경쟁력 있는 구강스캐너가 출시되자 파트너십을 요청하는 기업 이 늘어났다. 국내 치과용 임플란트 업체는 물론이고 세계 2위 치 과장비 업체인 엔비스타와도 파트너십을 체결했다. 결국 메디트는 2019년 10월 기업가치 6,400억 원으로 사모펀드인 유니슨캐피털 에 경영권을 매각했다.[15] 사모펀드의 비즈니스 모델은 해당 기업의 경영에 참여해 기업가치를 높여 더 비싼 가격에 매도해 차익을 남 기는 것이다. 사모펀드 입장에서 생각하면 적어도 메디트의 가치가 6,400억 원보다는 커질 것으로 판단한 것이다.

**6장**

# 글로벌 의료기기
# 산업 분석

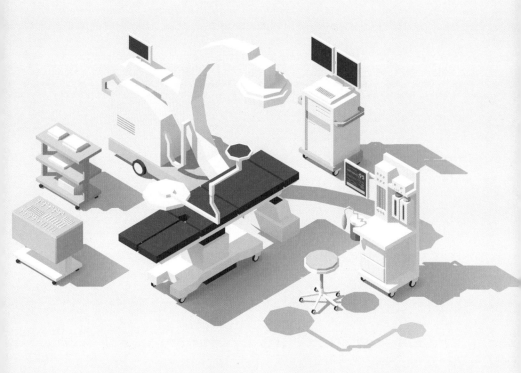

# 1
## 의료기기 산업 분석 프레임워크

### 기술보다 시스템이 주도하는 의료기기 산업의 혁신

산업의 성장에 가장 큰 영향을 미치는 요소 중 하나는 기술 혁신일 것이다. 필자가 어릴 때부터 생각해보면 몇십 년 되지 않는 사이에 정말 많은 혁신 기술이 도입돼 산업 발전을 주도했다. 통신에서는 2G → 3G → 4G → 5G로의 진보가, 디스플레이 산업에서는 브라운관 → LCD·LED로의 진보가, 음악 산업에서는 레코드 → 테이프 → CD → MP3 → 스트리밍으로의 진보가, PC 산업에서는 386 → 486 → 펜티엄 → 코어의 진보가, 통신단말기 산업에서는 삐삐 → 피처폰 → 스마트폰의 진보가 이루어졌다. 기존 기술은 신기술이 등장하면서 자연스럽게 쇠퇴했다.

그렇다면 의료기기 산업의 혁신은 어떤 모습일까? 글로벌 의료기기 산업에서도 하루가 멀다고 다양한 기술들이 쏟아지고 있다. 3D 프린팅, 디지털 치료제, 인공지능, 액체생검, 유전자가위, 차세대 유

**헬스케어 산업의 시스템**

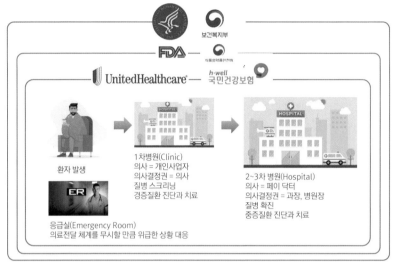

헬스케어라는 거대 시스템은 규제기관, 보험, 의료전달 체계, 의료 전문인으로 구성된다.

전체 분석법 등 셀 수 없는 신기술들이 소개되고 있다. 인터넷에서 조금만 뉴스를 검색해봐도 온통 세상을 바꿀 것만 같은 기술의 등장과 조만간 엄청난 혁신이 다가올 것 같은 기대감으로 가득 차 있다.

그런데 의료기기 산업의 혁신은 다른 산업과 달리 기술이 아니라 시스템을 중심으로 진행된다. 구조적으로 의료기기 산업은 여러 이해관계자가 맞물려 돌아가는 시스템이기 때문이다. 예를 들어 규제기관은 제품이나 서비스의 안전성과 유효성을 검사하고 가격책정과 비용 지급은 보험사가 담당하며 치료 의사결정은 의사가 담당한다. 이는 의료기기뿐 아니라 제약·바이오까지 동일한 헬스케어 산업의 특징이라고 할 수 있다.

의료기기 산업에서는 기술 자체만으로 혁신이 일어나기는 힘들다.

**배양법과 모폴로지**

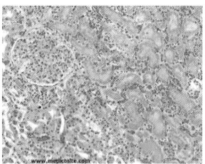

의료기기 산업에서 혁신이 일어나려면 혁신 기술이 의료기기 산업 내부의 시스템을 움직일 수 있어야 한다. 적어도 보험사 입장에서는 비용 대비 효과성을 만족할 수 있어야 하고 병원 입장에서는 충분한 임상 데이터로 임상적 유효성이 증명돼야 한다. 그래서 의료기기 산업에서는 특정 기술의 등장이 반드시 기존 기술의 쇠퇴를 의미하지 않는다. 혁신 기술은 시스템을 구성하는 이해관계자가 모두 만족하기까지 오랜 시간이 필요하기 때문이다.

예를 들어 항암제에서는 3세대 항암제인 면역항암제가 등장하고 있다. 하지만 여전히 표적항암제, 심지어 화학항암제도 표준치료로 많이 쓰이고 있다. 코로나바이러스로 유명해진 PCR 기법도 1세대(Conventional PCR), 2세대(qPCR), 3세대(ddPCR) 모두가 사용되고 있다. 새로운 기법이 등장했음에도 기존 기법들이 골드 스탠더드로 사용되는 경우도 많다. 유전자 분석 기법에서는 차세대 유전체 분석법이 도입됐다. 최근에는 나노포어 기법도 등장했지만 여전히 1세대 염기서열 분석기법인 생어 시퀀싱이 골드 스탠더드로 사용되고 있다. 암 환자 확진에는 몇십 년째 암 조직세포를 현미경으로 분석하는 모폴로지가 골드 스탠더로 사용되고 있다. PCR 기법이 등장했지만 병원균이 세균이면 배양법은 여전히 골드 스탠더로 사용된다.

따라서 의료기기 산업의 혁신은 기존 기술을 한 번에 뒤집기보다는 특정 목적과 용도로 일부 시장에서 인정받기 시작해서 임상 데이터를 축적하면서 시장을 확대하는 방법으로 진행된다. 이로 인해 의료기기 산업은 다른 산업보다 혁신이 나타나는 속도가 느린 것처럼 느껴질 수 있다. 하지만 반대로 혁신에 성공하면 그 과정에서 축적한 임상 데이터가 엄청난 진입장벽의 역할을 한다는 특징이 있다.

## 혁신을 위해 통과해야 하는 의료 시스템의 9대 관문

의료기기 산업은 시스템으로 구성됐다. 이것을 좀 더 명확하게 설명하기 위해 의료기기 산업에서 혁신 기술을 활용한 신제품이 출시될 때 극복해야 할 일들을 정리해보았다. 순서는 뒤바뀔 수 있고 동시에 진행되는 경우도 있다.

첫째는 규제이다. 임상시험 결과를 바탕으로 인허가를 통과해야 한다. 주로 안전성과 유효성을 평가한다. 생명과 관련이 깊을수록 임상 단계는 복잡해지고 시장에 유사한 제품과 서비스가 있다면 동등성과 우위성을 입증해야 한다. 또한 완전히 새로운 것이라면 규제로 인해 아예 사업화가 불가능한 사례가 많다. 그것이 아니라면 누가 봐도 인정할 만한 임상시험 결과가 뒷받침돼야 한다.

둘째는 보험코드 획득과 급여제공을 위한 급여 등재이다. 규제를 통과하면 이제 겨우 1단계를 통과한 것이다. 보통 헬스케어 제품의 가격은 보험코드를 바탕으로 보험사가 정하는 경우가 많다. 청구를 위한 보험코드를 부여받고 보험사가 부담할 보험수가를 협의한다. 그리고 협의한 보험사의 규모를 늘려 보장받는 환자를 늘려야 한다. 어디 보험사 고객은 되고 어디 보험사 고객은 안 되면 제품 판매가 어렵기 때문이다. 우리나라는 이 과정을 한 곳과 하면 되고 미국은 이 과정을 몇십에서 몇백 곳의 보험사와 거쳐야 한다. '우리나라가 훨씬 쉽겠네?'라고 생각하기 쉽지만 그렇지도 않다.

셋째는 보험약제 관리기업이다. 이 단체는 미국 헬스케어 산업에 익숙하지 않은 사람들에겐 매우 생소할 것이다. 우리나라는 국민건강보험관리공단 산하의 건강보험심사평가원에서 기능하고 있다. 보험약제 관리기업의 여러 가지 기능 중 가장 중요한 기능은 보험사에 맞춤 권장 의약품 목록을 작성해 제공하는 것이다. 이 기능의 대가로 기업이나 제약사로부터 리베이트나 수수료를 받는다. 미국에서는 리베이트가 합법이다. 이 외에도 제약사와 약값 협상, 우편을 통한 의약품 배송 서비스, 보험사를 대신해 제약사와 약국으로부터 받는 리베이트 책정, 환자와 약국으로부터 발생한 각종 불만 사항 처리, 약국 네트워크 관리, 기업이 자체 운영하는 보험공제회의 관리업무를 대행하는 등 많은 업무를 수행한다.

넷째는 의료기기품질관리심사GMP 인증을 받고 그 규칙에 맞는 시설에서 그 규칙에 맞는 제품을 생산해야 한다. 이는 규제기관에서 허가받은 안전성과 유효성에 맞게 제품을 생산하게 하는 장치이다.

다섯째는 유통이다. 유통을 하는 일은 쉽지 않다. 직판체계를 구축하는 일은 초기기업에겐 엄두도 못 낼 일이고 딜러를 활용해야 한다. 의료기기 유통을 총괄하는 유통사는 구매력이 매우 높다. 소매유통업에서 대형마트의 위상을 생각하면 이해가 매우 쉬울 것이다. 또한 미국은 병원끼리 일종의 공동구매 단체인 GPO를 운영하며, 한국은 병원마다 간납사라는 중간유통상을 만들어두는 경우가 많다.

여섯째는 환우회이다. 최근에는 IT 기술의 발달로 환우회의 네트워크가 잘 형성돼 있고 건강에 심각한 영향을 끼치는 질병일수록 국제적인 유대관계도 긴밀하다. 해당 제품이나 서비스의 최종 사용자인 점에서 의료기기 기업의 강력한 우군이 될 수도 있고 강력한 진입장벽이 될 수도 있다.

일곱째는 병원(의사)이다. 이들은 세상에서 가장 보수적인 가치관을 가진 직업군 중 하나다. 새로운 기술에 대해서 엔지니어와는 정반대의 가치관을 따르고 있다. 의사에게 실패란 공포의 단어다. 단 한 번의 실패라도 환자의 생명에 위험한 일을 가져올 수 있기 때문이다. 제품이나 서비스 마케팅을 위해서는 탁월한 임상시험 결과가 뒷받침되는 상태에서 해당 과의 핵심 오피니언 리더를 활용하는 것이 중요하다. 또 한 가지 어려운 일은 큰 병원일수록 특정 기술에 대해서 과별로 이해관계가 다를 수도 있다는 것이다. 예를 들어 인공지능을 활용한 의료기기 제품일 경우 영상의학과와 병리학과의 이해관계가 다를 수 있다. 이런 과마다 다른 입장 차와 병원 내 파워게임도 반드시 고려해야 하는 주요 변수이다.

여덟째는 각종 의학회와 질병관리위원회이다. 의사들의 처방을 많이 끌어내기 위해서는 각종 의학회에서 인정을 받고 치료 가이드라인에 등재되는 것이 좋다.

아홉째는 경쟁이다. 이 모든 난관을 뚫고서 본격적으로 제품과 서비스를 판매하고자 하면 그야말로 끝판왕이 존재한다. 바로 글로벌 대형기업들이다. 이들은 앞의 과정을 모두 거쳐 몇 년에서 몇십 년간 검증받은 제품을 이미 판매하고 있다. 또한 이미 거의 모든 이해관계자와 네트워크가 형성돼 있다. 게다가 글로벌 대형기업들은 의료기기 산업 특성상 합종연횡과 인수합병을 통해 시간이 지날수록 더 거대한 공룡이 되는 경우가 일반적이다.

대략 의료기기 산업에서 신제품을 출시할 때는 이런 난관을 극복해야 한다. 이러한 이유로 의료기기 산업의 혁신은 기존 기술을 한 번에 뒤집기보다는 특정 목적과 용도의 일부 시장에서 인정받기 시작한 후 임상 데이터를 축적하면서 시장을 확대하는 방법으로 진행된다. 대신 이런 난관을 극복하고 혁신에 성공하면 이 9대 관문이 반대로 경쟁사에 상당한 진입장벽 역할을 한다. 의료기기 산업에서 혁신에 성공하면 그 열매는 어떤 산업보다 달콤할 수 있다.

의료기기 혁신의 가장 교과서적인 예가 바로 앞서 살펴본 개흉수술을 대체하는 '경피적 대동맥판막 치환술'이다. 이 신기술은 세상에 등장하자마자 곧바로 모든 환자에게 적용된 것이 아니다. 2011년 수술이 불가능한 환자에 대해 사용되기 시작했다. 대규모 임상시험을 통해 2012년에는 수술이 가능한 환자 중에서 고위험군 환자로, 2016년에는 중증도 위험군 환자로, 2019년에는 저위험 환자까지 순차적으로 확대됐다. 2020년 7월 기준 미국식품의약국이 저위험 환자까지 경피적 대동맥판막 치환술을 허용한 기업은 에드워드라이프사이언스와 메드트로닉 두 곳밖에 없다. 아직 다른 기업들은 충분한 임상 데이터를 확보하지 못했다. 당연한 이야기지만 다른 기업은 저위험 환자 시장에 아직 진입할 수 없다. 그러다 보니 에드워드라이프사이언스와 메드트로닉은 시장의 대부분을 점유하며 실세계 데이터를 쌓고 있다.

## 주요 3대 이해관계자 관점 사고의 중요성

의료기기 산업은 9대 이해관계자로 이루어진 하나의 거대한 시스템이다. 새로운 기술이나 제품이 등장했을 때 그 기술이나 제품 자체가 얼마나 혁신적인가는 크게 의미가 없다. 그 제품들이 9대 이해관계자의 미충족 수요를 충족할 수 있느냐가 중요하고 그렇게 돼야 비로소 혁신이 진행된다. 그런데 모든 이해관계자의 미충족 수요를 각각 분석하는 것은 효율적이지 못하다.

의료기기 산업을 분석할 때 가장 좋은 방법은 주요 3대 이해관계자 중심으로 사고하는 것이다. 3대 이해관계자의 현재 가려운 부분을 어디인지를 파악하고 어떤 혁신 기술이나 이벤트로 인해 그 가려운 부분이 해소될 수 있는지를 생각해보는 것이다. 필자가 생각하는 의료 시스템의 3대 이해관계자는 가격책정 권한과 비용지급 권한을 가진 건강보험, 경쟁 측면에서 시장의 대부분을 점유하고 있는 글로벌 대형기업, 치료 의사결정 권한을 가진 병원이다.

글로벌 대형기업은 시장의 대부분을 점유하고 있어 중견기업이나 초기기업보다 혁신을 일으키기도 쉽고 방어하기도 쉽다. 따라서 시장을 분석할 때는 글로벌 대형기업의 동향을 중심으로 분석하는 것이 좋다.

중견기업이나 초기기업은 의료기기 산업에 침투할 때 글로벌 대형기업을 경쟁 상대가 아니라 유통 채널이나 고객으로 접근하는 것이 효율적이다. 글로벌 대형기업도 처음부터 새로운 기술을 새롭게 개발하는 일은 리스크가 크기 때문에 기술이전, 인수합병, 유통 파트너십 등의 전략을 선호한다.

건강보험은 가격책정 권한과 비용지급 권한을 갖고 있어서 의료기

**글로벌 의료기기 산업 분석 방법**

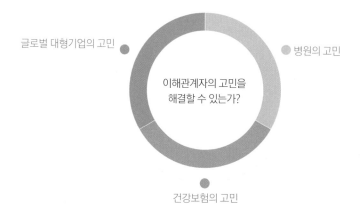

글로벌 대형기업의 고민

병원의 고민

이해관계자의 고민을
해결할 수 있는가?

건강보험의 고민

기의 상업적 성공을 위해서는 규제기관 허가를 통과해 제품과 서비스 제조허가를 받는 것보다 보험사 급여 목록에 등재되는 것이 훨씬 중요하다. 특히 미국은 보험사가 자신의 네트워크 병원에서만 보험 급여를 적용하기 때문에 실질적으로 처방에 깊이 관여할 수 있다.

병원은 환자에 대한 치료 의사결정 권한을 가지고 의료기기의 처방을 좌우한다. 의료기기 업체의 실질적인 고객이라고 할 수 있다.

# 2
# 글로벌 대형기업 관점의 분석

## 글로벌 기업 지분구조와 인수합병 전략의 관계

필자는 2019년 12월 의료기기 시장의 특징을 단정적으로 보여줄 수 있는 매우 인상적인 기사를 하나 발견했다. '퀴아젠'이라는 기업의 인수합병을 다룬 내용이다. 어떤 기자가 세계적인 의료기기 기업인 지멘스헬시니어스에 가서 퀴아젠을 인수하려고 하는 것이 사실이냐고 질문을 했다. 이에 대한 지멘스헬시니어스의 대답이 예술이다.

"우리는 이런 작은 기업보다 헬스케어 섹터의 더 큰 문제를 해결할 솔루션을 찾고 있을 뿐이다We are not looking for profitable niches, but for solutions the large problems in the health sector."[1]

참고로 퀴아젠은 그 당시 연매출 약 15억 달러(2019년 기준)이며 시가총액이 102억 달러(2020년 7월 9일 기준)에 달하는 기업이다. 이처럼 의료기기 산업에는 매출액 15억 달러의 기업이 작다고 이야기할 수 있는 기업들이 생각보다 꽤 많다. 의료기기 산업은 전형적

**의료기기 산업 상위 10개 기업의 시장점유율**

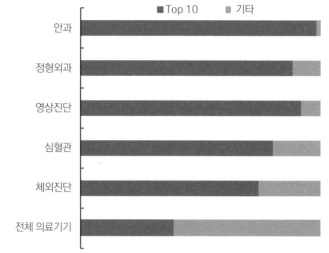

(출처: 이밸류에이트메드테크)

인 과점 구조이기 때문이다. 상위 10개사의 점유율은 의료기기 시장의 38.7%에 달한다. 몇몇 세부시장의 과점화는 더욱 심한데 안과는 97.9%, 정형외과는 88.1%, 영상진단은 91.5%, 심혈관은 79.9%, 체외진단은 74.1%를 차지한다.[2] 그래서 그런지 의료기기 산업에서는 분야를 막론하고 시가총액 200억~700억 달러 사이의 기업들을 찾아보기가 어렵다. 아예 크든지 아예 작든지 하는 것이다.

　의료기기 산업은 다양한 이해관계자들로 구성된 시스템이다. 중소기업이나 초기기업 입장에서 다양한 이해관계자들의 개별적인 요구사항을 맞추면서 시장의 대부분을 지배하는 대형기업들과 경쟁을 벌이는 것은 굉장히 어려운 일이다. 그러다 보니 아예 큰 기업과 틈새시장을 찾은 작은 기업들로 양극화가 진행되고 있다. 의료기기 산업은 글로벌 대형기업의 동향을 중심으로 분석하는 것이 좋다. 글로벌 대형기업은 시장의 대부분을 점유하고 있어 중견기업이나 초기 기업보다 혁신을 일으키기도 방어하기도 상대적으로 쉽다.

　글로벌 대형기업을 분석하기에 앞서 글로벌 대형기업의 지분 구조를 살펴보면 상당한 인사이트를 얻을 수 있다. 우리나라에서 대기업의 지분 구조를 살펴보면 회사 내부자나 특수관계인이 대주주이거나 지분이 큰 경우가 일반적이다. 그런데 글로벌 대형기업의 지분 구조를 살펴보면 회사 내부자의 지분이 1%를 넘기는 곳이 거의 없다. 우리나라와 달리 글로벌 대형기업들의 대주주는 대부분 뱅가드나 블랙록 같은 유명한 기관투자자(자산운용사, 연기금 등)들이다. 결국 글로벌 대형기업의 지분 구조를 고려하면 기업 경영의 목표는 주주 가치 극대화와 일치할 수밖에 없다. 이 관점을 가지고 글로벌 대형기업들의 뉴스를 살펴보면 자사주 매입과 소각, 성과 부진 사업 부문에 대한 구조조정, 사업 다각화를 위한 인수합병, 비용 절감과 영업이익률 개선 등 상당히 주주 친화적인 경영을 한다는 것을 느낄 수 있을 것이다.

　그렇다면 주주 가치 극대화 측면에서 글로벌 대형기업들의 가장 큰 고민이 무엇일까? 바로 매출과 순이익 성장이 둔화되는 것이다. 보통 글로벌 대형기업들의 가치평가는 주가배수에 매출이나 순이익을 곱해서 평가받기 때문에 매출과 순이익에 민감하다. 그런 점에서 재무 구조 개선과 주주 가치 극대화를 위해서 글로벌 대형기업들은 파트너십, 기술이전, 인수합병에 관심이 많을 수밖에 없다. 이미 시장의 대부분을 차지하는 상황에서 회사 자체의 높은 유기적인 성장을 기대하기는 쉽지 않을 것이다. 또한 의료기기 산업이 여러 이해관계자로 구성된 시스템이란 점이 글로벌 대형기업에도 진입장벽이

## 글로벌 상위 의료기기 업체의 지분율

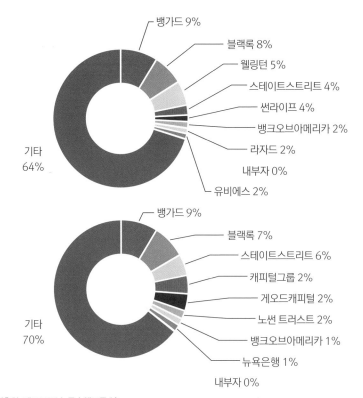

뱅가드 9%
블랙록 8%
웰링턴 5%
스테이트스트리트 4%
썬라이프 4%
뱅크오브아메리카 2%
라자드 2%
내부자 0%
유비에스 2%
기타 64%

뱅가드 9%
블랙록 7%
스테이트스트리트 6%
캐피털그룹 2%
게오드캐피털 2%
노썬 트러스트 2%
뱅크오브아메리카 1%
뉴욕은행 1%
내부자 0%
기타 70%

(출처: 메드트로닉, 존슨앤드존슨)

되고 있다. 아무리 특정 시장에서 날고 기는 회사라고 해도 다른 의료기기 영역으로 진출하는 것은 어려운 일이다. 그쪽 시장에도 분명 날고 기는 과점 업체가 있을 것이기 때문이다. 따라서 인수합병은 영역 확장을 하는 데 매우 효율적인 전략이 될 수 있다.

글로벌 대형기업은 언제나 유망한 기업을 쇼핑하고자 하며 관련 기업을 육성하기 위한 공모전이나 창업경진대회 등을 개최하기도 한다. 따라서 중견기업이나 초기기업은 의료기기 산업에 침투할 때 글로벌 대형기업을 경쟁상대가 아니라 유통 채널이나 고객으로 접근하는 것이 가장 효율적이다. 글로벌 대형기업과 유통 파트너십을 맺든가, 제품이나 특허를 기술이전하든가, 피인수되는 식으로 시장에 간접침투하는 것이다. 중소기업이나 초기기업들이 글로벌 대형기업들을 필요로 하는 만큼이나 좋은 기업과 파트너십, 기술이전, 인수합병을 원한다.

## 왜 화이자는 암 조기진단 제품을 유통하는가

이그젝트사이언스는 미국 최초로 암 조기 진단제품의 상업화에 성공해 제품 출시 5년 만인 2019년에 매출액 8억 7,630만 달러를 기록하며 세계 10대 체외진단 기업으로 성장했다. 미국 기업인 점을 고려해도 이례적인 속도다. 이 기업의 주가 변화를 시계열로 관찰해보면 더욱 놀랍다. 특히 2016년부터 2019년 상반기까지의 주가 흐름은 매우 놀랍다. 이 기간에 이그젝트사이언스의 가장 결정적인 순간은 언제였을까? 여러 가지 사건들이 있었다. 그중 우리가 집중해서 봐야 할 시점은 2018년 하반기다. 이그젝트사이언스의 주가는 무서운 속도로 성장하고 있었지만 2018년 상반기까지만 해도 시가총액은 40억~60억 달러에 불과했다. 그런데 2018년 하반기에 들어서면서 시가총액이 100억 달러 수준으로 크게 상승한다. 어떤 사건이 있었을까?

세계 최대 제약회사 중 하나인 화이자가 2018년 8월 이그젝트사이언스와 마케팅 계약을 체결한 것이다.[3] 쉽게 말해서 화이자가 자신들의 영업사원을 통해 이그젝트사이언스의 대장암 조기진단 제품을

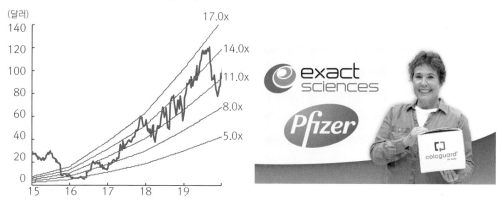

**이그젝트사이언스 주가 추이**

(달러)

화이자제약은 이그젝트사이언스와 마케팅 계약을 맺었다. (출처: 블룸버그, 화이자제약)

판매하고 이익을 공유하는 계약을 맺은 것이다. 이그젝트사이언스 입장에선 좋을 수밖에 없다. 어떻게 보면 중소기업 제품이 대형마트에 입점한 것과 같은 효과를 낼 수 있기 때문이다. 그렇다면 화이자의 입장은 어떨까? 왜 화이자는 규모가 작은 중소기업 이그젝트사이언스와 마케팅 계약을 체결한 것일까? 심지어 이그젝트사이언스의 제품은 의약품도 아닌데 말이다. 그 이유는 화이자의 2018년 3분기 실적발표 콘퍼런스 콜에서 확인할 수 있었다.[4]

화이자가 이그젝트사이언스와 공동 마케팅 계약을 체결한 가장 큰 이유는 당시 최대 매출 제품인 리리카(연간 40억~50억 달러 매출)의 특허가 2019년 만료될 예정이었기 때문이다. 의약품 특허가 만료되면 복제약 침투가 가능해지면서 특허를 가지고 있던 오리지널 의약품의 매출이 큰 폭으로 하락한다. 2019년 리리카 특허 만료에 따른 매출 둔화를 방어하기 위해 계약을 체결했다는 것이다. 실제로 이 마케팅 계약은 화이자에게도 도움이 된 것으로 보인다. 최초 1차 의료기관을 대상으로 체결했던 마케팅 계약은 2018년 4분기에는 소화기과, 2019년 1분기에는 산부인과로 확대됐기 때문이다.

여기서 화이자의 가장 큰 고민거리인 '주요제품의 특허 만료가 다가옴에 따른 매출 둔화 우려'는 대부분의 글로벌 대형제약사들이 겪는 문제라는 것이 중요하다. 주요제품의 특허 만료가 다가오는 상황에서 과거와 같은 블록버스터 신약의 개발은 점점 어려워지고 있다. 이로 인해 빅 파마Big Pharma들은 소위 물불 가리지 않는다는 표현이 적합할 정도로 매출 둔화 방어에 노력하고 있다. 만약 화이자와 이그젝트사이언스의 공동 마케팅 계약이 그 의도와 부합하는 성과를 달성했다면 다른 글로벌 대형제약사들은 이그젝트사이언스와 유사한 업체들을 찾아 공동 마케팅 계약이나 인수합병 등을 하려고 시도하지 않을까?

당연한 이야기지만 역시 글로벌 대형제약사들의 지배주주는 글로벌 기관투자자들이다. 당연히 주주 친화적인 경영을 할 수밖에 없고 매출 둔화를 타개하기 위해서 여러 가지 방법을 사용할 수밖에 없다. 그래서 글로벌 대형제약사들이 오픈 이노베이션이나 기술이전을 통해 신약 파이프라인을 강화하려고 하는 것이다. 반대로 괜찮은 임상 데이터를 바탕으로 글로벌 대형제약사가 강화하고 싶은 파이프라인에 대한 기술력을 확보한 기업이 있다면 글로벌 대형제약사 입장에서 매력적으로 다가올 수밖에 없는 것이다. 이러한 흐름을 이해해야 비즈니스 모델을 수립하거나 투자 아이디어를 구상할 때 좋은 결과로 이어질 가능성이 커진다.

## 메드트로닉은 어떻게 디지털 수술 플랫폼을 구축했는가

세계 최대 의료기기 기업 메드트로닉은 '외과수술의 디지털화'를 구축하는 것이 주요 경영 목표이다. 디지털 수술의 핵심은 수술로봇이다. 메드트로닉은 복강경 수술로봇, 척추 수술로봇, 뇌 수술로봇 등 다양한 수술로봇을 개발하고 있다. 그리고 수술로봇을 개발하기 위한 전략으로 다른 중견기업들을 적극적으로 활용하고 있다. 자체 개발보다 다른 기업들의 역량을 활용함으로써 리스크를 최소화하며 성공 확률을 높이려는 것이다.

메드트로닉의 수술로봇 플랫폼에서 가장 진도가 빠른 것은 척추 수술로봇이다. 메드트로닉은 2016년 척추 임플란트 수술용 로봇 가이드 시스템을 개발해 상용화시킨 '메이저로보틱스'라는 기업의 지분 11%에 전략적 투자를 단행하며 척추 수술로봇의 독점 판권을 획득했다. 메드트로닉은 메이저로보틱스의 수술로봇을 유통하면서 수술로봇의 경쟁력을 시험했고 자사의 솔루션과 결합을 연구했다. 이후 메드트로닉은 2018년 메이저로보틱스를 16억 달러에 인수했고 메이저로보틱스의 로봇 가이드 시스템과 자사의 수술 내비게이션 시스템을 통합한 척추 수술로봇 솔루션 메이저엑스를 론칭했다.[5]

메이저엑스는 컴퓨터단층촬영영상을 바탕으로 정교한 3D 수술 계획을 수립하고 로봇 팔을 이용해 척추 임플란트와 수술 장비를 수술 위치로 정확히 안내할 수 있는 기능을 갖추었다. 또한 수술이 수행되는 동안 실시간 영상 피드백을 제공해 실제 수술이 사전 계획대로 정확하게 수행되는지를 확인할 수 있다. 메드트로닉은 메이저엑스와 이에 연동되는 척추 임플란트를 내세워 척추 임플란트 시장을 70% 이상 점유한 것으로 알려져 있다. 이 외에도 메드트로닉은

**메드트로닉의 척추 수술로봇 시스템**

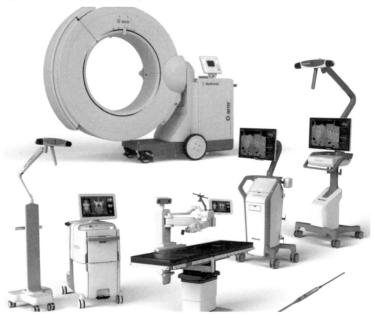

(출처: 메드트로닉)

2020년 7월 3D프린팅을 활용해 환자 개인맞춤형 척추 임플란트를 제조하는 메드크레아를 인수하며 디지털 수술 플랫폼을 더욱 강화하고 있다.[6]

# 3
# 건강보험 관점의 분석

## 가격책정 권한과 비용지급 권한을 가진 건강보험

의료기기 산업에서 건강보험의 중요성은 두말하면 입이 아플 정도다. 미국 의료기기 상장사의 주가 추이를 살펴보면 주가가 기하급수적으로 폭등하는 시점이 있다. 초기기업일수록 건강보험과 관련된 이벤트인 경우가 많다. 보통 주가와 가장 연관이 깊은 것 중 하나가 기업 실적이다. 건강보험 급여 등재와 기업 실적이 매우 높은 양의 상관관계를 나타내기 때문에 건강보험 급여 등재와 주가는 연관성이 높은 것이다.

의료기기의 상업적 성공을 위해서는 규제기관 허가를 통과해 제품·서비스 제조허가를 받는 것보다 보험사 급여 목록에 등재되는 것이 훨씬 중요하다. 건강보험은 가격책정 권한과 비용지급 권한을 갖고 있어서 의료기기 실제 사용에 상당한 영향력을 행사할 수 있다. 규제를 통과해 제조허가를 받는다고 하더라도 의료수가를 부여받지

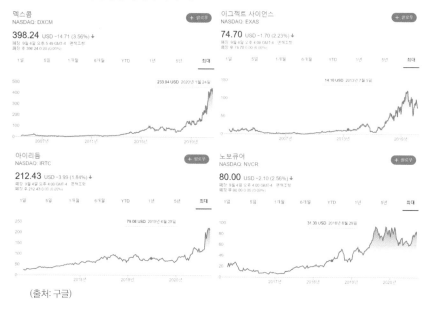

글로벌 의료기기 상장사의 주가 추이

덱스콤
NASDAQ: DXCM
**398.24** USD -14.71 (3.56%) ↓

이그젝트 사이언스
NASDAQ: EXAS
**74.70** USD -1.70 (2.23%) ↓

아이리듬
NASDAQ: IRTC
**212.43** USD -3.99 (1.84%) ↓

노보큐어
NASDAQ: NVCR
**80.00** USD -2.10 (2.56%) ↓

(출처: 구글)

못한 의료기기는 대부분 병원에서 사용하지 않는다. 의료수가를 부여받지 못한 의료기기를 이용해 환자를 치료하는 것은 불법은 아니다. 하지만 치료과정에서 발생한 비용을 환자에게 청구하는 것은 불법이기 때문이다. 병원은 환자를 치료하는 데 비용을 지출하고 그것을 보전받을 수 없게 된다.

건강보험은 의료기기를 급여 목록에 등재함으로써 보험 가입자의 비용부담을 낮추는 역할을 한다. 특히 미국은 건강보험사가 자신의 네트워크 병원에서만 보험 급여를 적용하기 때문에 실질적으로 처방에 깊이 관여할 수 있다. 따라서 특정 의료기기 제품·서비스를 자사의 급여 목록에 등재하는 보험사가 많아질수록 해당 기업의 실적이 좋아질 수밖에 없는 것이다.

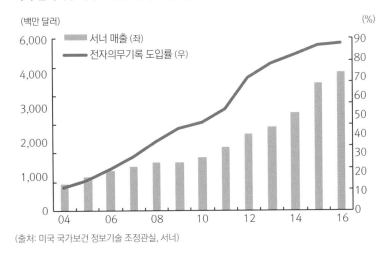

**미국 전자의무기록 도입률과 서너의 매출 추이**

(백만 달러)　　　　　　　　　　　　　　　　　　　　　　　(%)

- 서너 매출 (좌)
- 전자의무기록 도입률 (우)

(출처: 미국 국가보건 정보기술 조정관실, 서너)

　　건강보험, 특히 공보험사의 급여 혜택을 받는 것은 의료기기 제품·서비스가 성공하는 지름길이다. 대표적인 사례가 미국의 전자의무기록 도입과 국내의 의료영상 저장·전송 시스템 도입이었다. 미국에서는 2009년 오바마 정부가 전자의무기록을 도입하는 병원에 인센티브를 부여하면서 2009년 48%에 불과했던 도입률은 2016년 87%까지 상승하게 된다.[7] 국내에서는 의료영상 저장·전송 시스템 도입 활성화를 위해 1999년부터 5년간 가산수가를 부여해 7년 만에 병원급 이상 의료기관의 80% 이상에 도입됐다.[8] 이 과정에서 미국의 상장사인 서너는 2009년 16억 7,100만 달러에 불과했던 매출이 2020년 약 55억 달러까지 상승했다.

　　그런데 건강보험의 급여 목록에 등재되는 것은 규제를 통과하는 것과 또 다른 차원의 일이다. 규제를 통과해 제품 제조허가를 받은 것만으로는 건강보험의 급여 목록에 등재될 수 없다. 규제를 통과하기 위해서는 의료기기의 안전성과 유효성을 입증해야 한다. 하지만 건강보험 급여 목록에 등재되는 것은 그 제품의 비용 대비 효과성까지 증명해내야 한다. 특히 혁신 기술이 활용된 의료기기는 많은 연구개발 비용이 필요하고 초기 규모의 경제가 이룩되기 어려워 제조원가가 높아질 수밖에 없다. 따라서 건강보험의 급여 목록에 등재되는 것은 매우 중요한 일이다.

그렇다면 보험사는 왜 비용 대비 효과성을 중시할까? 문제는 보험사들이 시간이 지날수록 더욱 비용 대비 효과성을 중요하게 여기고 있다는 것이다. 보험사가 비용 대비 효과성을 중하게 여기는 이유를 설명하기 위해서는 먼저 현재 보험사가 어떤 고민이 있는지부터 생각해봐야 한다.


## 고령화와 저금리라는 초대형 악재

일반적으로 고령화는 헬스케어 산업을 발전시키는 촉매로 여겨지지만 건강보험 입장에서는 반가운 일이 아니다. 우리가 어떤 산업의 발전을 생각할 때 수요가 증가하는 것에 초점을 맞추는 일이 익숙하다. 예를 들어 외식산업이 발전한 것은 통신기술, 스마트폰, 음식배달 앱의 발달로 외식 수요가 급격하게 커졌기 때문이다. 그런데 건강보험 입장에서 생각하면 의료 수요가 증가하는 것은 좋은 일만은 아니다. 고객으로 수취하는 보험료를 자주 갱신할 수 없으므로 급격한 의료 수요 증가는 보험사의 손해율 악화로 이어질 수 있다. 보험사에서 가장 중요하게 관리하는 지표가 손해율이라는 것인데 (보험금+기타비용)을 (보험료-세금 및 수수료)로 나눈 비율이다. 손해율이

**파마 정책 영향으로 급락했던 미국 주요 검진센터의 주가**

(2017.1.1=100)

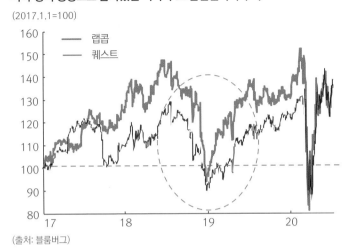

(출처: 블룸버그)

높아질수록 보험사에 좋지 않다.

의료 수요 증가로 건강보험 재정이 나빠지면 보험수가를 인하하거나 삭감 조치를 통해 재정 안정성을 강화하는 것을 뉴스에서 쉽게 찾아볼 수 있다. 앞에서 사례로 든 의료영상 저장·전송 시스템은 2002년부터 지속해서 보험수가가 인하됐다.[9] 처방의약품 시장에서는 2012년부터 약가제도 개편을 통해 특허만료 의약품의 가격을 특허만료 전의 80%에서 53.55%로 인하했다. 복제약의 가격 기준도 특허 전 오리지널 가격의 64%에서 53.55%로 하락했다. 2012년 4월에는 기존에 판매 중인 의약품에도 새 약가제도 기준을 적용하는 일괄 약가인하를 단행했다. 이때 건강보험 의약품의 가격이 평균 14% 인하됐다.[10]

우리나라뿐 아니라 미국에서도 보험수가를 인하하는 사례가 많다. 2020년부터 4년에 걸쳐 진단실험실의 보험수가를 삭감하는 파마

PAMA 정책이 시행되면서 주요검진센터의 주가가 큰 폭으로 하락한 바 있다.[11] 또 2013년에는 공보험 통신판매 시장의 혈당측정기 보험 수가를 평균 70% 삭감하면서 2018년 최대 혈당측정기 제조업체인 존슨앤드존슨은 혈당관리 사업부인 라이프스캔을 사모펀드에 매각하는 사건이 일어나기도 했다.[12]

고령화로 손해율이 악화되는 상황에서 또 다른 문제가 존재한다. 바로 전 세계적으로 유행하는 저금리다. 보험은 미래에 발생할 리스크를 최소화하기 위해 존재한다. 그러다 보니 금융업에서 가장 보수적으로 자산을 운용할 수밖에 없다. 건강보험사는 보험 가입자로부터 수취한 보험료를 잘 관리해 보험 사건에 대해 충분히 보험금을 지급할 수 있도록 순자산 가치를 관리해야 한다. 그런데 저금리가 지속되면 건강보험사의 순자산 가치가 낮아질 수밖에 없다.

고령화와 저금리는 건강보험 시장의 근간을 뒤흔들 만한 변화들이다. 고령화는 손해율을 악화하고 저금리는 보험사의 순자산가치를 하락하기 때문이다. 이로 인해 건강보험사는 새로운 의료기기 제품이나 서비스를 도입할 때 더욱 비용 대비 효과성을 꼼꼼히 살펴볼 수밖에 없게 된다.


## 순자산가치 상승을 위해 선호되는 총비용 절감 제품

고령화와 저금리로 건강보험사의 순자산가치가 낮아지게 되면서 그 대안으로 떠오르는 것이 총비용 절감이다. 고령화로 인한 의료 수요 증가를 쉽게 막을 수 있는 것은 아니니 의료 수요 증가로 발생하는 총비용을 절감해보자는 것이다.

보험사가 가장 좋아할 만한 첫번째 아이템은 조기진단이다. 지금 당장 진단과 관련된 비용은 지급되겠지만 질병을 빠르게 진단함으로써 총 의료비용을 낮출 수 있기 때문이다. 미국 기업 이그젝트사이언스는 최초로 규제기관과 공보험의 병행 검토를 받아 역시 최초로 암 조기진단 제품(대장암)의 상업화에 성공했다.

대장암은 미국에서 사망자가 두 번째로 많은 암 질환이다. 매년 13만 5,000명이 대장암으로 진단받고 5만 명이 대장암으로 사망하고 있다. 대장암은 조기진단 시 치료비용이 대폭 줄고 생존율이 급격하게 상승하는 질병이다. 그러나 대장암은 대장암 의심 환자를 선별하는 비율이 60% 수준으로 높지 않다.[13] 선별검사로 활용되는 분변잠혈 검사는 민감도가 40% 수준으로 매우 낮아 임상 현장에서 제대로 활용되지 않고 있었기 때문이다.

의사의 처방을 받고 이그젝트사이언스의 제품을 신청하면 집으로 진단키트를 보내준다. 이 진단키트에 대변을 채취해 다시 보내면 검사결과를 알려준다. 이그젝트사이언스가 공보험 커버를 받을 수 있었던 가장 강력한 이유는 약 1만 명을 대상으로 한 임상시험을 바탕으로 분변잠혈 검사 대비 월등한 성능(민감도 92%, 특이도 87%)을 증명했기 때문이다.[14]

이그젝트사이언스는 분변잠혈 검사 대신 선별검사 용도로 활용해 총비용 절감 효과가 가능하다는 것을 증명했다. 미국에서 분변잠혈 검사의 수가가 약 17달러인 데 비해 이그젝트사이언스의 수가는 508달러에 달한다. 하지만 대장암 검사의 확진검사인 대장내시경의 검사 가격이 우리나라 기준으로 몇백만 원 수준인 점을 고려하면 그렇게 비싸다고 할 수도 없다. 이그젝트사이언스는 미국에서 지속적으로 보험 보장을 확대해나가며 2014년에 최초 허가를 받은 이후 5년 만인 2019년에 매출액 8억 7,630만 달러를 기록하며 세계 10대 체외진단 기업으로 성장했다.

두 번째 총비용 절감이 가능한 사례는 세계적으로 가장 핫한 테마 중 하나인 원격의료다. 원격의료의 목적은 국가별로 다르겠지만 미국에서는 비용 절감 목적이 매우 크다. 미국 헬스케어 산업의 가장 큰 문제는 너무 비싸다는 것이다. 미국에서 개인파산 원인 1위가 높은 의료비 때문이라는 통계가 존재할 정도로 국가적인 문제다. 미국은 높은 의료비로 국내총생산의 17% 수준(경제협력개발기구 평균 국내총생산의 9%)인 연간 3조 4,921억 달러가 헬스케어 산업에 지출되고 있다. 하지만 평균수명은 78.6세로 경제협력개발기구 평균인 80.8세보다 낮아 효율성의 문제가 제기되고 있다.[15]

원격의료는 미국의 높은 의료비용 문제를 해결하는 수단이 될 수 있다. 미국의 응급실은 우리나라와 달리 매우 비싸다. 대략적인 초진료는 응급의료시설에 따라 100~400달러 정도 한다. 그런데 응급실을 방문하는 환자들 통계를 조사해보니 대부분 매우 경미한 치료를 필요로 했다. 그리고 의사와의 대면진료가 불필요한 경우도 많았다. 원격의료 업체들은 바로 이 지점을 파고들었다. 대면진료까지 불필요한 경증환자들이 40~50달러의 훨씬 저렴한 비용으로 의료 서비스를 이용할 수 있게 하는 것이다.

이처럼 원격의료는 불필요한 의료비용을 절감하는 효용이 있다. 원격의료는 경증환자의 응급진료 수요를 대체하며 성장해가기 시작했다. 미국 최대 원격의료 업체인 텔라닥은 응급진료 수요를 대체하는 원격의료 시장규모를 약 170억 달러로 추정하고 있다. 미국에서

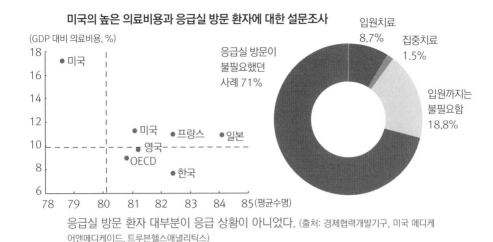

미국의 높은 의료비용과 응급실 방문 환자에 대한 설문조사

(GDP 대비 의료비용, %)

응급실 방문이
불필요했던
사례 71%

입원치료
8.7%

집중치료
1.5%

입원까지는
불필요함
18.8%

응급실 방문 환자 대부분이 응급 상황이 아니었다. (출처: 경제협력개발기구, 미국 메디케어앤메디케이드, 트루브헬스애널리틱스)

연간 12억 5,000만 건의 응급실 방문이 이루어진다. 이 수요의 33%를 원격의료로 대체 가능하다고 본 것이다.[16] 원격의료로 충분히 진료가 가능한 정신질환과 2차 소견 시장까지 포함하면 시장규모는 570억 달러 수준으로 확대된다. 최근에는 만성질환 영역으로 시장을 확대하려고 한다. 이 경우 시장규모가 더욱 확대될 것으로 예상된다.

## 가치기반지불제에 기반한 고가 전략이 윈-윈 전략인 이유

건강보험의 급여 목록에 등재되기 위해서는 총비용 절감효과를 증명하는 것이 중요하다. 여기서 부각되는 개념이 가치기반지불제이다. 가치기반지불제는 의료기기 제품이나 서비스의 가격을 제조원가에 기반해 책정하는 것이 아니라 기존 제품이나 서비스보다 비용을 얼마나 절감할 수 있는가를 기반으로 책정하는 제도다. 가치기반지불제 아래에서는 비용을 절감할 수 있는 가치가 크다는 것을 증명할

### 유전자 치료제 졸겐스마

졸겐스마를 한 번 처방받는 데 200만 달러가 소요된다. (출처: 『포브스』)

수 있다면 제품이나 서비스의 가격을 높게 책정할 수 있다. 미국 공보험은 보험사가 비용 절감에 성공하면 비용절감액만큼을 인센티브로 받고 실패하면 패널티를 지불하는 정책을 추진하고 있다. 이것은 원가가 아니라 총비용으로 효용을 계산하는 가치기반지불제의 도입을 촉진해 손해율을 관리하기 위한 큰 그림으로 해석할 수 있다.

가치기반지불제는 지금까지 상상하기 어려웠던 고가의 신약개발도 가능하게 했다. 노바티스의 의약품 졸겐스마 판매가격이 약 200만 달러로 책정됐다. 약가의 근거는 기존에 치료제로 활용되는 바이오젠의 스핀라자로 10년간 치료하는 비용보다 50% 저렴하다는 것이다.[17] 특히 가치기반지불제는 의료기기 산업에서 매우 중요하다. 단독으로 의료수가가 책정되는 의약품이나 치료재료와 달리 의료기기는 단독으로 가격이 책정되는 것이 아니라 의료행위 안에 녹아 있다. 예를 들어 엑스레이 촬영을 한다고 하면 엑스레이 기계 자체에 가격이 책정되는 것이 아니라 '방사선영상진단'과 같은 의료행위에

**미국의 의료지출 비중** (2018년 기준)

**Hospital and physician services represent half of total health spending**

Relative contributions to total national health expenditures, 2018

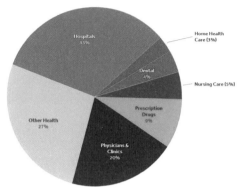

(출처: Healthsystemtracker.org)

가격이 책정된다. 즉 '방사선영상진단'이라는 의료행위에 대한 수가가 100달러라면 그 행위를 수행하기 위한 도구로 의료기기를 선택하는 개념이다. 의료기기 업체는 병원이나 의사와 이윤을 나눠 가져야 한다는 것이다. 의료기기 제품의 납품가가 비싸지면 병원에서 얻는 이윤이 줄어든다. 그래서 병원에서는 중고 의료기기가 상당히 많이 활용된다.

일반적으로 신제품을 출시할 때 경쟁사 제품보다 가격을 낮추는 것이 유리하다. 하지만 의료기기 산업에서는 가치기반지불제를 활용해 의료수가를 높일 수 있는 전략이 좋다. 임상시험으로 입증만 한다면 보험사도 총비용이 절감되니 좋고 병원에서도 높은 수가로 인해 수익이 증가해 제품 도입에 적극적일 가능성이 크기 때문이다.

그렇다면 어떤 의료비용을 줄이는 것이 비용 절감 효과가 가장 클까? 미국의 연간 의료지출을 살펴보면 가장 많이 소요되는 것은 병원비(34.3%)와 의사 인건비(20.9%)다.[18] 의외로 처방의약품 비중은 10%에 불과하다. 따라서 환자의 질병을 더 빠르게 감지해서 추가 비용을 낮추거나 회복이 빠른 치료법을 개발해 병원 입원일수를 줄이는 제품이나 서비스는 건강보험사 입장에서 충분히 관심을 가질 만하다.

## 미국 건강보험 시장의 이해

누가 뭐래도 헬스케어 시장에서 가장 크고 강력한 국가는 미국이다. 미국은 단일 국가임에도 전체 헬스케어 산업의 약 40%를 차지하고 있다. 거대한 시장규모와 강력한 기술 리더십을 통해 국제적인 표준과 기술과 제도의 트렌드를 이끈다. 당연히 미국 시장의 건강보험 제도를 이해하는 것은 매우 중요하다. 미국 건강보험 시장을 이해하기 위해서 반드시 알아야 할 여섯 가지를 소개한다.

첫째 보험 시장의 구조이다. 미국 건강보험 시장은 공보험, 민간보험, 그리고 기업이 임직원을 대상으로 제공하는 기업 자체 보험 시장으로 구분할 수 있다. 여기서 공보험 시장은 크게 65세 이상 은퇴자와 특정 장애, 신장질환 환자를 대상으로 하는 메디케어와 65세 미만 저소득층과 장애인을 대상으로 한 메디케이드로 구분할 수 있다. 이 공보험을 관리하는 기관이 메디케어앤메디케이드 서비스센터이다. 가입자수 기준 민간보험과 기업 자체 보험 시장은 55%, 공보험 시장은 35%, 무가입자 10% 정도로 구성된다.[19]

둘째 기업 역할의 중요성이다. 미국에서 공보험은 사회 약자나 고령층에 국한되기 때문에 민간보험이 매우 중요하다. 기업은 직원들의 건강보험을 공제회 형태인 자체 보험으로 운영하거나 민간보험

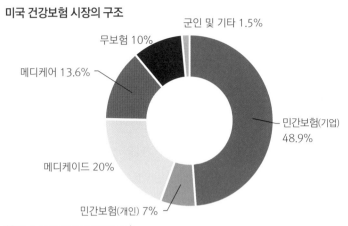

**미국 건강보험 시장의 구조**

- 군인 및 기타 1.5%
- 무보험 10%
- 메디케어 13.6%
- 민간보험(기업) 48.9%
- 메디케이드 20%
- 민간보험(개인) 7%

(출처: Healthsystemtracker.org)

사에 위탁한다. 기업은 직원 보험료의 70% 이상을 부담한다. 미국 전체 기업의 57% 이상과 200명 이상 직원을 고용한 기업의 99%는 직원들에게 건강복지 프로그램을 제공하고 있다고 한다.[20] 특히 기업의 자체 보험 시장은 매우 중요하다. 공보험이나 민간보험 급여 목록에 등재되는 것이 힘들 경우 대안 시장이 되기 때문이다. 임상 데이터나 근거가 불충분한 헬스케어 제품과 서비스는 기업 자체 보험 시장에서 성장한 후 근거를 확보해 공보험·민간보험 시장으로 확대하는 경우가 일반적이다. 미국 최대 원격의료 업체인 텔라닥도 제일 먼저 침투하기 시작한 시장이 바로 기업 자체 보험 시장이다. 기업 자체 보험 시장에 침투해 구독모델을 중심으로 성장해왔다.

셋째 민간보험 시장이다. 크게 네 가지 방식이 있다. 종합건강관리 기구는 네트워크 산하 병원들의 의료 서비스에만 보험금을 지급한다. 반드시 주치의를 선정해야 한다. 특약의료기구는 종합건강관리 기구보다 자유로운 방식으로 네트워크가 아니라 병원에서도 진료할 수 있으며 주치의를 선정할 필요도 없다. 대신 보험료는 비싸다. 포인트오브서비스는 종합건강관리기구와 특약의료기구의 혼합 방식으로 네트워크 병원 외 병원에서도 진료할 수 있지만 주치의는 선정해야 한다. 마지막으로 인뎀니티는 국내 실손보험과 비슷해 어디서나 진료를 받을 수 있다. 가격은 제일 비싸다.

넷째 메디케어의 이해이다. 공보험 중 하나인 메디케어는 크게 4개 파트로 구성된다. 파트 A는 입원치료, 파트 B는 외래 진료, 파트 D는 전문의약품, 파트 C(메디케어 어드밴티지)는 A와 B를 모두 포함하고 D의 일부로 구성된다. 파트 A와 B는 오리지널 메디케어라고 부르며 필수로 가입해야 한다. 파트 C와 D는 선택적으로 가입할 수 있으며 민간보험사에 위탁운영을 한다. 다만, 오리지널 메디케어를 모두 가입해야 파트 C와 D에 가입할 수 있다. 즉 오리지널 메디케어가 제공하는 의료 보장이 부족하다고 느낄 때 파트 C와 D를 추가로 가입하는 개념이다. 오리지널 메디케어는 20%의 자기부담금이 발생한다. 메디케어 어드밴티지는 혜택과 보장 범위가 넓고 일정 금액 이상 의료비용이 발생하면 자기부담금이 없다.

메디케어 어드밴티지는 민간기업에 매우 중요한 시장으로 부상하고 있다. 이미 대부분 건강보험은 포화된 상태이기 때문이다. 특이한 점은 메디케어 어드밴티지는 행위별 수가제가 아니라 인두제를 활용하고 있다. 가입자수에 따라 연방정부가 민간보험사에 돈을 지불하고 그 금액에서 남으면 민간보험사가 수익으로 인식하고 손해를 보면 알아서 메워야 하는 구조이다.

다섯째 디덕터블 러시이다. 디덕터블이란 보험사가 의료비용을 부담하기 시작하는 기준 금액이다. 의료비용이 이 금액을 넘어서기 전까지는 보험가입자가 자비로 의료비용을 부담해야 한다. 미국 헬스케어 기업의 매출을 분기별로 살펴보면 뚜렷한 계절성을 관찰할 수 있다. 대체로 4분기가 가장 높고 1분기가 가장 작다. 이 현상은 주요 고객인 병원의 예산집행 사이클과도 관련이 있지만 실제 사용자인 환자들의 건강보험과도 관련이 깊다. 미국에서 건강보험료는 디덕터블, 고객지출한도, 자기부담금을 어떻게 설정하느냐에 따라 천차만별이 된다. 의료비용이 지출됐다고 해서 당장 보험사가 보험금을 지출하지 않는다. 총 의료비용이 초기에 설정한 디덕터블 금액을 넘는 순간부터 보험사는 보험금을 지급한다. 보험사는 초기에 설정한 자기부담금(정액 또는 정률)을 제외한 금액을 보험금으로 지급한다. 그러다가 총 의료비용이 초기에 설정한 고객지출한도 금액을 초과하면 그때부터는 자기부담금은 없어지고 보험사가 모든 의료비용을 부담한다.

예를 들면 필자가 디덕터블은 100만 원, 고객지출한도는 1,000만 원, 자기부담금은 20%의 조건으로 건강보험에 가입했다고 하자. 보험사는 의료비용이 100만 원을 넘길 때까지는 보험금을 지급하지 않는다. 100만 원이 넘어갈 때부터 보험사는 의료비용의 80%를 부담한다. 총 의료비용이 1,000만 원을 넘어가면 그때부터 보험사가 모든 의료비용을 부담한다. 이런 식으로 미국에서 건강보험이 설계되며 디덕터블, 고객지출한도, 자기부담금이 낮을수록 가입자가 내는 보험료가 상승한다.

그런데 이 디덕터블 금액은 연 단위로 초기화된다. 디덕터블 금액을 넘긴 순간부터 보험사가 보험금을 지급한다. 그러다 보니 디덕터블을 넘기지 못한 사람들은 넘기기 위해 병원을 찾기 시작한다. 디덕터블을 채우기 위한 의료 수요를 디덕터블 러시라고 한다. 이 때문에 1년 중 4분기 매출이 가장 높은 것이다. 따라서 의료기기 기업으로서 신제품을 출시하려면 4분기가 가장 좋고 1분기가 가장 좋지 않다. 1분기가 되면 보험 가입자들이 다시 처음부터 디덕터블을 채워 가야 하기 때문이다.

여섯째 미국 의약품 유통 구조와 보험약제 관리기업의 역할을 이해해야 한다. 미국은 정부가 직접 약가를 통제하는 우리나라나 유럽과는 달리 약가를 시장 논리에 맡긴다. 미국의 약가제도를 이해하기 위해서는 우리나라 건강보험심사평가원에 해당하는 보험약제 관리기업Pharmacy Benefit Manager의 역할과 리베이트를 합법으로 인정하는 제도를 이해하는 것이 중요하다.

보험약제 관리기업은 미국에 존재하는 독특한 중간관리상Middle Man으로 주로 약국에서 판매가 가능하고, 환자 스스로 복용이 가능한 전문의약품을 관리한다. 보험약제 관리기업의 대표적인 기능은 보험사를 대신해 의약품 제조사와 약가와 리베이트에 대한 협상을 벌이고, 건강보험사에게 의약품 처방권장 리스트Formulary를 제공하며, 전문의약품의 청구처리 및 지불을 담당하는 것이다. 의약품 처방권장 리스트에 우선순위로 등재될수록 환자의 자기부담금이 낮아지기 때문에 의사들의 처방을 유도하는 데 유리하다. 보험약제 관리기업은 건강보험사에는 협상의 대가로 수수료를 받고 제약사에게는 의약품 처방권장 리스트 우선순위에 등재되는 대가로 리베이트를 받는다. 전문의약품은 보험약제 관리기업의 의약품 처방권장 리스트에서 우선순위에 등재되기 위해 리베이트를 많이 지급할 수 있는 것이 중요하다.[21] 따라서 리베이트 제공 여력을 높일 수 있게 전체 고시 가격이 높은 것이 유리하다.

## 미국의 의약품 유통 제도

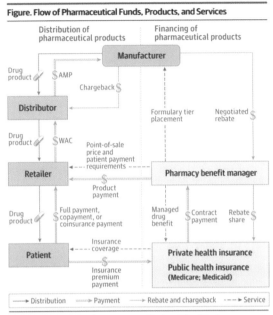

Figure. Flow of Pharmaceutical Funds, Products, and Services

Adapted from a figure by the Congressional Budget Office.[1] Services represent contractual relationships between entities. Rebates are payments from manufacturers to pharmaceutical benefit managers. Chargebacks are payments from manufacturers to distributors. Retailers include pharmacies, hospitals, group purchasing organizations, and mail-order programs. AMP indicates average manufacturer price; WAC, wholesale acquisition cost.

(출처: 자마, 미국 의약품 유통과 금융)

이처럼 보험약제 관리기업은 미국 의약품 유통에 상당히 중요한 역할을 하고 있다. 그리고 보험약제 관리기업을 이해해야 하는 중요한 이유가 또 하나 있다. 바로 민간 건강보험사와 관계이다. 미국은 3개의 보험약제 관리기업(옵텀, CVS 헬스, 익스프레스스크립츠)이 시장의 80% 이상을 과점하고 있는데[22] 모두 건강보험사와 연관이 있다. 옵텀은 미국 최대 보험사 중 하나인 유나이티드헬스그룹에 인수됐고 익스프레스스크립츠는 미국에서 가장 오래된 상장 보험사인 시그나에 인수됐다. CVS 케어마크는 건강보험사인 애트나와 같은 CVS 헬스그룹사 소속이다. 이처럼 미국 의료 시스템은 다양한 이해관계자가 얽히고설켜 있다.

# 4
# 병원 관점의 분석

## 헬스케어에서 소비자 직접 판매가 작동하기 힘든 이유

의료기기 산업에서 보험만큼 중요한 이해관계자는 병원과 의사다. 병원과 의사는 의료 시스템에서 치료 의사결정 권한을 가지고 있고 의료기기의 처방을 좌우할 수 있다. 의료기기 제품과 서비스가 상업화를 위해 보험 급여 혜택을 제공하는 보험사를 확대하는 것은 매우 중요하다. 하지만 최종적으로 의사가 처방하지 않거나 사용하지 않으면 아무 소용이 없다. 닭이 먼저냐 달걀이 먼저냐 같은 이야기지만 보험 급여 목록에 등재되려고 노력하는 것은 결국 더 많은 처방을 유도하기 위해서라고도 볼 수 있다.

최근 의료기기 산업에서 많이 이야기되는 비즈니스 모델 중 하나가 소비자 직접 판매Direct To Customer 모델이다. 소비자 직접 판매 모델은 일반적으로 중간 유통과정을 생략하고 고객에게 직접 제품이나 서비스를 제공하는 비즈니스 모델을 의미한다. 소비자 직접 판매

**스마일다이렉트클럽의 셀프 석고인상 키트**

(출처: 스마일다이렉트클럽)

모델 사례를 분석해보면 역설적으로 의료기기 산업에서 의사와 병원이 얼마나 중요한지 이해할 수 있다.

2019년 상장된 미국 기업 스마일다이렉트클럽은 투명교정기에 소비자 직접 판매 모델을 도입해 상당한 돌풍을 일으켰다. 미국에서 통상 5,000~8,000달러에 달하는 투명교정 가격을 소비자 직접 판매 방식을 도입해 1,900달러 수준으로 낮춘 것이다. 투명교정기 제작 과정에서 의사의 개입을 최소화해 의사들의 이윤을 낮췄다.

보통 투명교정기 치료는 병원을 중심으로 진행된다. 병원을 방문해 치과용 컴퓨터단층촬영을 통한 구강 외 이미지와 석고인상이나 구강스캐너 촬영을 통해 얻은 구강 내 이미지를 병합해 3D프린터를 통해 투명교정기를 제작한다. 그런데 스마일다이렉트클럽은 환자가 인터넷으로 투명교정을 신청하면 집으로 석고인상 세트를 보내주고 집에서 환자가 직접 석고인상을 떠서 보내준 구강 모델을 바탕으로 투명교정기를 제작한다. 병원과 의사의 개입을 최소화해 가격을 낮출 수 있는 것이다. 여기까지 읽으면 굉장히 영리한 전략이라고 생각될 수 있다. 그러나 스마일다이렉트클럽의 주가는 상장 이후 지속적으로 하락하기 시작했다. 미국 치과의사 커뮤니티에서 거센 반발이 일어났기 때문이다. 몇몇 지역에서는 송사가 진행되기도 했다.[23] 결국 스마일다이렉트클럽은 비즈니스 모델 중 의사를 거치는 모델을 병행하기로 했다.

의료기기 산업은 수많은 이해관계자로 구성된 시스템으로 작동한다. 보험사는 가격책정과 지불 행위를 담당한다. 병원은 처방, 진단, 치료의 권한을 갖는다. 규제기관은 이들을 전반적으로 통제한다. 의료행위가 일어날 때 병원과 의사를 배제하는 일은 있을 수가 없다. 또한 의사들은 자기들을 배제하는 것과 혹은 배제된다고 느껴지는 것에 상당한 거부감을 가지고 있다. 따라서 소비자 직접 판매 모델을 적용하더라도 의료행위는 반드시 병원이나 의사와 연결돼야 한다. 소비자 직접 판매 모델은 단순히 원가 절감 수단으로 사용돼서는 안되며 환자가 병원까지 도달하는 과정의 일부나 전체 동선을 단축하는 것이 핵심이 돼야 한다. 의사를 마치 중간유통상으로 취급해 배제함으로써 비용을 제거하는 방식은 성공하기 힘들다. 병원과 의사들은 규제당국으로부터 진료 권한을 부여받은 전문가 집단임과 동시에 의료기기 기업으로서 가장 큰 고객이기 때문이다.

미국에서 소비자 직접 판매 모델이 잘 작동하는 사례를 살펴보면 병원까지 가는 것이 번거로워 못했던 일들을 편하게 해주는 것이 많다. 진단·치료는 당연히 의사들이 하더라도 병원 방문 횟수를

**상업검진센터인 랩콥과 월그린의 제휴**

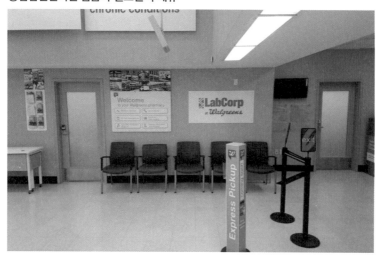

줄여주는 것이 소비자 직접 판매의 핵심이다. 그래서 미국에서 부각되는 것이 편의점이나 리테일 약국을 활용하는 전략이다. 미국은 대도시를 제외하면 병원까지 의료접근성이 떨어지는 지역이 대단히 많다.

그러나 편의점이나 리테일 약국은 곳곳에 널리 퍼져 있다. 소비자와 접점을 확대해 새로운 수요를 만들어내고 병원까지 방문하는 귀찮음을 제거함으로써 수검률 상승을 꾀하는 것이다. 미국의 가장 큰 검진센터인 랩콥이나 퀘스트는 CVS나 월마트 같은 편의점이나 리테일 약국과 제휴해 각종 혈액검사를 하고 있다.[24] 원격의료 업체인 텔라닥도 CVS와 제휴해 원격의료로 시행할 수 없는 검사를 진행하고 있다.[25] 결론적으로 소비자 직접 판매 모델은 일종의 유통 전략으로 이해하는 것이 합리적이다. 의사나 병원을 배제한 비즈니스 모델은 의료기기 산업에서 성공하기 어렵다는 것을 반드시 기억해야 한다.

## 1차병원과 대형병원의 마케팅 전략의 차이

의료기기의 사용자는 환자이지만 실제 구매 의사결정에는 병원과 의사가 절대적인 영향을 미친다. 따라서 의료기기 산업의 실질적인 주 고객은 병원과 의사라고 할 수 있다. 그러다 보니 의료기기 기업들의 마케팅은 병원과 의사에 집중된다. 마케팅의 기본 전략 중 하나는 STP 전략이다. 고객을 세분화하고 목표 고객을 설정해 그 고객에게 우리 제품과 서비스를 어떻게 인지시킬 것인지를 고민하는 전략이다. 마케팅 관점에서 보면 병원과 의사도 세분화해서 접근할 필요가 있다.

병원과 의사를 세분화하는 방식은 여러 가지가 있겠지만 가장 간단한 방법은 의료전달 체계를 기준으로 구분해보는 것이다. 의료전달 체계를 강화하는 것은 대부분 국가에서 매우 중요하게 여기는 개념으로 큰 그림을 그리는 데 좋은 구분법이 될 수 있다. 의료전달 체계란 경증환자는 1차병원(개원의)을 중심으로 진료하고 중증환자는 대형병원을 중심으로 진료해 병원의 규모와 역량에 맞게 의료 서비스가 효율적으로 작동할 수 있도록 하는 장치다. 병원과 의사를 1차병원과 대형병원으로 구분하는 것만으로도 매우 큰 인사이트를 얻을 수 있다. 각각의 특징과 마케팅적 접근법을 좀 더 자세히 살펴보자.

1차병원(개원의)을 한마디로 정의하면 경증환자 중심의 1차진료를 담당하는 '자영업자'다. 보통 개원을 하는데 몇억 원에서 많게는 몇십억 원이 든다. 의료장비 임대료, 인건비, 각종 의료정보 시스템 사용료 등 매달 소요되는 고정비도 만만치 않다. 그런데 경증질환을 중심으로 진료해야 하므로 고가의 진료도 쉽지 않다. 이런 관점에서 1차병원이 의료기기 제품·서비스를 판단하는 가장 중요한 기준은 투자 대비 수익률이다. 즉 투자 대비 얼마나 수익이 날 것인지가 되겠다.

최근 가장 주목받는 체외진단을 예로 들어보자. 대부분 체외진단 검사는 수탁기관에서 여러 병원의 검체를 수집해 한 번에 검사한다. 그러니 물리적으로 이동시간이 소요될 수밖에 없다. 그러다 보니 현장진단 개념이 등장한다. 수탁기관으로 검체를 보낼 것이 아니라 현장에서 바로 검사하는 것이다. 직관적으로 되게 좋은 아이디어 같지만 실제 현장의 목소리는 우리의 기대와 다르다. 현장진단 제품을 도입하면 임상병리사를 추가로 고용하거나 의사가 직접 워크플로에 참여해야 한다. 비용이나 수고로움이 추가로 발생한다. 게다가 각종 체외진단 검사는 몇천 원에서 몇만 원 수준에 불과하다. 따라서 추가적인 비용과 수고로움이 들고 단가도 높지 않은 현장진단 제품보다는 간편하게 매출 증가에 도움이 되는 비타민D 주사나 삭센다 같은 제품의 선호도가 높아진다.

대형병원을 한마디로 정의하면 중증질환을 중심으로 진료하는 '거대 관료기업'이다. 우리나라에 상급 종합병원은 고작 40여 개 수준이지만 진료 규모는 상상을 초월한다. 이곳에서는 현존하는 대부분 의료기기를 취급할 수 있다. 그런데 관료기업이라는 것이 어떤 의미인가? 고가의 장비를 구매할 수 있지만 일정 금액 이상이 넘어가면 '구매 심의위원회'를 개최해야 한다. 이해관계자가 많으니 당연히 보는 눈과 입도 많아지고 여러 세월 동안 축적된 보이지 않는 네트워크가 많다. 혁신적인 제품보다는 검증받은 제품을 원하게 된다. 적어도 현존하는 최적 표준 대비 어떤 효용이 있는지 검증돼야 한다.

독자 여러분은 병원을 두 가지 형태로 단순 구분한 것만으로도 완전히 다른 시장이 될 수 있다는 것을 느낄 것이다. 의료기기를 만들고 있거나 투자하려고 한다면 그 제품과 서비스가 어떤 특성이 있고 어떤 병원이나 의사가 주요 고객이 될지를 지속적으로 생각해보는 것이 중요하다. 그렇지 않으면 제품이 완성돼도 그저 재미있거나 신기한 장난감이 될 수도 있기 때문이다.

## 1차병원 마케팅: 임플란트 업체가 내수 시장을 장악한 비법

병원이나 의사의 수익 창출에 도움이 되는 제품이나 서비스는 성공할 수밖에 없다. 그런 점에서 국내 치과용 임플란트 업체의 사례는 두고두고 기억할 만하다. 국내 치과용 임플란트 업체의 사례를 통해 어떤 제품을 만들었고 어떻게 마케팅했는지 살펴보기로 하자.

국내 임플란트 업체는 다른 의료기기 영역과 달리 국내 업체들이 국내 시장의 90% 이상을 점유하는 것으로 알려져 있다. 국내 시장 점유율을 바탕으로 세계 상위 10위 치과용 임플란트 기업에 무려 두 개의 국내 기업(5위와 7위)이 올라가 있다. 우리나라 기업이 특히 의료기기 영역에서 세계 10위권에 올라간 것은 굉장히 찾아보기 힘든 사례다. 어떻게 이런 일이 가능했을까?

그 이유는 치과용 임플란트 기업들이 마케팅 관점에서 적극적으로 일반의를 공략했기 때문이다. 일반의는 의대 졸업 직후 활동하는 의사를 의미한다. 우리나라 임플란트 업체들은 일반의들에게 임플란트 식립 기술을 교육해 시장 자체의 파이를 키워냈다.

세계적으로 임플란트를 식립할 수 있는 치과의사의 비율은 그리 높지 않다. 비교적 최신 치료기법이고 전문의 과정을 거치지 않거나 경력이 오래되지 않으면 식립하기가 어렵기 때문이다. 따라서 대부

## 치과용 임플란트 업체 스트라우만 시장점유율

**Implantology[1]**

4.5 bn

25%

#1

Others (400+)
19%

Straumann Group
25%

Dentium
4%

Zimmer Biomet
6%

Osstem
7%

Henry Schein
8%

Dentsply Sirona
12%

Danaher
19%

(출처: 스트라우만)

분 국가에서 임플란트를 식립할 수 있는 의사는 40%를 넘기기 힘들다. 그런데 우리나라는 임플란트를 식립할 수 있는 치과의사들의 비중이 무려 80%에 달하는 것으로 알려져 있다.

일반의들을 공략한 전략은 잘 맞아떨어졌다. 세계 1등 치과용 임플란트 업체인 스트라우만이 2017년 공개한 자료에 의하면 우리나라는 인구 1만 명당 임플란트 식립수가 632개로 다른 국가들 대비 압도적인 임플란트 식립률을 자랑한다. 2위인 스페인이 271개, 미국은 74개, 중국은 9개에 불과하다. 치과용 임플란트를 식립할 수 있는 의사가 많아지면서 시장 자체가 커진 것이다. 당연히 치과의사들은 교육을 받았던 제품에 익숙해지고 그 제품에 대한 충성도가 높아지게 된다. 국내 시장을 장악한 국내 치과용 임플란트 업체들은 그 자금을 바탕으로 해외로 적극적으로 진출했다. 마침 우리나라 근처에는 13억 명의 인구를 보유한 중국이 있었다. 중국은 2017년 기준 인

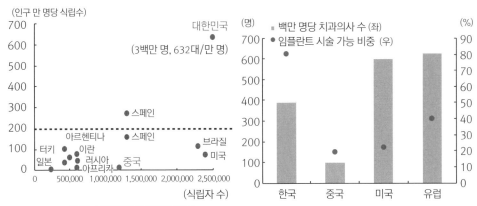

### 1만 명당 임플란트 식립수 및 임플란트 시술 가능 의사 비중

(출처: 스트라우만, 오스템임플란트)

### 국내 의료기관 비중

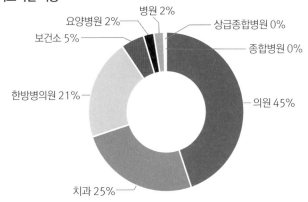

(출처: 통계청)

구 1만 명당 임플란트 식립수가 9개에 불과한 초기 시장이다.

그런데 여기서 핵심은 왜 치과의사들이 치과용 임플란트를 적극적으로 시술했을까? 하는 점이다. 아무리 치과용 임플란트 업체들이 임플란트 시술법을 교육한다고 해도 정작 의사들이 시술하지 않

**국내를 기준으로 다른 국가와 주요 치과 의료수가 비교**

|  | 한국 | 일본 | 독일 | 미국 |
|---|---|---|---|---|
| 초진료 | 1 | 1.2 | 1.9 | 4.1 |
| 치근단 방사선 단순 영상진단료(1매 기준) | 1 | 1.1 | 3.5 | 6.1 |
| 파노라마 촬영 및 진단료 | 1 | 2.2 | 3.1 | 7.3 |
| 근관치료(치아당) | 1 | 1.8 | 3.7 | 15.3 |
| 유치 발치료 | 1 | 4.1 | 4.0 | 35.9 |
| 난발치 | 1 | 2.1 | 4.1 | 11.6 |

(출처: 류재인, 김철신, 정세환, 신보미, 「국내외 치과 의료수가 비교 현황: 한국, 일본, 독일, 미국을 중심으로」, 대한치과의사협회지, 2015. 4)

**임플란트 수가 구조와 미국 일반의들의 주요 진료 항목**

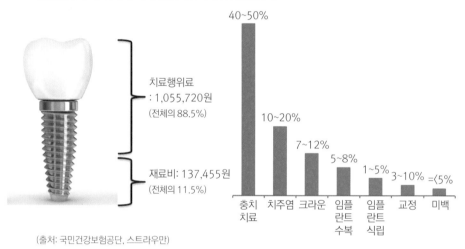

치료행위료
: 1,055,720원
(전체의 88.5%)

재료비: 137,455원
(전체의 11.5%)

40~50%
10~20%
7~12%
5~8%
1~5%
3~10%
≺5%

충치치료　치주염　크라운　임플란트수복　임플란트식립　교정　미백

(출처: 국민건강보험공단, 스트라우만)

으면 시장이 이렇게 커질 수는 없을 것이다. 그 이유는 치과 시장은 우리나라에서 가장 경쟁이 치열한 영역이기 때문이다. 치과는 우리나라에 있는 의료기관 중에서 가장 큰 비중을 차지한다. 우리나라에는 무려 1만 8,088개 이상의 치과 병·의원이 있다. 전체 의료기관의 25%를 차지하는 수준이다.

경쟁이 치열한 상황에서 일반의들의 주요 진료과목은 충치나 치주염 같은 저이윤 진료다. 심지어 우리나라의 보험수가는 다른 국가에 비해 매우 저렴하다.[26] 그런데 치과용 임플란트는 시술비 자체도 100만 원 수준으로 높았고 전체 시술비 중 재료비가 11.5%에 불과하다. 즉 전체 시술비의 88.5%가 의사들의 수익이 된다. 게다가 임플란트 시술을 하는 환자는 다수의 임플란트를 식립하는 경우가 많았다. 치열한 경쟁에 놓인 치과의사 관점에서 임플란트는 상당히 매력적인 아이템이었을 것이다. 이처럼 1차병원에 대한 마케팅 전략은 수익을 낼 수 있는 제품이라는 것을 강조하는 것이 중요하다.

## 대형병원 마케팅: 초고속 항생제 감수성 검사의 시장 침투

이번에는 초고속 항생제 감수성 검사기를 개발해 대형병원에 들어가려고 했던 업체의 사례다. 이번 사례를 잘 읽어보면 대형병원을 고객으로 삼으려고 할 때 어떤 것들을 고민해야 하는지 명확하게 알 수 있을 것이다.

패혈증은 세균감염으로 인해 전신에 염증반응이 나타나는 질병이다. 세균은 항생제를 통해 치료할 수 있다. 세계 패혈증연맹에 따르면 적합한 항생제 투여가 지체될 때마다 시간당 생존율이 7~9%씩 감소하며 치사율이 30~50%에 달한다고 한다. 미국에서는 매년 27만 명의 환자가 패혈증으로 사망하며 연간 270억 달러의 의료비용이 발생한다.[27]

패혈증을 치료하기 위해서 항생제 감수성 검사가 실시되고 있는데 감염된 세균의 종류에 따라 적합한 항생제가 다르기 때문이다. 그런데 항생제 감수성 검사에만 48시간이 소요되고 적정한 항생제를 처방하는 데 20시간 이상이 소요된다. 실제 임상 현장에서는 항생제 감수성 검사의 긴 소요시간을 피해서 임상 의사가 적합할 것으로 추정되는 여러 가지 항생제를 동시에 처방하는 '칵테일 처방'을 시행하고 있었다.

이런 임상 현장의 미충족 수요를 해결하기 위해 항생제 감수성 검사를 고속으로 검사할 수 있는 기기들이 개발되고 있다. 미국의 '액셀러레이트 다이아그노스틱스'라는 기업은 항생제 감수성 검사를 8시간으로, 최적 항생제 처방 시간도 8시간으로 줄여 기존 검사법보다 50시간 넘게 검사 시간을 단축할 수 있는 장비를 개발했다.

이런 기술력에 대한 기대감으로 2018년 매출이 5,700만 달러밖에 되지 않았지만 시가총액은 15억 달러 이상으로 평가되기도 했다. 항생제 감수성 검사 시장규모가 약 20억 달러로 예상되는 점을 고려하면 기술력에 대해 상당한 가치를 받고 있었다. 그러나 이 기업의 시가총액은 2억 5,000만 달러(2020년 3월)까지 하락하기도 했다. 왜 이런 일이 벌어질까? 임상 현장의 수요에 맞는 제품을 개발했는데 왜 기업가치는 계속 하락하는 것일까?

그 이유는 이 기업의 2018년 4분기 실적발표에서 찾을 수 있다. 이 기업은 2018년 4분기 실적발표에서 상당한 시간을 할애해 2018년 경영실적이 왜 계획보다 좋지 않은지에 대해 일종의 반성문을 발표했다.[28] 이유는 크게 두 가지였다. 예상보다 병원에서 의료장비를 도입하는 사이클이 길었다는 점과 병원에서 제품을 도입할 때 가장 중요한 요소는 투자자본수익률을 증명할 데이터였다는 것이다.

임상 현장의 미충족 수요가 컸지만 실제로 제품이 병원에 설치돼

## 초고속 항생제 감수성 기기

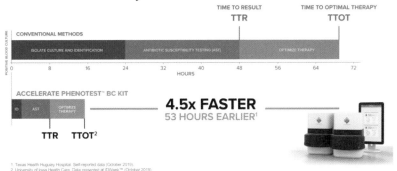

(출처: 액셀러레이트 다이아그노스틱스)

매출이 발생하기까지는 9개월에서 1년이 걸렸다. 병원들이 제품의 성능 테스트를 마무리하는 데만 평균 6개월이 소요됐다고 한다. 그리고 본격적인 진단시약 매출이 증가하는 데는 더 오랜 시간이 필요하다고 밝혔다. 실험실 정보 운용 시스템에 장비를 연동하고 시스템을 운용하는 법을 병원 직원들에게 새로 가르치는 일도 생각보다 시간이 오래 소요되는 일이었다.

두 번째 이유가 더 중요한데 병원에서 어떤 의료장비를 도입하기 위해서 가장 중요한 의사결정 요소는 투자자본수익률이었다는 것이다. 즉 '투자 대비 얼마나 빨리 수익을 만들어낼 수 있는가?' 하는 것이었다. 액셀러레이트 다이아그노스틱스의 제품가격은 5만 달러 수준이다. 패혈증을 치료하는 용도로 활용하면서 제품가격이 5만 달러에 이르는 제품은 1차병원이 아니라 대형병원을 고객으로 삼아야 한다. 대형병원은 의사결정 과정이 거대 관료기업과 유사하다. 제품을 구매하기 위해서는 구매 심의위원회를 개최하고 근거를 제시해야한다. 그러나 이 기업은 투자자본수익률을 증명할 어떠한 마케팅 자료도 준비돼 있지 않았다. 따라서 실무자들이 제품 성능 테스트에서 만족했다고 하더라도 병원의 구매 심의위원회를 통과하지 못해 납품하지 못한 사례가 매우 많았다.

대형병원은 혁신적인 제품보다도 검증받은 제품을 원한다. 아무리 혁신적이어도 검증이 되지 않으면 사용할 수 없다. 대형병원을 목표로 삼는 기업을 운영하거나 투자하려는 사람들은 이 사실을 꼭 기억해야만 한다.


## 정밀의료는 실현 가능할까

2019년 가을쯤 해외 출장을 앞둔 필자는 병원을 찾았고 약을 처방받았다. 진료한 의사 선생님은 3일 후에 다시 오라고 했다. 필자가 말했다. "선생님, 저 출장을 가서 그런데 그냥 일주일 치 처방해주시면 안 돼요?" 그러자 의사 선생님이 말했다. "안 돼요. 이 약이 100% 몸에 잘 든다고 장담할 수 없습니다. 경과를 지켜보면서 상태에 따라 약을 바꿀 수도 있어요. 길어야 2~3일 치밖에 못 드립니다!"

현대 의학은 과거에 비하면 비약적인 발전을 해왔지만 생각하는 것보다 정밀하지 않다. 현대 의학은 기본적으로 동일 질병에는 동일 약품을 처방한다. 일반 감기부터 항암치료까지 거의 모든 치료가 이런 식으로 진행이 된다. 일단 통계 혹은 의사 본인의 경험상 성공률이 가장 높은 약물을 처방하고 경과를 보고 대응한다. 그래서 등장하는 개념이 정밀의료다. 사람마다 약물감수성이 다를 수 있으므로 그 사람에게 맞는 치료를 해보자는 것이다. 최근 몇몇 적응증에서는 타깃 환자를 대상으로 한 정밀의약품이 개발되고 있다. 그런데 우리는 이 지점에서 정밀의료에 대해서 좀 더 본질적으로 고민해볼 게 있다. 정말 정밀의료가 가능할까?

양복 시장을 살펴보면 의외로 정밀의료에 대한 많은 인사이트를 얻을 수 있다. 양복 시장은 의료 시장과 비슷한 면이 많다. 사람들이 아프거나 혹은 양복을 사야 할 일이 생길 때처럼 특정 목적이 있을 때만 이용하며 평소에는 크게 관심이 없다는 점과 상당히 보수적인 시장이라는 점과 정보의 비대칭성이 심해 의사나 테일러 같은 공급자 주도의 시장이라는 점이다.

양복 시장은 크게 기성복, 반맞춤양복(모듈화에 의한 수미주라 방식), 맞춤양복(비스포크 방식)으로 나눠볼 수 있다. 환자에게 맞는 개인화된 치료를 제공하고자 하는 정밀의료는 개인의 고유한 신체 특성에 맞춘 맞춤양복과 같은 개념이다. 양복 시장에서 가장 큰 시장은 기성복 시장이다. 가장 큰 이유는 고가의 맞춤양복을 원하는 고객층이 매우 작기 때문이다. 필자는 맞춤양복을 즐겨 입는 편인데 단골 맞춤양복점의 핵심 고객층은 필자처럼 맞춤양복을 선호하는 고객이 아니라 결혼을 앞둔 고객이라고 한다. 맞춤양복은 결혼과 같은 매우 특수한 상황에서만 선택하는 시장이다. 그래서 맞춤양복도 양복을 몇 가지 부위로 나눠 각 부위를 세분화한 후 그 패턴의 조합으로 만들어내는 반맞춤식이 가격을 낮출 수 있어 그나마 경쟁력이 있다.

이것을 글로벌 의료기기 산업 분석 프레임워크를 통해 좀 더 산업적인 관점으로 이야기해보자. 정밀화와 개인맞춤의 영역으로 들어가면 당연히 시장이 세분화될 수밖에 없다. 시장마다 수요가 분산되고 제조 관점에서 다른 제품 생산과 공유할 수 있는 부분이 적어지면서 비용이 상승하게 된다. 비용이 올라간 만큼 이윤을 확보하기 위해선 가격이 상승할 수밖에 없다. 즉 과거와 같은 넓은 환자층을 대상으로 한 블록버스터가 나오기가 매우 힘들어지는 것이다.

이것을 헬스케어 기업 입장에서 생각해보면, 정밀의약품을 여러 개 제공하는 일종의 플랫폼 서비스 형태 또는 높은 가격에도 가격민 감도가 낮은 시장에 해당하는 의약품을 개발해야 수지가 맞다. 후자와 같은 시장은 많이 존재하기 어려워서 특정 질병에 연구개발이 몰릴 수밖에 없다. 그러다 보면 전자와 같은 사례가 중요해질 수밖에 없다. 플랫폼의 특성은 네트워크 효과에 의해서 승자가 독식하는 구조다. 플랫폼이 강화되면 강화될수록 그 플랫폼을 운영하는 기업의 의존도와 영향력은 커질 수밖에 없다. 대표적인 사례가 머크의 '키트루다'다.

키트루다는 면역세포의 활동을 억제하는 스위치를 꺼버려 면역세포의 암세포 살상 능력을 제대로 발휘할 수 있게 도와준다. 키트루다의 단점은 반응률이 약 20% 수준으로 낮고 암세포에 대한 살상력이 떨어지는 것이다. 그러나 인체의 면역반응을 활용하기 때문에 특정 암에 국한된 것이 아니라 치료할 수 있는 암의 종류가 점점 늘어난다는 장점이 훨씬 크게 작용하고 있다. 키트루다는 점점 항암치료의 플랫폼이 돼가고 있다. 진단 업체들은 키트루다와 동반진단 연구를 통해 키트루다의 반응률을 높일 방법을 찾고 있고 다른 항암제 제조사는 키트루다의 병용요법을 통해 암세포 살상 능력을 극대화할 방법을 찾고 있다. 뭘 해도 키트루다가 유리한 상황에서 키트루다는 2019년 매출액 110억 달러를 넘어서며 메가 블록버스터 반열에 올라섰다. 시장조사 기관인 이밸류에이트파마에 의하면 키트루다는 2026년에는 매출액 249억 달러로 휴미라가 기록했던 단일품목 최고매출액(199억 달러)을 경신할 것으로 전망된다.[29]

정밀의료에 대해 생각해볼 또 다른 문제는 정밀의료가 실현되는 것을 과연 의사나 병원이 좋아할 일인가 혹은 다른 이해관계자들은 어떨까 하는 것이다. 특정 산업에서 혁신이 발생할 때 기존 이해관계자들이 반발하는 것은 당연한 현상이다. 여기에 대해서는 다양한 생각들이 있겠지만 필자는 변화가 시도되려 할 때 생태계 안에서 어떠한 일들이 벌어질까에 대한 현실적인 관점에서 이야기하려고 한다. 정밀의료가 시행된다면 일단 복용하는 약이 줄어들 가능성이 클 것 같다.

이른바 혁신 신약의 역설이라는 것이다. 약효가 좋아지고 완치율이 높아지니 오히려 해당 의약품의 수요가 줄어드는 현상을 말한다. 대표적인 사례가 C형 간염이다. C형 간염은 완치가 어려워 장기간 꾸준히 약을 먹어야 하는 만성질환이었다. 하지만 최근 완치율 90%를 넘는 치료제가 연달아 출시되면서 오히려 매출이 급감하고 있다.[30] 그렇게 되면 병원을 방문하는 환자가 줄어들 것이다. 이것이 약사, 의사, 병원의 수익성 악화로 이어질 가능성이 있다면 정밀의료는 생각보다 반갑지 않은 일일 것이다.

마지막으로 정밀의약품은 필연적으로 가격이 상승할 수밖에 없는데 이것을 건강보험 체계에서 받아들일 수 있겠느냐 하는 문제도 있다. 현재 우리나라에서 면역항암제는 2차 치료에서 건강보험 급여를 적용하고 있다. 앞서 소개한 키트루다는 2017년에 1차 치료제로 건강보험 급여를 신청했지만 여전히 논의 중인 상태다.[31]

미래의 방향성은 아무도 알 수 없다. 그러나 정밀의료를 이해관계자 입장에서 생각해본다면 상술한 시장세분화에 의한 비용 증가와 치료 효과 증가에 따른 정밀 의약품 수요감소라는 문제가 발생할 수 있다. 이러한 문제로 장기적으로는 정밀의료가 실현될 수 있겠으나 단기적으로 정밀의료는 틈새시장을 공략하는 형태로 진행될 가능성이 크다. 그리고 그 안에서는 플랫폼 형태의 비즈니스가 가능한 키트루다를 생산하는 머크 같은 기업들의 영향력이 커지지 않을까 조심스럽게 예측해본다.

# 7장

# 국내 의료기기
# 산업의 미래

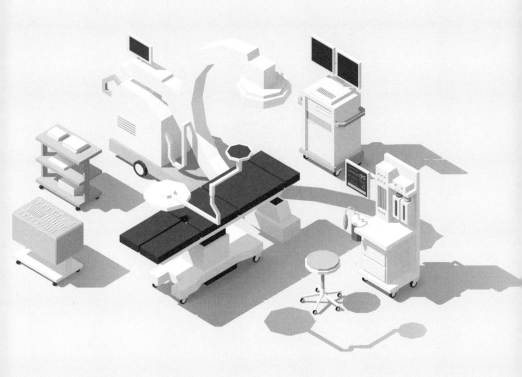

# 1
## 불편한 진실과 네 가지 대안

### 혁신성이 약화되고 있는 한국 의료기기 산업

주식시장에서 상장사의 시가총액 변화를 살펴보는 것은 산업의 변화를 관찰하는 데 상당히 의미 있는 인사이트를 제공한다. 성장 산업답게 국내 의료기기 섹터의 시가총액은 꾸준히 증가해왔다. 그런데 주가배수 중 하나인 시가총액을 매출액으로 나눈 지표가 2016년이후 꾸준히 하락하고 있다. 한때 약 19배에 달했던 시가총액/매출액 지표는 10배 수준까지 하락했다. 이렇게 주가배수가 꾸준히 하락하는 현상을 주식시장에서는 디레이팅De-rating이라고 한다. 이것은 상당히 중요한 시사점을 주는데 의료기기 섹터의 단위매출당 기업가치가 하락하고 있다는 뜻이기 때문이다.

시가총액/매출액 지표의 하락이 의료기기 산업의 본질가치와 상관없이 단순히 특정 이슈나 이벤트로 인해 일시적으로 하락했다면 큰 문제는 아니다. 이 경우 주식시장에서는 매수 기회로 해석할 수도

### 국내 의료기기 섹터 시가총액 및 시가총액/매출 추이

(출처: 퀀티와이즈, 상장 의료기기 업체 85개 합산 수치)

있다. 그런데 이것이 의료기기 산업의 본질가치와 연계가 돼 있다면 상당히 심각하게 생각해봐야 할 문제다. 의료기기는 본질적으로 정밀기계 제품이다. 그런데 다른 기계 제품에 비해서 매출의 성장성과 수익성이 높다는 점에서 주가배수에 프리미엄을 받고 있다. 의료기기 섹터의 시가총액/매출액 지표가 하락하는 현상은 일반적인 제조업체에 비해 높았던 매출의 성장성이나 수익성이 점점 하락한다고 해석할 수 있다.

실제로 지난 몇 년간 한국 의료기기 업체들의 혁신성이 약해지고 있는 것은 부정할 수 없는 사실이다. 의료기기 업체들이 주춤하는 사이 같은 바이오 업체들은 의료기기와의 시가총액 차이를 더욱 벌리고 있다. 혁신성이 약해지는 것은 큰 문제다. 우리나라 의료기기 산업은 몸집은 커지고 있지만 아직 체력까지 강해지지는 않았다. 2019년 의료기기 업체들의 국내 생산액은 7조 2,793억 원이었다.[1] 얼핏 보면 큰 문제는 없어 보인다. 좀 더 자세히 살펴보면 가장 생산량이 많은 것은 치과용 임플란트 고정체(1위)와 상부 구조물(3위)로 총 1조 3,622억 원을 생산했다. 이어서 2위인 초음파 진단장치는 4,706억 원, 4위인 조직수복용생체재료 2,435억 원, 5위인 콘택트렌즈가 2,412억 원을 생산했다.

순위가 낮아질수록 생산실적이 급격히 낮아진다. 생산실적으로 분류하는 품목이 1,205개에 달하는데 각 품목의 평균 생산실적은 60억 원에 불과하다. 치과용 임플란트를 제외하면 대부분이 생산규모가 영세한 것이다. 그리고 이 생산실적엔 해외기업의 국내 생산이 포함돼 있어서 국내 업체로 그 범위를 한정하면 생산규모는 더 작아질 것이다. 전 세계 의료기기 시장에서 국내 시장이 차지하는 비중은 2% 정도로 알려져 있다. 따라서 의료기기 업체들은 필수적으로 해외 진출을 준비한다. 그런데 대부분 업체가 영세한 상황에서 혁신성까지 약해지니 국제 무대에서 세계적 업체들과 경쟁하기가 쉽지 않은 것이다.


## 혁신의 진짜 장벽은 규제보다 건강보험 체계

왜 국내 의료기기 업체들은 혁신성이 약화되는 것일까? 우리나라에서 '의료기기' 하면 제일 먼저 떠오르는 말 중 하나가 '규제'일 것이다. 한국에서 의료기기 산업은 규제 때문에 안 된다는 인식이 강한 것 같다. 그런데 같은 규제 산업인 바이오업종의 시가총액 변화를 살펴보면 꼭 그렇다고 말하기는 힘들어 보인다.

과연 무엇이 혁신을 막는 진짜 원인일까? 경제협력개발기구에서는 매년 가입국의 건강 관련 통계를 발표한다. 여기서 우리는 힌트를

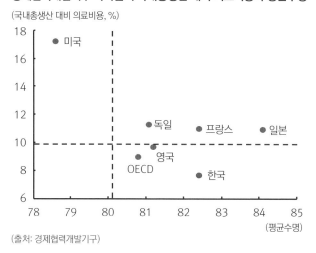

**경제협력개발기구 국가들의 국내총생산 대비 의료비용과 평균수명**

(국내총생산 대비 의료비용, %)

(출처: 경제협력개발기구)

발견할 수 있다. 이 자료를 참고하면 우리나라는 국내총생산 규모보다 의료비 지출이 상당히 낮은 편이다. 경제협력개발기구 국가 평균 국내총생산 대비 의료비 비중이 약 9%인 데 비해 우리나라는 7.7%에 불과하다.[2] 경제협력개발기구 국가 34개국 중 우리나라보다 의료비 지출 비중이 적은 나라는 10개국밖에 없다.

이 통계자료를 가지고 두 가지 해석이 가능하다. 의료비 지출이 경제협력개발기구 평균까지 상승할 수 있다는 것과 우리나라가 의료비 지출을 잘 통제하고 있다는 것이다. 전자는 의료지출이 증가하는 과정에서 의료기기 산업 성장에 기회가 될 수 있다고 해석할 수 있다. 이 생각은 크게 무리한 발상은 아니라고 생각한다. 그런데 문제는 후자다. 우리나라가 어떻게 의료비 지출을 잘 통제하는 것일까? 의료 수요가 다른 나라보다 적을까? 아니면 의료 관련 비용이 다른 나라보다 쌀 것일까? 결론적으로 이야기하면 우리나라는 다른 나라보다 의료비가 매우 싸다.

대부분의 예상과 다르게 우리나라에서 혁신적인 의료기기 제품이나 솔루션의 등장하기 어려운 가장 큰 요소는 규제가 아니라 건강보험 체계 그 자체라고 할 수 있다. 의료기기뿐 아니라 의료기기 산업 전체에서 규제보다 훨씬 중요한 '대마'가 바로 건강보험 체계이다. 공보험이 사회적 약자를 보장하는 목적으로 한정된 미국과 달리 우리나라는 건강보험 체계를 국가 단일 공보험 형태로 운영한다. 우리가 흔히 가입하는 실손보험은 건강보험공단이 보장하지 않는 자기부담금과 비급여 치료비용을 보장하는 것일 뿐이다. 우리나라 건강보험은 전 국민을 대상으로 한 급여 의료행위의 가격책정과 병원에 대한 비용지급 권한을 갖고 있다.

우리나라 건강보험 체계의 가장 큰 장점이자 단점은 의료비용이 다른 국가들에 비해 상당히 저렴하다는 것이다. 국민 입장에서는 의료비용이 낮은 것이 상당히 효용이 크다. 하지만 혁신 제품의 등장 가능성 측면에서 본다면 저렴한 가격을 유지해야 한다는 점에서 굉장히 불리하다.

자세한 설명을 하기에 앞서 재밌는 기사 하나를 소개하겠다. 2019년 5월에 발간된 기사인데 기존에 비급여 항목인 초음파 의료기기에 대해서 정부가 급여화를 추진하려고 하자 산부인과 병원에서 "마지막 호흡기마저 떼려는 것이다."라며 강한 반발을 보였다는 것이다.[3] 직관적으로 생각할 때 이상한 일이다. 어차피 급여나 비급여나 돈을 부담하는 주체의 비중이 달라질 뿐 병원으로서는 달라질 게 없는 것이 아닌가? 급여 치료를 하면 건강보험공단에게 돈을 받으면 되는 것이고 비급여 치료를 하면 환자에게 돈을 받으면 되는 것이 아닌

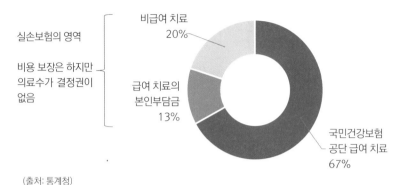

**국내 경상의료비 비중**(2018년)

비급여 치료
20%

실손보험의 영역

비용 보장은 하지만
의료수가 결정권이
없음

급여 치료의
본인부담금
13%

국민건강보험
공단 급여 치료
67%

(출처: 통계청)

가? 오히려 급여화로 환자 부담이 줄어 수요가 증가하면 병원 입장에서 더 좋은 일이 아닐까? 이 기사 내용의 본질을 이해하면 우리나라 건강보험 체계의 구조와 나아가 우리나라에서 왜 혁신 의료기기 제품과 서비스가 등장하기 어려운지 이해할 수 있다.

병원 입장에서 진료항목의 급여화에 난색을 보이는 가장 근본적인 이유는 급여화된 의료기기 제품·서비스의 수가(가격)가 비급여일 때보다 상당히 낮아지기 때문이다. 정확한 수치는 공개돼 있지 않지만 각종 문헌자료를 참고하면 우리나라의 의료수가는 원가의 약 80%도 보전하지 못하는 것으로 추정된다. 우리나라 의료기관의 추정 원가보전율은 상대가치점수연구개발단의 「상대가치점수 개정연구 보고서」에 의하면 약 75% 수준이라고 한다.[4] 연세대학교 산학협력단의 「국민건강보험 일산병원 원가계산시스템 적정성 검토 및 활용도 제고를 위한 방안 연구」 결과에 의하면 우리나라 의료기관의 원가보전율은 62.2~84.2%로 추정하고 있다.[5]

이것이 우리나라가 경제협력개발기구 국가들보다 국내총생산 대

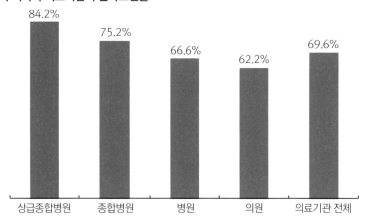

**우리나라 의료기관의 원가보전율**

(출처: 연세대학교 산학협력단, 「국민건강보험 일산병원 원가계산시스템 적정성 검토 및 활용도 제고를 위한 방안 연구」)

비 의료비 지출이 적은 이유다. 원가보전율 자체가 낮은 것이다. 급여 항목의 진료는 원가보전도 안 되기 때문에 병원에서는 비급여 항목에서 수익을 내거나 급여 항목과 비급여 항목의 패키지 진료로 병원을 운영하고 있다. 이외에도 소위 3분 진료라 불리는 빠른 진료를 통한 환자 회전율을 높이는 이유나 장례식장 같은 비의료 수익을 강화하는 이유도 수가 체계를 이해하면 보이는 것들이다.

이처럼 우리나라의 건강보험 수가 체계는 원가 이하로 가격이 측정돼 있다. 우리나라 헬스케어 산업의 본질적인 문제는 모두 여기서 출발한다. 아무리 혁신적인 제품을 만들어도 기존에 사용되는 제품이나 서비스와 비용 대비 효과성 증명이 매우 어려워서 제품 제조허가를 받았더라도 건강보험의 문턱을 넘어서기가 힘든 것이다.

그런데 더 중요한 문제는 따로 있다. 설사 혁신적인 제품이 규제 허가를 통과하고 보험 급여 목록에 편입된다고 하더라도 해당 품목이 기존에 비급여 항목으로 진료가 이루어지고 있었다면 문제가 된다. 앞의 산부인과 초음파 의료기기의 사례처럼 비급여 항목으로 진료하던 것이 급여화되면 병원으로서는 수익원이 없어지는 것이다. 당연히 해당 제품이나 서비스를 급여 항목으로 허가받은 기업에 대해 좋지 않은 시각을 가질 수밖에 없다. 혁신 제품이 실질 구매자인 병원과 의사에게서 외면을 받게 되는 역설적인 일들이 발생한다. 국내가 안 되면 해외 진출로 해결하자는 대안도 현실적이지 못하다. 통상 해외 바이어는 국내 매출실적을 요구하기 때문이다.

이런 상황에서 우리나라는 소위 닥터 쇼핑이 가능할 정도로 의료전달 체계가 취약하다. 대부분 환자는 의사나 병원을 선택할 수 있다. 그러다 보니 경증질환은 1차병원에서 진료하고 중증질환은 대형병원에서 진료하도록 유도하는 의료전달 체계가 제대로 작동하지 못한다. 환자들이 대형병원으로 몰리는 쏠림 현상이 벌어진다. 실제로 지방의 중소형병원들의 경영난은 매우 심각한 상황이다. 적자로 운영할 수밖에 없는 과는 운영하기가 힘든 것이다. 1차병원이나 작은 병원들은 더욱 수익을 내는 데 민감하게 반응할 수밖에 없는 이유다. 우리나라 건강보험 체계를 이해해야 보이는 것들이다.

우리나라에서 혁신적인 의료기기 제품이나 서비스가 나오기 힘든 근본적인 이유는 규제가 아니다. 지금까지 살펴본 것처럼 규제를 완화해서 새로운 제품이 제조된다고 하더라도 보험 구조가 바뀌지 않으면 실제 임상 현장에서 활용되기가 어렵다. 게다가 병원과 의사들은 국민건강보험 재정이 안 좋아지기 시작하면 대규모 삭감이 시행되는 것을 자주 경험해왔다. 더욱 보수적으로 진료를 할 수밖에 없다. 국내 대형병원 중 한 곳은 건강보험심사평가원이 간 기능 개선을 위해 사용되는 전문의약품 중 하나를 지속적으로 삭감하자 아예 병원 전산 시스템에서 해당 전문의약품 코드를 삭제했다고 한다. 과거의 일이 아니라 2020년에 발생한 일이다.

아마 독자들 대부분은 지금 필자가 설명하는 내용을 들어본 적도 상상해본 적도 없을 것이다. 그러나 의료기기 산업에 진입하거나 투자를 하려는 사람이라면 반드시 이해해야 하는 부분이다. 그리고 나면 상당히 많은 국내 헬스케어 관련 뉴스들을 해석할 수 있게 될 것이다. 이제 왜 다른 진료를 하지 않고 코로나바이러스 환자 전담치료를 했던 대구동산병원이 적자를 기록했는지 이해할 수 있을 것이다.[6]

## 대안 1: 치과나 미용 등 원래 강점을 지닌 분야를 더 강화하자

우리나라는 의료기기 산업의 상당한 후발주자다. 의료기기 산업은 여러 이해관계자로 구성된 시스템이다. 후발주자가 이 시스템을 비집고 들어가기는 쉽지 않은 일이다. 게다가 우리나라 건강보험 제도를 고려하면 새로운 혁신 기술이 등장하는 것 자체가 힘들다. 이런 상황에서는 새로운 것을 발굴하는 것도 좋지만 기존에 잘하는 것을 더 강화하는 것도 방법이다.

후발주자 입장에서는 선택과 집중을 강화해야 한다. 식당의 예를 들면 인력과 자본이 한참 부족한 1인 창업 식당에서는 모든 메뉴를 소화하기보다는 주력 메뉴를 발굴해서 회전율을 높이는 게 가장 효과적인 전략이다. 그런 점에서 우리나라가 강점이 있는 분야는 누가 뭐래도 치과 시장과 미용 시장이다. 앞장에서도 이야기했지만 공교롭게도 둘 다 모두 수가 체계와 상관없는 비급여 치료가 많은 곳이다.

**국내 의료기기 관련 상장사 매출액 기준 상위 10개사 추이** (십억 원 기준)

| 2011 | | 2012 | | 2013 | | 2014 | | 2015 | |
|---|---|---|---|---|---|---|---|---|---|
| 인성정보 | 250.8 | 인성정보 | 258.6 | 인성정보 | 255.6 | 인성정보 | 257.4 | 오스템임플란트 | 277.7 |
| 신흥 | 169.3 | 오스템임플란트 | 198.9 | 오스템임플란트 | 215.7 | 오스템임플란트 | 235.9 | 인성정보 | 256.5 |
| 오스템임플란트 | 168.6 | 바텍 | 175.8 | 바텍 | 171.5 | 바텍 | 194.8 | 바텍 | 217.4 |
| 바텍 | 149.6 | 신흥 | 153.0 | 신흥 | 123.6 | 신흥 | 124.2 | 신흥 | 125.4 |
| 인피니트헬스케어 | 109.5 | 피제이전자 | 111.3 | 피제이전자 | 113.2 | 피제이전자 | 104.7 | 피제이전자 | 104.8 |
| 피제이전자 | 102.3 | 인피니트헬스케어 | 81.1 | 아이센스 | 82.9 | 아이센스 | 95.6 | 아이센스 | 101.9 |
| 제이브이엠 | 75.5 | 제이브이엠 | 77.9 | 제이브이엠 | 81.6 | 제이브이엠 | 88.2 | 덴티움 | 95.5 |
| 덴티움 | 69.4 | 휴비츠 | 67.3 | 덴티움 | 73.8 | 덴티움 | 82.4 | 뷰웍스 | 93.4 |
| 휴비츠 | 57.0 | 아이센스 | 66.5 | 레이언스 | 69.2 | 레이언스 | 77.9 | 제이브이엠 | 88.5 |
| 유비케어 | 56.8 | 유비케어 | 65 | 뷰웍스 | 66.5 | 뷰웍스 | 70.8 | 레이언스 | 86.6 |

| 2016 | | 2017 | | 2018 | | 2019 | | 2020 | |
|---|---|---|---|---|---|---|---|---|---|
| 오스템임플란트 | 344.6 | 오스템임플란트 | 397.8 | 오스템임플란트 | 460.1 | 오스템임플란트 | 565.0 | 에스디바이오센서 | 1,686.2 |
| 인성정보 | 252.7 | 인성정보 | 255.8 | 인성정보 | 258.0 | 바텍 | 271.7 | 씨젠 | 1,125.2 |
| 바텍 | 178.6 | 바텍 | 218.8 | 바텍 | 234.4 | 덴티움 | 252.6 | 오스템임플란트 | 631.6 |
| 아이센스 | 132.5 | 아이센스 | 157.0 | 덴티움 | 186.3 | 인성정보 | 246.7 | 바텍 | 244.3 |
| 신흥 | 124.4 | 덴티움 | 150.6 | 아이센스 | 173.0 | 아이센스 | 189.8 | 인성정보 | 242.0 |
| 덴티움 | 120.0 | 뷰웍스 | 123.5 | 뷰웍스 | 131.4 | 뷰웍스 | 136.0 | 덴티움 | 229.7 |
| 뷰웍스 | 117.3 | 신흥 | 121.1 | 신흥 | 121.5 | 디오 | 127.2 | 바이오니아 | 207.0 |
| 피제이전자 | 106.0 | 레이언스 | 106.5 | 레이언스 | 116.4 | 레이언스 | 126.2 | 아이센스 | 203.7 |
| 레이언스 | 98.5 | 제이브이엠 | 106.2 | 마크로젠 | 110.3 | 신흥 | 123.0 | 뷰웍스 | 160.3 |
| 제이브이엠 | 98.1 | 마크로젠 | 101.7 | 제이브이엠 | 103.6 | 마크로젠 | 122.3 | 바디텍메드 | 144.1 |

(출처: 퀀티와이즈)

2020년 우리나라 의료기기 업체들의 국내 생산액은 10조 1,359억 원이었다. 그런데 그중에서 치과용 품목만 2조 원에 달한다.[7] 치과 시장에는 매출 2,500억 원을 넘는 상장사가 3개나 되고 그중에서는 매출이 5,000억 원을 넘는 회사도 있다. 임플란트 기업 중에 2곳은 세계 10대 임플란트 기업으로 성장했으며 세계 1위 업체가 그것을 인정하는 상황이다.

치과 시장은 임플란트라는 강력한 캐시카우CashCow를 보유하고 있다. 여기서 파생되는 치과용 컴퓨터단층촬영기 같은 장비 시장도 발달해 있다. 게다가 디지털 덴티스트리라는 신조어가 나올 정도로 새로운 디지털 기술 도입에도 적극적이다. 치과 영역은 헬스케어 시장을 통틀어 3D프린팅이 가장 활발하게 사용되고 있다. 3D프린팅은 적층방식을 활용하는 제조 특성상 대규모 양산이 어렵고 원가를 낮추기가 어렵다. 보철물이나 투명교정기는 모두 환자맞춤으로 제작해야 하니 대규모 양산이 필요 없고 가격도 낮은 편이 아니라 적절한 이윤을 유지할 수 있다. 그래서 치과 시장은 다른 의료기기 시장보다 혁신 기업이 등장할 가능성이 크다.

가장 최근에 등장했던 혁신 기업은 구강스캐너를 국산화한 '메디트'라는 기업이다. 구강스캐너는 석고인상을 대체할 수 있는 장비로 입 안의 이미지를 3D로 시각화할 수 있는 장비다. 글로벌 치과 업체들도 이 장비를 개발하기 위해 치열한 경쟁을 벌일 정도로 최근 치과 시장에서 가장 부각되는 장비다.

이런 상황에서 메디트는 2018년 6월에 세계적인 제품과 견주어도 떨어지지 않는 성능에 가격 경쟁력까지 갖춘 구강스캐너인 i500을 출시한다. 2018년 329억 원의 매출을 기록했던 메디트는 구강스캐너의 판매호조로 2019년 매출액이 2018년보다 120% 상승한 722억 원을 기록했다. 이윤율은 더 놀라운데 고이윤 제품인 구강스캐너 매

### 3D 구강스캐너와 투명교정기

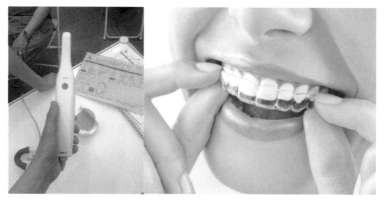

출 상승에 의한 영업 레버리지 효과가 발생하며 영업이익률 50%에 순이익률 44%를 기록했다. 이런 제품이 나오자 파트너십을 요청하는 기업이 늘어났다. 국내 치과용 임플란트 업체는 물론이고 세계 2위 치과장비 업체인 엔비스타와도 파트너십을 체결했다. 결국 메디트는 2019년 10월 기업가치 6,400억 원으로 사모펀드인 유니슨캐피털에 경영권을 매각했다.[8]

치과 이야기는 여기까지 마무리하고 다른 품목에 대해 살펴보자. 외국에서 우리나라 의료 시장 중에 가장 관심이 많은 품목이 무엇일까? 다시 말해 우리나라는 어떤 품목으로 유명할까? 여러 가지가 있겠지만 그중에 하나는 단연 미용이다. 우리나라는 요새 표현으로 미용 시술 맛집이라고 할 수 있다. 한국보건산업진흥원에서 발간한 「2018년 외국인 환자 유치실적 통계분석보고서」에 의하면 외국인 환자는 우리나라에 성형외과와 피부과 등 미용 목적으로 가장 많이 방문했다. 성형외과와 피부과 진료를 받으러 온 외국인 환자는 전체 외국인 환자의 28%가 넘는다. 2014년에는 미용 목적 방문 외국

**진료과별 외국인 환자 현황**

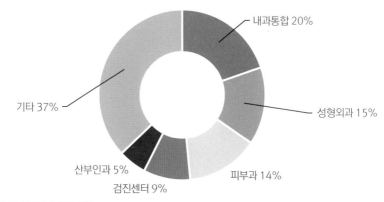

- 내과통합 20%
- 성형외과 15%
- 피부과 14%
- 검진센터 9%
- 산부인과 5%
- 기타 37%

(출처: 한국보건산업진흥원)

인 환자의 비중은 20%에 불과했다. 5년 사이에 비중이 8%포인트나 증가한 것이다.[9]

증가하는 미용 수요에 맞춰 필러, 리프팅, 레이저 등 다양한 국내 의료기기 업체들이 존재한다. 미용 의료기기는 소모품 비중이 높다. 매출이 증가할수록 고이윤의 소모품 매출 증가로 이익률이 개선되는 레버리지 효과가 발생하고 의료관광 사업과 연계하기도 좋다는 부가적인 강점도 존재한다.

### 대안 2 : 바이오 산업을 벤치마킹해 기술이전을 활성화하자

여기까지 글을 읽다 보면 굉장히 의아해할 독자가 많을 것이다. 이렇게 우리나라 건강보험 제도가 혁신 제품의 등장을 막고 있다면 우리나라의 세계적인 헬스케어 기업들은 어떻게 설명할 수 있을까?

매우 역설적이게도 현재 우리나라에서 성공적인 헬스케어 기업으로 성장한 기업들의 대표 제품과 서비스는 국내 건강보험 수가 체계를 벗어난 것이 많다. 의료기기 기업 중에서 몇천억 원의 매출을 올리고 시가총액도 몇천억 원에서 1조 원을 기록하는 업체들은 대부분 치과와 미용 관련 회사들이다. 둘 다 대부분 비급여 치료가 많이 시행되는 곳이다. 또한 시가총액이 몇천억에서 몇조 원을 상회하는 바이오 기업들은 개발하는 파이프라인을 외국 기업에 기술이전하는 것을 목표로 하고 있다. 바이오시밀러Biosimilar 업체는 대규모 설비투자를 통해 곧바로 해외 직접 진출을 시도했다.

필자는 애널리스트로서 정말 많은 사람을 만난다. 그중 의료기기 섹터가 바이오 섹터에 비해 너무 저평가된 거 같다면서 아쉬움을 토로하는 분들이 꽤 많다. 저평가의 정의는 저마다 다를 수 있다. 단순하게 시가총액 규모를 기준으로 저평가를 이야기한다면 맞는 말일수도 있다. 그런데 의료기기 산업은 저평가라고 하거나 현저하게 저평가돼 있다고 말하기 힘들다. 의료기기와 바이오의 기업가치를 책정하는 기준 자체가 다르기 때문이다.

주식시장에서 기업가치는 크게 영업가치와 자산가치로 구분한다. 기업가치 평가를 할 때 바이오 섹터와 의료기기 섹터의 가장 큰 차이점은 자산가치가 기업가치에서 차지하는 비중에 있다. 의료기기 섹터는 대부분 영업가치를 중심으로 기업가치가 산정된다. 하지만 바이오 기업은 개발하는 파이프라인의 자산가치가 기업가치로 산정된다.

영업가치는 기업이 영업을 통해 벌어들이는 매출이나 순이익 같은 실적에 주가배수를 곱해 산정한다. 영업가치를 통한 가치평가에서 저평가됐다는 의미는 보통 경쟁사보다 작은 주가배수가 이용됐

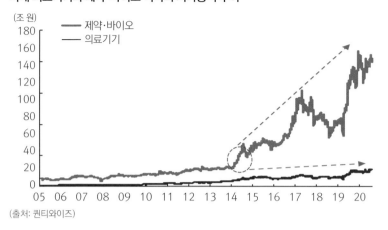

(출처: 퀀티와이즈)

을 경우를 의미한다. 그런데 의료기기 업체의 주가배수는 PER(시가총액/순이익) 기준 15~20배를 사용하기 때문에 주식시장에서 결코 낮은 수준은 아니다. 제약·바이오 업체 중에서 PER이 50~100배가 넘는 기업들이 존재하지만 그것은 자산가치를 따로 계산하지 않았기 때문이다.

자산가치는 현금성 자산, 부동산, 신약 파이프라인, 광구 등 자산으로서 가치를 의미한다. 바이오 업체들의 자산가치는 연구개발하는 신약 파이프라인으로 매출이나 순이익 같은 실적에 잡히지 않는다. 즉 바이오 업체들과 의료기기 업체들의 시가총액에서 차이가 나는 것은 자산가치를 인정받느냐 못 받느냐에 기인한다. 중요한 점은 모든 유무형 자산이 자산가치로 인정되는 것은 아니라는 것이다. 보통 해당 자산이 거래 가능한 시장이 존재해야 하고 거래가 일어난 사례가 있어야 자산가치로 인정받을 수 있다. 처음부터 바이오 기업들이 자산가치를 인정받았던 것은 아니다. 바이오 기업들의 자산가치가 주식시장에서 본격적으로 인정받기 시작한 것은 2015년 한미약품이 대형 글로벌 기업들에게 신약 후보 물질을 기술이전하면서부터이다.[10] 자산가치를 인정받기 위한 조건인 거래 사례가 발생하면서 다른 바이오 기업들이 연구개발하고 있었던 신약 후보 물질도 임상시험 진행단계와 해당 적응증의 시장규모에 따라 자산가치가 형성되기 시작한 것이다. 아직 의료기기 업체들은 바이오 업체처럼 글로벌 대형기업을 상대로 한 대규모 기술이전이 발생한 적이 없다.

2020년 2분기 세계 최대 수술로봇 업체인 인튜이티브서지컬의 실적발표에서는 매우 흥미로운 언급이 있다. 인튜이티브서지컬은 로봇팔이 한 개인 단일공 수술로봇인 SP 모델을 출시했다. 한국에서는 4개 팔을 갖춘 최신 모델인 Xi 모델보다 SP 모델의 이용률이 높다고 밝혔다. 미국에서는 아직 적응증이 2개에 불과해서 이용률 자체는 높지 않다. 한국에서 SP 모델의 이용률이 높은 이유는 한국 임상규제 자체가 적응증에 대한 광범위한 사용을 허가하고 있기 때문이다. 현재 한국에서 SP 모델은 비뇨기과, 흉부외과, 산부인과, 이비인후과 등에서 사용되고 있고 유방에도 적용 가능한지 알아보고 있다고 한다.[11] 이처럼 우리나라는 임상시험을 하기에 매우 좋은 환경을 갖추고 있다. 게다가 글로벌 대형 업체들은 연구개발 리스크를 최소화하기 위해서 새로운 제품이나 기업의 인수합병이나 파트너십을 상당히 선호한다. 의료기기 산업이 바이오 산업처럼 규모가 커지고 더 가치를 인정받으려면 대형 해외 기술이전은 반드시 등장해야 할 퍼즐의 한 조각이다.

## 대안 3 : 자체 성장의 한계를 넘을 인수합병이 활성화돼야 한다

의료기기 산업은 9대 이해관계자로 이루어진 하나의 거대한 시스템이다. 따라서 의료기기 산업의 가장 교과서적인 경영 전략으로 인수합병 전략이 선호된다. 인수합병은 일시에 거대한 자금이 필요하다. 하지만 자체적으로 시장에 침투할 때 소요되는 연구개발비, 유통망 구축 비용, 경쟁을 위한 마케팅 비용, 인재 유치 비용 등을 고려하면 오히려 인수합병이 효율적일 수 있다.

우리나라 의료기기 산업을 선도하는 치과 기업들은 최근 영업이익률이 지속적으로 하락하고 있다. 여러 가지 이유가 있지만 가장 큰 이유 중 하나는 다각화를 위해 연구개발비가 지속적으로 상승했기 때문이다. 최근 치과 산업의 가장 큰 트렌드는 통합 솔루션이다. 즉한 개의 기업이 치과병원이 개원할 때 필요한 모든 장비를 취급하는 것이다. 그러기 위해서 임플란트 기업들은 자체적으로 치과용 장비를 개발하기 위해 연구개발 비용을 증가하고 있다.

이에 반해 글로벌 1위 치과용 임플란트 기업인 스트라우만의 영업이익률은 상대적으로 안정돼 있다. 인수합병을 적극적으로 활용하기 때문이다. 스트라우만은 새롭게 진출하고자 하는 시장을 정하면 해당 시장의 주요 플레이어와 유통 파트너십 계획을 체결한다. 해당 업체의 제품을 스트라우만의 영업망을 활용해 판매하는 것이다. 이후 해당 기업의 지분을 전략적 투자목적으로 인수한다. 해당 기업의 지분 보유량을 지속적으로 늘리다가 일정 목표를 달성했다고 판단되는 시점이 오면 완전히 인수한다. 인수합병의 가장 큰 장점은 시장 침투 속도에 있다. 스트라우만은 몇 년 사이에 강력한 치과용 장비 포트폴리오를 구축했다. 2020년 기준으로 스트라우만의 임플란

## Our esthetic dentistry solutions portfolio

| | Implant systems | Multi-platform prosthetics | Digital | Orthodontic | Biomaterials | Preventive |
|---|---|---|---|---|---|---|
| Global brands | straumann / Anthogyr / MEDENTIKA / NEODENT | MEDENTIKA | straumann / dental wings | clearcorrect | straumann | straumann |
| Local brands | zinedent / equinox / T-PLUS Dental Implant | | | smyletec | | |
| Technology brands & partners | Z-SYSTEMS | createch medical / RODO / VALOC | coDiagnostiX / DENTAL MONITORING / rapidshape / MEDIT / VR / 3shape / AMANNGIRRBACH / Zirkonzahn | GENIOVA THE FAST ALIGNER | botiss / GENOSS For Patients & Doctors / LifeNet Health / NIBEC | credentis / ACTEON / dentognostics / EMS / RUBICON LIFE SCIENCE / IZU Pharmaceutical / BrightTonix |

(출처: 스트라우만)

트 매출은 54%에 불과하다. 이제 스트라우만은 임플란트 기업보다 종합 치과용 솔루션 기업으로 불리는 것이 더 적합하다.

이제 우리나라도 인수합병에 더욱 적극적일 필요가 있다. 특히 코로나 진단키트 특수로 현금보유량이 크게 증가한 국내 체외진단 기업들은 인수합병 전략을 적극적으로 시도할 필요가 있다. 2021년 들어 백신이 등장하면서 코로나 진단키트 수출이 감소할 가능성이 높아졌다. 코로나 진단키트 수출이 감소할 가능성이 높아졌기 때문이다. 실제로 글로벌 체외진단 기업들의 2021년 2분기 실적발표를 듣다보면, 대부분 기업들이 2021년 하반기부터 코로나 진단키트 매출의 둔화를 예상하고 있었다. 현재 국내 기업들은 코로나 진단키트의 매출 의존도가 매우 높기 때문에, 코로나 진단키트 매출이 둔화되기 시작하면 상당한 보릿고개를 겪을 가능성이 있다. 여기서 우리가 참고할 만한 기업이 있는데 바로 홀로직Hologic이라는 기업이다. 홀로직

역시 코로나 진단키트 매출이 감소했다. 블룸버그에 의하면 2022년 매출이 2021년보다 27% 하락(2021년 8월 기준)할 것으로 예상되고 있다. 그러나 2021년 8월까지 주가는 오히려 4% 상승했다. 주가가 크게 상승한 것은 아니지만, 같은 기간 동안 우리나라 체외진단 기업인 씨젠의 주가가 25% 하락한 점을 고려하면 상당히 선방했다는 것을 알 수 있다. 이런 현상은 결국 매출하락을 상쇄할 만한 계획이 있다는 것으로 해석할 수 있는데, 바로 인수합병이다. 홀로직은 2020년 말부터 13억 달러를 들여 5건의 인수합병을 진행했다. 코로나로 벌어들인 현금을 현재 사업과 시너지가 날만한 기업과 현재 부족한 부분을 보강할 수 있는 기업을 사들이는 데 활용한 것이다.

헬스케어 산업에서 자체 경쟁력만으로 경쟁우위를 갖추려면 아주 많은 시간이 필요하다. 자체 경쟁을 고집할 이유는 어디에도 없다. 글로벌 의료기기 산업의 9대 관문 중 유통, 병원, 경쟁의 관문은 자체적으로 경쟁우위를 갖추기 매우 어려운 영역이다. 인수합병은 원래 헬스케어 전반에서 적극적으로 활용되는 경영 전략이라는 사실을 기억할 필요가 있다.


## 대안 4 : 정책자금, 금융자본뿐 아니라 산업자본을 유치하자

사업을 시작하려면 자금이 필요하다. 그래서 사업 아이디어만큼 자금 유치 능력 역시 중요하다. 사업가가 돈이 많아서 자금 유치가 문제 되지 않는다면 매우 아름다운 사례지만 그런 경우는 흔하지 않다. 보통 자금 유치가 이루어지는 일반적인 방법은 정부에서 추진하는 연구과제에 당첨돼 정책자금을 받는 방법과 금융시장에서 자본을 조달하는 방법이 있다. 초기기업은 보통 우리가 벤처캐피털vc이라고 부르는 투자기관을 통해 자금을 조달한다.

각각의 방법은 단점이 존재한다. 정책자금은 필연적으로 여러 기업에 균등하게 배분해야 한다. 의료기기 산업은 생각보다 굉장히 자본 집약적이라는 측면을 고려하면 아쉬운 부분이 있다. 물론 없는 것보단 훨씬 좋다. 금융자본의 경우 성과 측정에 내부수익률IRR을 활용하는데 투자수익보다 투자회수 시점을 중시하는 지표다. 즉 투자회수 시점이 빠를 가능성이 큰 투자 대안을 선호하므로 경우에 따라서 투자받기가 어렵거나 투자받고 나서 압박을 받는 경우가 많다.

필자는 이런 방법 외에 외연을 조금 더 넓혀 다른 산업에 있는 기업들이 의료기기 시장에 진출하도록 유도하는 것도 좋은 방법이라고 생각한다. 이종 산업에 있는 기업이 신사업 진출 차원에서 의료기기 시장에 진입하는 것은 초기기업이 정책자금이나 금융자본을 유치해 진입하는 것에 비해 두 가지 장점이 있다.

첫째, 기존 사업부가 캐시카우의 역할을 해줄 수 있다. 의료기기 제품이나 솔루션들은 개발부터 상용화에 이르기까지 적어도 3~5년이 소요돼 긴 호흡이 필요하다. 신생업체 입장에서는 이 기간을 버티기가 쉽지 않다. 명확한 투자회수 전략이 없는 경우가 많고 보통 연구개발 중심으로 진행돼 제품을 개발할 때까지 현금을 창출하기 어렵다. 미국에서 독점시장인 복강경 수술로봇에 도전했던 스타트업들이 상장까지 성공하고서도 성과가 좋지 않은 가장 큰 이유는 사업을 이어갈 캐시카우가 마땅치 않았기 때문이다. 게다가 주식시장 투자자들은 비상장기업 투자자들과 달리 실질적인 무엇인가를 명확하게 요구한다. 경영자로선 여간 골치 아픈 일이 아닐 것이다. 제품이

**국내 업체가 개발한 뇌 수술로봇**

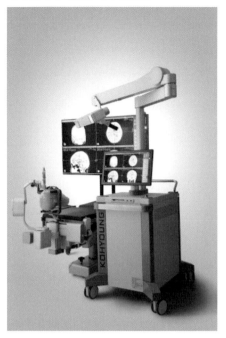

개발될 동안 기업이 버틸 수 있는 캐시카우 사업부의 존재는 상당히 중요하다.

둘째, 제조업 상장사인 경우 주가배수의 상향 요인이 될 수 있다. 보통 제조업은 경기를 타기 때문에 경기순환에 따라 실적 변동성이 크다. 따라서 주가배수가 10배 미만(PER 기준)인 경우가 많다. 그러나 의료기기 시장은 경기를 잘 타지 않는 산업이므로 보통 20~30배 이상의 주가배수를 부여받는다. 따라서 의료기기라는 신사업에 진출함으로써 주가배수가 상향되거나 혹은 의료기기 신사업에서 개발하는 무형자산의 가치를 별도로 인정받을 수도 있다.

현재 국내 업체 중에서도 지문인식 모듈 업체인 드림텍(심전도 홀터), 반도체와 디스플레이 재료 업체인 솔브레인(체외진단기기), IT 검사장비 업체인 고영(수술 내비게이션 로봇), 디스플레이 제조장비 업체인 미래컴퍼니(복강경 수술로봇), 음식료 기업인 한국야쿠르트(관절 수술로봇) 등 이종 산업에서 의료기기 산업에 진출한 사례가 많아지고 있다. 이들 업체는 상당한 현금을 보유하고 있고 영업 현금흐름도 우수해 의료기기 사업이 궤도에 오를 때까지 충분히 버틸 수 있다. 또한 경영진의 의지에 따라 사업을 장기적으로 유지할 수도 있다.

의료기기 산업 육성을 위해서 금융자본이나 정책자금을 통해서 초기기업을 육성하는 방식도 좋다. 하지만 이렇게 다른 산업에서 잉여 현금을 활용해 신성장동력을 키우고 싶은 회사들을 적극적으로 유입하는 것도 좋은 방법이 될 수 있다.


## 스타트업에 대한 제언: 왜 성공한 박사 출신 사업가는 보기 힘들까?

산업의 성장에 가장 큰 영향을 미치는 요소 중 하나는 기술 혁신일 것이다. 그런 점에서 의료기기뿐 아니라 헬스케어 기업의 창업자는 Ph.D, 즉 박사 출신이 많다. 헬스케어 산업은 전문성이 요구되는 영역이다 보니 자연스러운 현상이라고 생각한다. 그런데 나름 자기 분야에서 인정받던 사람들이 헬스케어 기업을 창업하거나 투자를 해서 성과가 좋은 경우는 생각보다 많지 않다.

왜 그럴까? 과학자가 사업가나 투자자로 거듭나는 것은 매우 어려운 일이다. 과학자의 가장 큰 업적은 남이 하지 않는 것에 먼저 깃발을 꽂는 일이다. 이것이 도대체 무슨 문제냐고 반문할 수 있는데 사업가나 투자자의 가장 큰 업적 중 하나는 돈을 버는 일이기 때문이다. 과학자의 습관은 창업이나 투자를 하고서도 지나치게 틈새시장만을 찾거나 특정 성능에 집착하게 만들 수 있다. 경쟁자가 많더라도 시장규모가 크다면 그 안에서 분명히 기회를 찾을 수 있다. 그러나 경쟁자가 없는 새로운 시장만을 쫓아다니다 보니 시장규모가 아주 적거나 시장을 만드는 데 추가적인 비용이 들어가는 경우가 생긴다.

이 외에도 기술적인 차별화에 신중을 기하다가 시장 진출 타이밍을 놓치는 경우도 많다. 창업자나 투자자가 생각한 성능보다 조금 미치지 못하지만 시장에 빨리 침투해서 시장을 선점하는 것이 중요할 때가 있다. 성능은 차세대 버전을 통해 개선해나가도 된다. 그런데 성능에 집착하다가 시장 진출 타이밍을 놓쳐버리는 것이다.

예를 들어 의료기기 산업에서 미충족 수요로 많이 언급되는 낙상사고에 대해 생각해보자. 어떤 과학자 출신 창업가가 낙상사고로 환자가 위험에 빠지는 일이 생각보다 많다는 사실을 알게 됐다. 그가 낙상사고를 방지하며 환자 상태를 원격으로 모니터링할 수 있고 가벼우면서 고장이 잘 안 나는 소재로 만들어서 세상에서 유일무이한 병원 침대를 개발하겠다는 마음으로 창업했다고 가정해보자.

그런데 이 창업가가 간과한 사실이 있다. 낙상 방지형 침대 혹은 낙상 방지 도구를 만드는 것이 얼마나 경제성이 있을까 하는 것이다. 과학적으로는 세계 최초의 낙상 방지 침대를 연구하는 것이 상당한 의미가 있었을 것이다. 그런데 이것이 사업의 영역으로 넘어오려면 경제성을 고려해야 한다. 즉 창업가가 만들고자 한 제품이 얼마나 팔릴 수 있고 적어도 본전은 건질 수 있느냐 하는 것을 고려해야 한다.

의학적으로 의미가 있는 것과 사업적으로 의미가 있는 것은 완전히 다른 개념이다. 과학자 출신 창업가는 혁신과 남이 하지 않았던 틈새시장에 함몰돼 시장성을 보지 못하는 경우가 많다. 창업가가 원하는 침대로 사업을 시작하기 위해서는 기술적인 부분 외에도 다음과 같은 고민이 필요하다.

"전국 병원의 병원 침대 수는?" "병원 규모에 따른 병원 침대를 바꾸고자 하는 수요는? 그리고 그에 따른 가격저항선은?" "카피캣이 등장한다면 지적재산권에 대한 보호는? 혹은 차별화는?"

특히 주 고객층을 대형병원으로 할 거냐, 개원의로 할 거냐, 혹은 가정용으로 할거냐에 따라서도 사업성은 엄청나게 달라진다. 만약 대형병원이라고 하면 시장규모가 확 작아진다. 그럴 때는 수출 가능성을 함께 고려해야 한다. 개원의 시장이 주력이면 가격정책이 매우 중요해진다. 가격이 높아질수록 경쟁사와의 경쟁력은 떨어지고 가격 민감도가 높은 고객은 구매결정을 하지 않을 것이기 때문이다. 게다가 낙상 방지 침대로 보험수가를 받기 쉽지 않을 가능성이 커 더욱 생산원가를 절감해야 할 것이다. 단순히 기술에 대해 고민하는 것과 제품이 사업성을 갖는 일은 매우 다르기에 경제성에 대한 고민에 따라 사업의 방향도 매우 달라질 수 있다.

대부분 과학자 출신 창업가들은 사람들에게 자신들이 개발하는 제품의 혁신성과 기술의 우수성을 강조하곤 한다. 그러나 필자는 애널리스트로서 그 제품과 서비스의 시장규모와 거기서 얼마나 시장 침투가 가능한지가 더 큰 관심 사항이다. 안타깝게도 기술만으로는 어떤 혁신도 일어나지 않는다. 기술은 반드시 시장성과 함께 고민해야 하며 적절한 비즈니스 모델을 구현할 수 있어야 한다.

아무리 놀라운 기술이라도 돈을 벌지 못하고 시장에 침투하지 못하면 신기한 장난감이 될 뿐이다. 과학자가 사업가로 거듭나기 위해서는 기술적 차별화, 틈새시장 찾기, 시장성과 경제성에 대한 고민이 필요하다. 내가 개발하는 제품의 핵심고객을 어디까지 설정할 것이며, 미충족 수요와 가격민감도는 무엇이며, 시장에서 경쟁우위와 공급사슬망을 어떻게 갖출 것인지를 같이 고민해야 한다. 이를 바탕으로 한 가격정책(P)과 고객규모(Q)를 통해 계산되는 시장규모를 계산하고 어떤 경쟁우위 요소를 갖춰야 시장에 침투해 점유율을 올릴 수 있는지에 대해 고민을 하며 과학자에서 점점 사업가로 거듭나는 것이다.

## 혁신 의료기기 발굴과 평가 프레임워크

필자가 애널리스트로서 의료기기 산업을 분석한 경험을 토대로 만들어낸 신제품·신기술 평가 프레임워크를 공유한다. 새로운 혁신 기술을 개발하거나 혹은 투자할 때 유용하게 사용할 수 있을 것이다. 이 프레임워크는 크게 3단계로 구성돼 있다. 1단계는 제품 자체에 대한 평가이다. 2단계는 글로벌 대형기업을 활용하기 위한 비즈니스 모델 수립에 대한 평가이다. 3단계는 직접침투를 하기 위한 비즈니스 모델 수립에 대한 평가이다.

2단계에서 가장 중요한 점은 지금 개발하는 기술, 제품, 서비스에서 다른 기업과 글로벌 대형기업 간의 거래 사례가 존재하는가이다. 거래 사례가 존재한다면 협상이 쉬울 수 있다. 하지만 아직 한 번도 거래가 이루어진 적이 없는 그야말로 혁신 제품과 서비스라면 생각보다 글로벌 대형기업을 활용하기가 어려울 수 있다.

3단계에서는 보험사의 심사를 통과할 수 있는가에 대한 고민이 중요하며 그다음으로 시장규모와 목표 매출 달성 시기에 대한 고민이 중요하다. 필자가 프레임워크에서 제시한 숫자는 국내 의료기기 상장사들의 시가총액 1조 원을 달성했던 시기를 바탕으로 조사한 수치이다. 시가총액 1조 원을 기준으로 설정한 이유는 바이오 업체와 코로나바이러스와 같은 특수한 상황을 제외하면 시가총액 1조 원을 달성하는 의료기기 기업은 손가락에 꼽을 정도로 적기 때문이다. 주식시장에서 시가총액 1조 원은 초기기업일수록 그만큼 상징적인 의미가 있다.

시가총액 1조 원을 달성했던 의료기기 기업들은 평균적으로 순이익 365억 원에 주가배수는 30배 이상을 달성했다. 순이익이 365억 원보다 작은 경우 주가배수가 30배 이상 높아져야 한다. 이 경우 경쟁사보다 월등한 외형 성장과 압도적인 기술력 등 높은 주가배수를 정당화할 요소가 있는지가 중요하다. 반대로 순이익이 365억 원보다 커지면 주가배수는 더 작아져도 괜찮다. 매출액 목표치 3,650억 원은 순이익률을 10%로 가정해 역산한 수치이고 전체 시장규모인 3.6조 원은 시장점유율을 10%로 가정해 역산한 수치다. 당연히 매출액과 시장규모는 순이익률과 시장점유율 가정을 달리함에 따라 변화할 수 있다.

이러한 숫자를 달성하기 위한 시간은 3~5년으로 설정했다. 통상적으로 벤처캐피털이 투자회수를 결정하는 시점이 5년 정도이기 때문이다. 만약 프레임워크 평가를 통해 3~5년 안에 상술한 숫자가 달성 가능하다면 좀 더 구체적인 전략을 수립할 수 있다. 시장을 국내와 해외로 나눠서 국내 시장만으로도 충분히 달성할 수 있는지, 세계

## 혁신기술 발굴·평가 프레임워크

| 제품화 단계 | 가능 여부 | 비고 |
|---|---|---|
| 현실의 미충족 수요가 있는가? | | |
| 규제 이슈는 없는가? | | |
| 내가 제일 잘할 수 있는 분야이거나 제일 빨리할 수 있는 분야인가? | | |
| 누가 핵심 수요자(구매자, 지불자)인가? 보험사인가? 병원인가? | | |
| 수요자의 돈이 투자돼야 하는가? 그렇다면 수요자가 돈을 투자할 만큼 가치가 있거나 그럴 의지가 있는가? | | |
| 기존 워크플로의 대체재인가? 보완재인가? 완전히 새로운 제품인가? 대체재라면, 시장 침투 시 기존 워크플로우와 관련된 세력의 반발 정도와 그들이 지닌 정치력을 감당할 수 있는 수준인가? 완전히 새로운 제품이라면 고객에 대한 교육이 걸림돌이 되지 않는가? | | |

| 파이프라인 가치를 인정받고 파트너십, 기술이전, 인수합병 등 글로벌 대형기업을 활용한 투자회수 전략이 가능한가? | 가능 여부 | 비고 |
|---|---|---|
| 카테고리 최초이거나 가장 혁신적인 제품인가? | | |
| 다른 기업에서 거래가 일어난 사례가 있는 파이프라인인가? | | |
| 거래가 일어난 적이 없다면 예상 매수자가 누구인가? 그들은 매수 의사가 있는가? | | |
| 어느 정도 제품화 수준에서 매각할 수 있는가? | | |
| 임상시험을 해야 한다면 플라세보, 컨트롤, 엔드포인트를 어떻게 설정할 수 있는가? | | |
| 한 개의 파이프라인으로 복수의 기업과 거래를 할 수 있는가? 아니면 복수의 파이프라인을 보유하고 있는가? | | |

| 매출을 내는 것이 가능한가? (주요 숫자 가정치는 유동적) | 가능 여부 | 비고 |
|---|---|---|
| 제공하려는 제품·서비스가 비급여 관련 의료기기인가? 급여 관련 기기인가? | | |
| 급여 항목이라면 현저하게 비용 대비 효과성이 높은 것을 증명할 수 있나? | | |
| 순이익 365억 원 이상이 달성 가능한 시장이거나 제품인가? | | |
| 순이익률 10% 가정 시 매출 3,650억 원이 달성 가능한 시장이거나 제품인가? | | |
| 시장점유율 10% 가정 시 전체 시장이 3.6조 원과 유사하거나 더 큰 시장인가? | | |
| 매출액 3,650억 원이나 순이익 365억 원을 3~5년 안에 달성 가능한가? | | |
| 내수시장만으로 성장할 수 있는가? 세계 시장에 침투해야 한다면 세계 시장 침투 시 인허가와 유통 전략은? 경쟁우위와 병원 영업 전략은? | | |
| 순이익이 365억 원보다 작아진다면 P/E 멀티플을 32배보다 높게 받아야 하는데 프리미엄의 근거(경쟁사보다 월등한 외형 성장, 압도적 기술력 등)가 있는가? 그것을 시장이 받아들일 수 있는가? | | |

시장으로 확대해야 하는지 고민하고 세계 시장으로 침투해야 한다면 인허가나 유통 전략을 어떻게 할 것인지와 같은 구체적인 고민을 시작할 수 있다. 간단하면서도 아주 직관적으로 새로운 기술, 제품, 서비스를 평가할 수 있게 될 것이다.

# 2
## 국내 체외진단 산업의 미래

### 면도기 비즈니스보다 플랫폼 비즈니스인 체외진단

코로나바이러스는 정말 많은 것들을 바꾸었다. 그중 가장 많은 혜택과 관심을 받은 업종이라면 단연 국내 체외진단이다. 국내 체외진단 기업들은 세계적인 기업들보다 더 빨리 코로나바이러스 진단키트를 개발해냈고 훨씬 많은 양의 코로나바이러스 진단키트를 생산해냈다. 국내에서 신약개발 바이오 업체에 밀려 만년 2인자의 설움을 겪던 체외진단 업체들이 이렇게까지 언론과 전 국민의 관심을 받은 것은 우리나라 바이오 헬스케어 역사 일대의 사건일 정도다.

우리는 코로나바이러스 사태로 인해 체외진단 기기의 진정한 매력을 확인할 수 있었다. 체외진단 산업은 진단 수요가 발생할 때마다 진단키트 매출이 발생하는 이른바 면도기 비즈니스와 유사하다. 게다가 진단키트는 수익성도 높아 매출이 증가할수록 이익률이 더 빠르게 개선되는 영업 레버리지 효과를 동반한다. 대표적인 체외진단 업체인 씨젠의 2019년 매출액은 1,220억 원에 영업이익률은 18.4%에 불과했다. 그러나 세계적인 코로나바이러스 진단키트 수요 폭증으로 2020년 매출 1조 1,252억원, 영업이익률 60.1%를 기록하며 면도기 비즈니스의 매력과 영업 레버리지 효과의 진수를 보여주었다. 또 다른 체외진단 기업인 에스디바이오센서는 2021년 1분기에만 매출액 1조 1,791억 원을 기록했다.

그런데 우리가 잊지 말아야 할 것은 감염성 질환은 특정 시기가 지나면 수요가 급감하는 경향이 있다는 것이다. 2009년에 발생한 신종플루로 인해 1,663억 원까지 상승했던 국내 건강보험의 인플루엔자 관련 진료비는 2011년 203억 원으로 급감했다.[12] 2016년 브라질 일대를 강타했던 지카바이러스의 진단키트 개발에 성공했던 국내 Z사는 2016년 79억 원에 불과하던 매출이 2017년 625억 원까지 급등했으나 지카바이러스 확산이 소강 사태[13]에 접어들면서 2년 만인 2019년에는 매출액이 무려 23억 원으로 곤두박질치고 말았다.

코로나바이러스 역시 감염성 질환이라는 점을 고려하면 체외진단 산업에 대해 막연한 기대보다 체외진단 산업의 본질적인 특성이 무엇인지 좀 더 생각해볼 필요가 있다. 두 가지 차트를 살펴보자. 모두 코로나 영향을 배제한 2019년까지의 차트다. 왼쪽은 글로벌 대형 체외진단 기업들의 장기 주가 추이고 오른쪽은 우리나라 상장 체외진단 기업 18개의 영업이익률 추이다. 해외 대형기업들의 주가는 몇 년째 우상향 곡선을 그리고 있다. 그에 반해 우리나라 체외진단 기업들의 영업이익률은 지속해서 하락하고 있다. 왜 이런 일이 발생할까?

면도기 비즈니스에서 핵심은 면도기를 파는 일이다. 면도기를 고

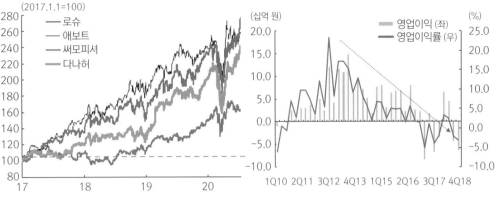

글로벌 대형 체외진단 기업 주가 추이와 국내 체외진단 기업 영업이익률 추이

(출처: 블룸버그, 퀸티와이즈, 국내 체외진단 상장사18개 합산 영업이익률)

객의 손에 쥐어줘야 면도날을 주기적으로 팔 수 있다. 그런데 체외진단 산업이 면도기 산업과 다른 점은 한 번 고객이 도입한 검사장비는 면도기와는 달리 잘 안 바뀐다는 것이다. 이로 인해 이미 장비(면도기)를 많이 보급해둔 세계적 업체들은 진단검사 수요 증가의 혜택을 누리고 있다. 그런데 대부분 국내 업체는 자체 장비를 보유하고 있지 않고 글로벌 대형기업의 장비 중 오픈 플랫폼으로 운영하는 장비에 맞는 시약만을 제조한다. 이런 방식은 당연히 경쟁도 치열하다. 값싼 인건비를 앞세운 인도나 중국의 저가 진단키트와 경쟁해야 한다. 그러니 고객사에 장비를 직접 침투하려고 하면 글로벌 대형기업과 경쟁해야 하고 글로벌 대형기업 장비에 연동된 진단키트를 납품하려고 하면 인도나 중국의 저가 제품들과 경쟁해야 한다. 우리나라 기업들의 이익률이 하락할 수밖에 없는 이유다.

결국 체외진단 산업의 본질은 면도기 비즈니스보다 플랫폼 비즈니스에 가깝다. 플랫폼 비즈니스의 가장 큰 특징은 한 번 플랫폼이 구축되면 가입자들의 네트워크 효과가 발생하면서 경쟁자들에게 상당한 진입장벽이 만들어지는 것이다. 이미 대부분 세계적 업체들은 진단 장비 플랫폼 구축을 완료했다. 심지어 우리나라 대형 검진센터에서 사용하는 장비도 대부분 글로벌 대형기업들의 장비다. 더 무서운 점은 글로벌 대형기업들은 막대한 연구개발비를 투자하며 전방위적인 혁신을 지속하고 있다. 국가 차원 입찰 시장이 많은 유럽 시장에서는 대규모 가격할인도 주저하지 않는 공격적인 모습도 겸비하고 있다. 게다가 대부분 글로벌 대형기업들은 거의 모든 진단검사에 대응할 수 있도록 사업부문을 다각화해 놓았다. 인수합병을 통해 검사 방식과 산출량(소량/중량/대량)에 따른 다양한 검사장비를 확보한 것이다.

자체 장비 경쟁력이 약한 국내 업체 중에서 그나마 가장 좋은 모습을 보이는 사례는 글로벌 대형기업의 장비에다 자체 소프트웨어를 이식한 일종의 하이브리드 방식을 구사하는 업체다. 영리한 방법이지만, 결국 장비생산과 유지보수 등은 글로벌 대형기업에 주도권이 있을 수밖에 없다. 또 다른 사례는 글로벌 기업을 유통망으로 활용하는 사례다. 에스디바이오센서는 2021년 1분기 약 1조 2천억 원의 매출을 기록했는데, 이 중 63%가 로슈라는 대형기업 한 곳에 발생했다. 제품력을 인정받은 결과이기도 하겠지만, 역시 글로벌 대형기업의 영향력이 클 수 밖에 없다. 그렇다면 장기적으로 국내 업체가 지향해야 할 방향성은 무엇일까? 혁신적인 새로운 진단기법을 개발해야 하는가?

결론적으로 국내 업체들이 지향해야 할 길은 진단기법보다 새로운 바이오마커(인체에 존재하는 생체지표) 개발에 달려 있다. 새로운 진단기법을 개발한다고 해도 검사하고자 하는 병원균이 같다면 지금까지와 마찬가지로 결국 가성비 싸움이 된다. 바이오 업체들이 신약을 개발하고자 하는 것처럼 특정 질병을 진단하는 능력을 입증한 새로운 바이오마커를 개발해야 한다. 어떤 질병과 연관이 있는 새로운 바이오마커를 개발하면 새로운 부가가치를 창출할 수 있다. 새로운 바이오마커를 발굴하는 것은 바이오 산업에서 신약First-In-Class을 개발하는 것과 비슷하다고 볼 수 있다.

## 최신 진단기법이 기존 진단기법을 대체하기 어려운 이유

필자는 새로운 진단 방식의 개발보다 바이오마커를 발굴하는 것이 중장기적으로 중요하다고 판단한다. 이에 대한 자세한 설명에 앞서 질병 진단의 큰 그림에 대해 먼저 알 필요가 있다. 모든 나라는 경제 수준, 전문인력 수준, 국토 면적, 기타 우선순위가 모두 다르다. 따라서 모든 나라에 똑같이 적용될 수 있는 진단법은 없다. 다만 환자를 치료하기 위해 최적의 수단을 선택하는 것이다.

필자의 주장이 독자들에게 낯설게 느껴질 수도 있다. 우리는 신기술이 등장하면 기존 기술이 쇠퇴하는 개념에 익숙하기 때문이다. 몇십 년 사이 정말 많은 산업의 주요 기술들이 신기술로 대체됐다. 기술의 진보에 따라 체외진단에서도 최신 기술들이 많이 도입됐다. 그런데 체외진단의 특이한 점은 신기술이 도입돼도 기존 기술이 사장되는 것이 아니라 여전히 나름의 쓰임새에 맞게 사용되고 있다는 것이다.

체외진단은 초기 육안을 이용한 진단법을 시작으로 현미경, 화학

세계 1위 체외진단 기업의 진단 포트폴리오

**Molecular Diagnostics: Centralized and mPoC Solutions**

| | Donor Screening | Infectious Disease | Sexual Health | Transplant | Microbiology | Genomics & Oncology | mPoC |
|---|---|---|---|---|---|---|---|
| RMD Assays | • Multiplex HIV, HCV, HBV<br>• West Nile Virus<br>• B19 and HAV<br>• Hepatitis E<br>• Zika<br>• Chikungunya & Dengue<br>• Babesia | • HIV<br>• Hepatitis B, C<br>• HCV Genotyping | • Human Papillomavirus<br>• Chlamydia & Gonorrhea<br>• Trichomonas vaginalis &<br>  Mycoplasma genitalium<br>• Herpes Simplex | • CMV<br>• Epstein-Barr<br>• BK virus<br>• Adeno virus | • MTB/MAI/RIF-INH<br>• MRSA/SA<br>• C. difficile | • BRAF<br>• K-RAS<br>• EGFR<br>• PIK3CA<br>• Factor II/V | • Influenza A/B<br>• Influenza A/B &<br>  RSV<br>• Strep A<br>• C. difficile |

RMD Platform Strategy

cobas® 6800/8800 Systems     cobas® 4800 System     cobas® Liat® System

• Connectable, advanced PCR automation
• Highest throughput (3x above closest competitor)
• Broad and expanding menu

• Low to middle volume throughput
• Broad menu

• Faster decision making: PCR results in under 20 mins
• Greater oversight: Full IT Connectivity
• Proven performance; improved patient management

(출처: 로슈)

효소법, 배양법, 항원-항체반응법, PCR 기법 등 다양한 기술들이 도
입됐다. 그러나 어느 검사도 다른 검사를 완벽하게 대체한다고 말하
기 어렵다. 예를 들어 PCR 검사는 항원-항체반응 검사보다 더 정확
하게 코로나바이러스를 진단할 수 있지만 감염자 관리는 항원-항체
반응 검사가 더 유용하다고 알려져 있다.

또 다른 예로 역사가 오래된 검사법임에도 대체되기는커녕 여전
히 골드 스탠더드로 활용되는 경우도 있다. 가장 오래된 검사법 중
하나인 현미경으로 조직을 살펴보는 검사(모폴로지)는 암 진단에서,
배양법은 세균과 관련된 질병 진단에서 골드 스탠더드로 사용되고
있다.

체외진단에서 최신 기술이 다른 기술을 완벽하게 대체하지 못한
다는 이 흥미로운 사실은 크게 '경제성Cost-effectiveness'과 '검사 산출
량Throughput'의 이유로 설명할 수 있다. 최근 코로나바이러스로 가장

부각된 기술인 PCR 기술로 접근해보면 쉽게 이해할 수 있다.

비교적 가장 최근에 개발돼 임상에 쓰이고 있는 PCR 기술은 코로나바이러스 확진에 사용될 정도로 민감도가 높은 기술이다. 그런데 PCR 검사가 세계적으로 확대되는 것은 맞지만 그 비중은 생각보다 높은 수준은 아니다. 세계적인 체외진단 기업들의 PCR 검사 매출 비중은 6~16%(코로나 이전 기준)에 지나지 않는다. 오히려 가장 비중이 높은 사업부문은 면역화학진단과 혈액진단이다.

면역화학진단이나 혈액진단의 가장 큰 장점은 검사 과정이 자동화가 이루어져 검사단가가 매우 낮다는 점이다. PCR 검사는 핵산을 추출해서 증폭하는 검사 방식과 검사 과정에 전문인력이 필요하다는 점 때문에 검사단가가 높은 편이다. 게다가 면역화학진단이나 혈액진단은 정기검사가 가능하다. 성인의 경우 적어도 1년에 한 번 이상 혈액검사를 받아본 사람이 아주 많을 것이다. 그러나 코로나 진단검사 외에 살아오면서 PCR 검사를 받아본 적이 있는 사람이 얼마나 될까?

미국에서 가장 큰 상업 검진센터 중 하나인 퀘스트도 매출의 54~56%(코로나 이전 기준)가 정기검사에서 발생한다. PCR 검사는 주로 호흡기, 성병, 소화기 검사에 많이 활용된다. 그런데 성병을 제외하면 계절성이 있어 정기적인 검사를 유도하기가 쉽지 않다. 우리나라에서는 B형 간염 정도가 정기검사 수요가 있는 것으로 알려져 있다.

또한 PCR 검사는 바이러스 검출에 강점이 있는 기술이다. 바이러스는 증상과 증후가 특정 질병에 특정적이지 않고 대개 발열, 오한, 복통, 기침 등 일반적인 증상을 일으킨다. 그래서 증상을 보고 실제 원인으로 추정되는 다수의 병원균을 한 번에 검사하는 멀티플렉스

## 로슈와 퀘스트의 매출 비중

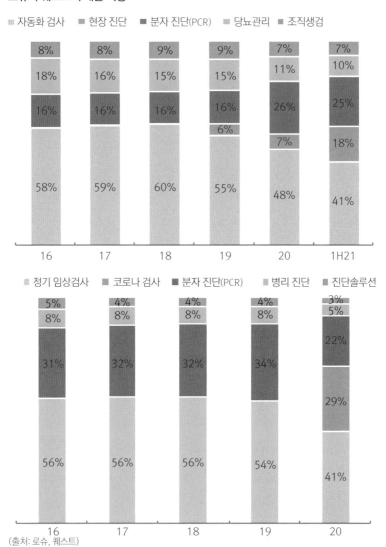

■ 자동화 검사　■ 현장 진단　■ 분자 진단(PCR)　■ 당뇨관리　■ 조직생검

| | 16 | 17 | 18 | 19 | 20 | 1H21 |
|---|---|---|---|---|---|---|
| 조직생검 | 8% | 8% | 9% | 9% | 7% | 7% |
| 당뇨관리 | 18% | 16% | 15% | 15% | 11% | 10% |
| 분자 진단(PCR) | 16% | 16% | 16% | 16% | 26% | 25% |
| 현장 진단 | | | | 6% | 7% | 18% |
| 자동화 검사 | 58% | 59% | 60% | 55% | 48% | 41% |

■ 정기 임상검사　■ 코로나 검사　■ 분자 진단(PCR)　■ 병리 진단　■ 진단솔루션

| | 16 | 17 | 18 | 19 | 20 |
|---|---|---|---|---|---|
| 진단솔루션 | 5% | 4% | 4% | 4% | 3% |
| 병리 진단 | 8% | 8% | 8% | 8% | 5% |
| 분자 진단(PCR) | 31% | 32% | 32% | 34% | 22% |
| 코로나 검사 | | | | | 29% |
| 정기 임상검사 | 56% | 56% | 56% | 54% | 41% |

(출처: 로슈, 퀘스트)

방식이 관심을 받고 있다. 그런데 원인 물질이 바이러스가 아니라 세
균이라면 PCR 방식과 비교해 가격 부담이 아주 낮은 면역화학진단

이나 배양법이 효용이 크다. 면역세포를 활용해 감염 여부를 꽤 정확히 진단할 수 있고 배양이 쉬워 배양을 통해 동정하는 것도 가능하다. 굳이 닭 잡는 데 소 잡는 칼을 쓸 필요가 없는 것이다. 최근에는 많은 업체가 동정과정을 빠르게 하기 위한 검사장비를 연구개발하고 있다.

이런 점을 고려하면 PCR 검사는 핵산 추출과 증폭이 필요하고 이 과정에서 전문인력을 활용해야 하므로 검사단가가 비싸고 정기검사 수요를 만들기 쉽지 않다. 게다가 원인이 되는 병원균이 바이러스가 아니라면 다른 기술로도 충분히 민감도 높은 검사가 가능하다. 따라서 PCR 기술은 구매력이 낮은 개발도상국에서는 빠르게 확산하기가 어렵다. 또한 PCR 작업이 자동화가 진행되고는 있지만 아직 노동집약적인 과정이 많아서 인건비가 높은 선진국에서도 사용되기가 쉽지 않다.

검사 산출량은 PCR 기술의 변화를 들여다보면 쉽게 이해할 수 있다. 현재 가장 널리 사용되는 PCR 기술은 qRT-PCR 기법이다. qRT-PCR 기술은 바이러스의 특정 DNA나 RNA 부위를 증폭하여 검사하기 때문에 미량의 바이러스만으로도 진단이 가능할 정도로 민감도가 높다. 그러나 기술 특성상 검사 과정이 노동집약적이며 4~6시간의 검사 시간이 든다는 단점이 있다. 그래서 '더 빠른 검사 방법'과 '더 높은 민감도의 검사 방법'에 대한 고민이 시작된다. 그렇게 탄생한 기술이 한 시간 내로 검사가 가능한 현장진단 방식의 PCR 기술과 민감도를 극도로 향상한 디지털 PCR 기술이다. 두 가지 기술 모두 qRT-PCR 기술의 부족한 점을 훌륭하게 보완할 수 있지만 qRT-PCR 기술을 완전히 대체하기는 힘들다. 두 기술 모두 검사 산출량이

**애보트의 현장진단 방식의 PCR 기기인 아이디나우**

(출처: 애보트)

작다는 공통된 단점이 있기 때문이다.

현장진단 방식의 PCR 기기의 대표적인 기기가 애보트사에서 생산하는 아이디나우 제품이다. 이 기기는 무려 5분 만에 코로나바이러스 진단이 가능하다고 해서 유명세를 치른 제품이다.[14] 물론 샘플 전처리가 필요하고 PCR 과정에서 수동작업이 필요해 실제 총 진단 시간은 5분보다 길지만 qRT-PCR 검사 시간 대비 매우 단축된 시간임은 분명하다. 온도를 내렸다 올리기를 반복하는 방식인 qRT-PCR과 달리 아이디나우는 등온증폭 방식이며 증폭하는 핵산 길이를 짧게 해 검사 속도를 단축할 수 있다. 그런데 이 장비는 한 번의 검사에 1~2개의 검사만을 수행할 수 있다. qRT-PCR은 보통 96~200개 이상 검사를 한 번에 할 수 있으므로 아이디나우ID Now 같은 검사 방식은 코로나바이러스처럼 검사량이 폭발적으로 증가할 때는 오히려 경제성이 떨어질 수 있다.

4세대 PCR 기법인 디지털 PCR 방식의 장비를 제조하는 대표적인 기업이 미국의 바이오래드다. 모든 검사 방식은 검출한계라는 것이 존재한다. qRT-PCR 기술은 검출한계로 인해 RNA 바이러스가 100

## 디지털 PCR의 원리

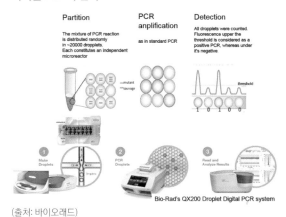

(출처: 바이오래드)

카피는 있어야 바이러스를 검출할 수 있다. 디지털 PCR은 2만 개 이상의 작은 기름 방울로 검체를 쪼개 증폭하는 방식이다. 이론상 바이러스가 1카피만 있어도 바이러스 검출이 가능하다. 그로 인해 민감도가 높아지지만 검사단가가 비싸지고 산출량도 적어진다. 게다가 현장진단 방식과 디지털 PCR 방식 모두 한 번에 여러 개의 병원균을 검사하는 멀티플렉스 검사가 힘들고 특이도가 낮아 위양성이 크다. 코로나바이러스처럼 검출해야 하는 유전자가 명확하다면 경제성과 산출량 모두 qRT-PCR이 월등하게 좋다.

이처럼 체외진단에서는 경제성과 검사 산출량의 이유로 최신 기술이 다른 기술을 완벽하게 대체하기 어렵다. 필자가 새로운 진단법 개발보다 바이오마커 개발이 중장기적으로 중요하다고 이야기하는 것은 새로운 진단법을 개발해도 접근 가능한 시장규모가 생각보다 작을 수 있기 때문이다. 미래는 바이오마커 개발에 있다.

## 진단기법보다 훨씬 중요한 바이오마커 발굴

의료기기 산업의 가장 교과서적인 경영 전략이자 시장 침투 방식은 인수합병이다. 인수합병 트렌드를 살펴보면 산업에서 주목하는 기술이나 트렌드가 어떻게 변화했는지 살펴볼 수 있다. 체외진단 산업의 인수합병 트렌드를 시계열로 살펴보고 그와 관련된 상장사들의 시가총액을 비교해보면 상당히 의미 있는 현상을 발견할 수 있다. 그것은 체외진단 시장의 관심사가 진단기법에서 바이오마커로 변한 것이다.

2010년 초중반까지는 주로 새로운 진단기법들이 주목을 받았다. 대세는 현장진단 방식의 PCR 기술들이었다. 다나허는 세파이드를 약 40억 달러에,[15] 비오메리외는 바이오파이어를 약 5억 달러에,[16] 지멘스헬시니어스는 패스트트랙 다이그노스틱스(인수가격 미공개)를 인수했다.[17] 애보트는 PCR은 아니지만 래피트 키트 세계 1위인 앨리어를 약 45억 달러에 인수했다.[18] 상장사 중에서도 현장진단 방식의 멀티플렉스 PCR 검사를 추구하는 루미넥스는 시가총액 15억 달러, 젠마크는 6억 달러까지 기록하기도 했다. 물론 최근 시가총액은 훨씬 높지만 코로나바이러스 시기는 일반적이기보다는 특수한 상황에 가까워서 배제했다. 결국 루미넥스는 디아소린에, 젠마크는 로슈에 인수되었다.

그런데 2010년 중반을 지나면서 시장의 관심사는 바이오마커로 점점 기울게 된다. 가장 성공적인 회사는 메틸레이션을 비롯한 10개의 바이오마커를 통해 대장암 조기진단 제품을 상용화한 이그젝트 사이언스로 시가총액이 최고 263억 달러(2021년 2월)를 기록하기도 했다. 암세포의 유전변이를 찾아 치료 의사결정에 활용될 수 있는 동반진단 업체들도 주목받았다. 스티브 잡스의 췌장암 검사로 유명했던 파운데이션메디슨은 로슈에 53억 달러의 기업가치를 인정받으며 인수됐고,[19] 미국에서 액체생검으로 유일하게 공보험 급여 혜택을 받는 가던트헬스의 시가총액은 181억 달러(2021년 2월)를 기록하기도 했다.

새로운 바이오마커를 연구하는 데 이용될 수 있는 기술을 개발하는 업체들의 상장도 이어졌다. 적응면역계를 연구하기 위한 기술을 갖춘 어댑티브 바이오테크놀로지스나 단일세포의 염기서열을 분석하는 장비를 제조하는 10x지노믹스는 2019년 상장된 후 각각 시가총액 94억 달러(2021년 1월), 215억 달러(2021년 4월)를 기록하기도 했다.

체외진단의 관심사가 진단기법에서 바이오마커 발굴로 이동하게 된 것은 매우 자연스럽다. 상술했듯이 체외진단에서는 경제성과 검사 산출량으로 최신 기술이 다른 기술을 완벽하게 대체하기 어렵기 때문이다. 새로운 진단기법은 다른 기술을 대체하기 위한 것이 아니라 특정한 목적성을 달성하기 위해 특정한 영역에서 제한적으로 활용될 가능성이 크다.

이와 달리 바이오마커를 개발하면 새로운 시장과 부가가치를 만들어낼 수 있다. 특히 치료와 연계될수록 가치는 높아진다. 바이오마커 개발 연구 경쟁이 치열한 곳이 바로 치료 방법이 있는 질병에 대한 조기진단과 항암제의 효과를 극대화할 수 있는 동반진단이다. 이는 의료 시스템의 3대 이해관계자인 건강보험사와 글로벌 대형기업과 관련이 깊다. 치료 방법이 있는 질병을 조기에 진단함으로써 건강보험사의 총비용을 절감할 수 있고 항암제의 효과를 극대화함으로써 해당 의약품 처방 증가로 제약사의 외형 확대에 기여할 수 있다.

그렇게 되면 진단제품의 가치도 높아질 수밖에 없다. 진단제품의 가격을 책정할 때 단순히 진단에 드는 재료비, 인건비, 기계 감가상각비를 고려하는 것만이 아니라 치료 효과 상승에 의한 의료비용 절감분을 반영할 수 있기 때문이다. 즉 원가 기반이 아니라 가치에 기반한 가격책정Value Based Pricing이 가능해지는 것이다.

의료기기 산업은 여러 가지 이해관계자가 개입된 하나의 시스템이다. 바이오마커의 개발은 보험사와 글로벌 대형기업들의 고민과 맞물린다. 여러 이해관계자와 긴밀하게 엮일수록 진입장벽과 경제적 해자는 높아진다. 이것이 체외진단 업체들이 궁극적으로 바이오마커를 개발해야 하는 이유다.

## 민감도와 특이도보다 유병률과 비즈니스 모델이 핵심

우리나라에서 코로나바이러스가 급속도로 퍼지고 있던 2020년 3월은 그야말로 온 나라가 난리통이었다. 그런데 발열이나 기침 등 코로나바이러스와 관련이 있다고 알려진 증상들이 발현돼 혹시나 하는 마음에 가까운 선별진료소를 찾아가면 생각보다 검사를 받는 과정이 간단하지 않다고 느끼는 사람들이 많았을 것이다. 누구를 접촉했는지, 어디 갔는지, 증상이 어떤지 등 생각보다 많은 질문을 받은 후 검사를 시작하는 경우가 많았을 것이다.

그 이유는 바로 양성예측도 때문이다. 어떤 측정값이 양성일 경우 진짜로 양성인 경우가 얼마나 되는가를 나타내는 지표다. 여기서 가장 핵심적인 역할을 하는 것이 유병률이다. 유병률이 낮으면 아무리 민감도나 특이도가 높아도 양성예측도가 크게 낮아진다. 따라서 그

## 체외진단에서 많이 사용되는 용어

| | |
|---|---|
| ① 양성예측도<br>Positive Predictive Value | 진단결과 양성으로 판정받은 사람이 진짜 양성일 확률. |
| ② 민감도<br>Sensitivity | 환자를 환자로 판정할 확률.<br>민감도가 높은 검사에서 일반인으로 판정받으면<br>더욱 신뢰할 수 있다. 선별검사는 민감도가 중요하다. |
| ③ 특이도<br>Specificity | 일반인을 일반인으로 판정할 확률.<br>특이도가 높은 검사에서 환자로 판정받으면 더욱<br>신뢰할 수 있다. 확진검사는 특이도가 중요하다. |
| ④ 정밀도<br>Precision | 사람과 장소가 바뀔 때 아니면 같은 사람이<br>반복적으로 수행했을 때 검사 결괏값이<br>일정 범위 내에서 재현될 수 있는가를 측정한다. |
| ⑤ 정확도<br>Accuracy | 사전에 정의한 참값에 측정치가 얼마나 가까운가를<br>측정한다. |
| ⑥ 위양성<br>False Positive | 일반인을 환자로 판정할 확률.<br>특이도가 낮으면 위양성이 높다. |
| ⑦ 위음성<br>False Negative | 환자를 일반인으로 판정할 확률.<br>민감도가 낮으면 위음성이 높다. |
| ⑧ 통계적 유의성 확보 실패 | 귀무가설을 잘못 기각할 확률이 5% 이상인 경우. |

냥 검사할 때보다 코로나바이러스와 관련된 질문을 통해 코로나바이러스에 대한 유병률을 인위적으로 높이는 것이다. 건강검진을 할때도 몇 세 이상부터는 주기적인 검사를 권한다. 그런데 젊은 층에 주기적인 검사를 강력하게 권유하지 않는 것도 유병률과 관련이 있다. 유병률이 낮으면 양성예측도가 떨어지기 때문이다. 보통 진단을 생각할 때 민감도와 특이도만을 생각하지만 시장규모를 고려하면 유병률이 가장 중요한 개념이다. 반드시 기억하는 것이 좋다.

그러나 유병률보다 더 중요한 개념이 있다. 바로 비즈니스 모델이다. 유병률이 높은 질병 중 하나는 유방암이다. 유방암은 미국에서 여성 신규 암 환자 중에서 무려 30%(268,600명)를 차지하며 여성 암 환자 사망원인 2위(41,760명)에 해당한다. 20~59세의 여성에서는 암 사망원인 1위라고 한다.[20] 유병률이 높은 만큼 유방암 진단 업체가 많다. 그런데 이들 진단 업체를 관찰해보면 비즈니스 모델에 따라 기업가치가 상당히 달라지는 것을 확인할 수 있다. 그 사례로서 유방암의 재발 우려와 화학요법의 효과를 예측하는 예후진단(지노믹헬스), 유방암 발생 가능성을 검사하는 유전성 암 검사(미리어드제네틱스), SNP 검사(23앤드미)의 세 가지 경우를 살펴보도록 하겠다.

지노믹헬스는 유방암 예후와 관련된 HER2, Ki-67, GRB7, CD68 등 21개 유전자 발현 여부를 PCR로 측정해 치료 후에 유방암 재발 가능성과 화학항암제 치료 효과가 얼마나 될지 알려주는 검사 서비스를 제공하고 있다.[21] 이 검사는 처음 진단을 받은 초기 유방암 환자 중 림프절 전이 음성 또는 양성(미세전이, 1~3개), 에스트로겐 수용체 양성, HER2 음성 환자에 적합한 검사다. 의사는 검사 결괏값이 낮으면 재발 확률이 낮아 호르몬요법을 권유할 수 있고 검사 결괏값이 높을수록 화학항암제 치료 효과가 크다는 의미이므로 화학요법과 호르몬요법을 병용하는 치료를 권유할 수 있다.

온코타입Oncotype이라고 불리는 이 진단제품은 1만 명 이상이 참여한 대규모 임상시험인 TAILORx 시험결과를 바탕으로 미국의 NCCN, ASCO, AJCC나 유럽의 ESMO, NICE 등 세계 주요 유방암 치료 가이드라인에 포함된 유일한 유전자 검사법이다.[22] 현재 지노믹헬스는 암 진단 기업인 이그젝트사이언스에 인수돼 정확한 기업가치를 측정하기 힘들지만 인수금액은 28억 달러에 달했다.[23]

미리어드제네틱스는 유방암 중에서 유전성 유방암과 관련된 검

**지노믹헬스의 유방암 예후진단 제품인 온코타입Dx**

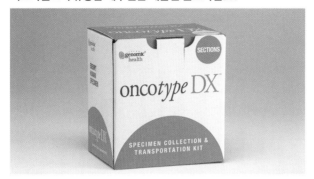

(출처: 지노믹헬스)

사 서비스를 제공한다. 이 회사는 미국 영화배우 안젤리나 졸리가 유방을 절제하기 전 받았던 검사로 유명한 기업이다.[24] 유방암 중 5~10%는 유전적 원인으로 발생하는데 대부분 유전변이가 BRCA1, BRCA2라는 유전자의 이상에 의해 발생한다. 가족력이 있는 사람을 대상으로 진행되며 혈액을 이용해 검사한다.

이 기업의 비즈니스 모델은 두 가지 한계가 있다. 첫 번째는 유전성 암인 경우 유전자 변이가 암 발병에 미치는 영향력이 큰 것은 사실이지만 후천적인 요인에 의해 발생하지 않을 확률을 배제할 수 없다는 것이다. 유전변이가 발견된다고 해도 안젤리나 졸리처럼 유방을 절제해야 한다고 결론 내리기가 쉽지 않다. 두 번째는 미국에서 유전자에 대한 특허가 금지되면서 경쟁이 너무 치열해졌다. 이 기업은 BRCA1과 BRCA2 유전자 특허를 바탕으로 1996년부터 유전성 유방암 검사키트를 독점 판매해왔으나 2013년 미국 대법원 판결에 따라 독점권이 무효화되면서 경쟁자의 시장 침투가 허용됐다.[25] 2014년(회계연도 기준) 7억 1,970만 달러에 달했던 유전성 암 검사

**미리아드제네틱스의 유전성 암 리스크 검사 매출 추이**

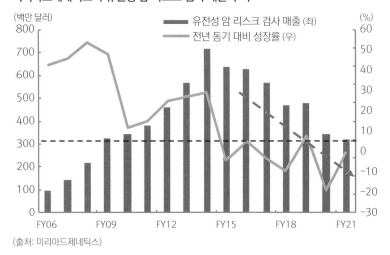

(출처: 미리아드제네틱스)

매출은 2021년(회계연도 기준) 3억 2,140만 달러까지 감소됐고 42억 달러에 달했던 시가총액은 2020년 7월 10일 기준 8억 달러 수준으로 하락했다. 그러나 최근 구조조정 전략을 시행하면서 2021년 7월 기준 24억 달러까지 상승했다.

　마지막으로 소개할 '23앤드미'라는 기업은 미국의 대표적인 개인 유전자 검사 업체로 미리어드제네틱스와 같이 유방암 발생 가능성을 예측하는 검사 서비스를 제공한다. 그러나 미리어드제네틱스와는 큰 차이가 있는데 가장 큰 차이는 가격이다. 몇천 달러가 소요되는 미리어드제네틱스와 달리 23앤드미의 검사는 200달러 수준에 불과하다. 이렇게 가격 차이가 나는 이유는 검사하는 항목이 상당히 차이가 나기 때문이다. BRCA1, BRCA2, CDH1, PTEN, TP53, ATM, CHEK2, PALB2 등 2만 개가 넘는 유전변이를 검사하는 미리어드제네틱스와 달리 23앤드미는 타액을 활용해 BRCA1와 BRCA2에 존재

### 23앤드미의 개인 유전자 검사키트

(출처: 23앤드미)

하는 단 3개의 돌연변이만을 검사한다.

BRCA1과 BRCA2 유전자는 각각 80,000bp가 넘는 긴 유전자다. 즉 총 16만 개의 염기서열에서 유전변이가 발생할 수 있다. 단, 세 개의 유전변이만으로 설명 가능한 유방암은 제한적일 수밖에 없다. 게다가 검사하는 유전변이의 개수도 개수지만 이 세 개의 유전변이는 특정 인종Ashkenazi Jewish에서만 주로 관찰되는 것이다. 다른 인종에서는 거의 발견되지 않는 변이라고 한다. 그래서 미국식품의약국은 23앤드미에게 검사 서비스는 승인했지만 검사결과가 음성이라고 나와도 유방암 위험에서 완전히 벗어난 것은 아니라고 분명히 경고하고 있다.[26] 25억 달러의 기업가치로 평가되었던 23앤드미는[27] 2021년 1월 시가총액 54억 달러로 상장에 성공하였으나, 7월에는 32억 달러 수준까지 하락하였다.

이처럼 체외진단 산업에서 시장규모 측면에서 유병률은 매우 중요하다. 하지만 유병률이 높은 질병이라도 비즈니스 모델에 따라 기업가치가 상당히 달라진다. 근거가 명확해야 하고 실제 진단에 이용될 가능성이 있고 특히 치료와 관련이 깊을수록 가치가 상승한다. 민감도와 특이도는 매우 기본 중의 기본적인 사항일 뿐이다. 기본의 중요성은 두말할 필요가 없지만 기본만으로는 아무것도 할 수 없다.

### 개인 유전자 검사 업체에 검사항목 확대보다 더 중요한 것들

개인 유전자 검사 업체는 개인의 유전형질을 분석해 특정 질병에 걸릴 확률이나 약물 감수성 혹은 신체적 특징을 예측하는 서비스다. 대표적인 업체인 앤세스트리닷컴과 23앤드미는 각각 2021년 7월 28일 기준 2,000만 건, 1,200만 건의 개인 유전 정보를 확보한 것으로 추정되고 있다.[28]

그런데 2020년 들어 이상한 일들이 벌어졌다. 2020년 1월에는 23앤드미가 100명(전체 직원의 14%)의 감원을 발표했고[29] 곧이어 2월에는 앤세스트리닷컴이 전체 직원의 6%를 감축하려는 계획을 발표했다.[30] 사실 개인 유전자 검사 업체에 대한 심상치 않은 분위기는 그 이전부터 감지되고 있었다. 이들 개인 유전자 검사 업체들에 검사패널을 제공하는 가장 큰 업체가 유전자 분석 장비업계의 최강자인 '일루미나'라는 기업이다. 그런데 개인 유전자 검사용 패널을 취급하는 사업부인 마이크로어레이 사업부문의 성장세가 2018년 2분기부터 둔화되더니 2019년 1분기부터 8분기 연속 역성장을 기록했다. 2021년부터는 반전이 일어났는데, 이는 코로나에 의한 이연수요가 반영된 것으로 진정한 수요회복이라 보기는 힘들다. 그뿐 아니라

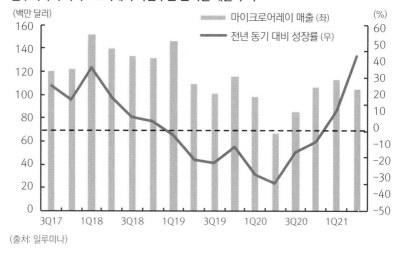

**일루미나의 마이크로어레이 사업부문 분기별 매출 추이**

(백만 달러)

- 마이크로어레이 매출 (좌)
- 전년 동기 대비 성장률 (우)

(%)

(출처: 일루미나)

미국 최대의 상업 검진센터인 랩콥에서도 2019년 들어서 분기실적 발표 콘퍼런스 콜마다 개인 유전자 검사 업체 제품의 검사량 둔화를 언급하고 있었다.

개인 유전자 검사 제품은 2000년대부터 뜨거운 관심을 받아왔지만 그만큼 한계도 명확하다. 웰니스를 넘어서 진단기기로 인정받기 어렵다는 것이다. 개인 유전자 검사들이 진단기기로서 영역을 확대하려고 하면 규제기관뿐 아니라 병원이나 의사들의 의견도 부정적인 경우가 많다. 미국에서는 개인 유전자 검사 업체들을 일컬어 재미로 하는 유전검사Recreational Genetic Testing라고도 부른다.

개인 유전자 검사 제품들이 진단기기로 인정받기 어려운 이유는 유전형질이 질병에 미치는 영향이 절대적이라고 밝혀낸 질병이 매우 드물기 때문이다. 유전형질 자체가 원인이 되는 질병은 희귀유전질환Monogenic disease이나 특정 유전성 암을 제외하면 밝혀진 바가 거의 없다. 우리 주변에서 흔히 접하는 질병(유전성 암을 제외한 모든 암, 당뇨 등)들은 유전형질에 의해서 결정되는 것이 아니라 여러 환경적 요인들과 함께 작용하는 복합형질에 해당한다. 설사 어떤 질병에 특정 유전형질이 영향을 미치는 것이 밝혀졌다고 하더라도 결국엔 크고 작은 확률값이 될 수밖에 없다. 그런데 그 확률값은 물론이고 그 질병에 유전형질이 미치는 영향력도 잘 모른다는 것이다. 아직 개인 유전자 검사는 임상에 적용되기에는 긴 호흡을 가진 후속연구와 추적연구가 더 필요하다.

그래서 개인 유전자 검사 업체들은 검사결과를 업체마다 동일한 값으로 제시할 수 없다. 개인 유전자 검사 업체들은 본인들의 유전체 칩과 개인의 염기서열을 비교분석한 후 결괏값을 자신만의 알고리즘에 의한 예측 모델로 제시한다. 회사들마다 결괏값이 다르게 나올 수밖에 없고 그 결괏값을 진단에 활용할 수가 없는 것이다. 이것이 개인 유전자 검사를 미국에서 재미로 하는 유전검사라고 부르는 이유다. 결국 개인 유전자 검사의 검사결과는 유전형질과 질병의 인과관계가 아니라 상관관계를 나타낸 것일 뿐이다. 쉽게 말하면 무릎이 쑤실 때마다 비가 온다고 하는 어르신들이 있다. 무릎이 쑤시는 것과 비가 내리는 것은 상관이 있어 보이지만 절대적으로 영향을 미치는 요인이 아닌 것과 같은 논리다.

그런데 더 놀라운 점은 개인 유전자 검사 업체들이 활용하는 것은 유전자가 아니라는 것이다. 개인 유전자 검사 업체들은 SNP(스닙이라고 읽음)라고 불리는 돌연변이에 있는 단일 염기쌍을 분석한다. 이것은 유전자가 아니라 정확하게 대립유전자Allele라는 것이다. 이것이 왜 문제가 되냐면, SNP는 통계적으로 인구의 1~5%에서 발생하는 변이를 말한다. 즉 이보다 더 적은 확률로 발생하는 변이는 감지할 수 없다. 또한 우리 몸의 돌연변이는 SNP 외에도 염기의 삽입과 결실, 중복, 전좌, 역위 등 다양하다. 게다가 돌연변이는 염기의 특정 구간뿐 아니라 복수의 염기, 나아가 유전자와 염색체 단위에서도 발생할 수 있다.

SNP 검사는 한계가 뚜렷하다. 의학적 진단기능을 인정받을 수 없다 보니 헬스케어로서의 부가가치를 창출하기 어렵고 일회성 검사로 끝나버리고 만다. 미국 개인 유전자 검사들의 위기는 미국에서 이제 개인 유전자 검사를 받을 만한 사람은 거의 받았다는 의미이거나 해외 진출이 생각보다 쉽지 않다는 것으로 해석할 수 있다. 사실 미국인, 더 넓게는 서양인의 데이터로 만들어진 알고리즘이 동양인에게 제대로 작동할 가능성은 작지 않겠는가? 그래도 미국 업체들은 사정이 낫다. 일시적이라도 호황은 누려봤기 때문이다. 미국 개인 유전자 검사 업체들은 혈통분석이라는 '킬러 앱'을 발굴해 한 시대를 풍미했다. 그 덕에 얻은 데이터로 23앤드미는 글락소스미스클라인 GSK, 제넨테크 등과 연구개발 파트너십 개발을 체결하기도 했다.[31]

자, 그렇다면 우리나라 업체들은 여기서 무엇을 얻을 수 있을까? 이제 막 걸음마 단계인 우리나라 개인 유전자 검사 업체들이 얻을 수 있는 인사이트는 세 가지다.

첫째, 검사항목을 늘리는 것이 중요한 것이 아니라 우리나라에서 미국의 혈통분석만큼 킬러 앱 역할을 할 아이템이 무엇인지 고민하는 것이다. 우리나라는 실손보험과 연계된 마케팅이 그 대안으로 주목받았다. 하지만 차별화가 힘들고 몇몇 업체들의 공격적인 마케팅 때문에 고객이 거부감을 느끼는 사례가 발생하고 있다. 차별화된 킬러 앱의 발굴이 매우 중요하다.

둘째, 유전자 검사결과와 연계된 솔루션을 강화해야 한다. 우리가 헬스장에 가면 먼저 인바디 검사를 한 후 검사결과를 바탕으로 PT 서비스로 유도하는 것과 유사한 개념이다. 검사결과 연계 솔루션은 생활습관(식습관, 수면습관, 운동량)을 조절해줄 수 있는 프로그램과 연계가 필요하며 의료기관과 연계되면 더욱 좋다. 고객의 개인화 수요가 있고 사치재처럼 소비할 수 있는 품목이 좋다고 생각한다. 처음에는 솔루션을 제공할 수 있는 업체들과 파트너십 형태도 유효할 수 있다. 하지만 규모가 커지면 솔루션 업체들과 서로 누가 주도권을 쥘 것인가에 대한 싸움이 시작될 수 있다. 결국 솔루션 업체들을 플랫폼 형태로 내재화할 수 있는 개인 유전자 검사 업체들이 유리할 수 있다고 생각한다.

셋째, 수집한 유전 데이터는 표현형 데이터가 함께 있어야 가치가 커진다. 유전형질이 질병에 미치는 영향에 대해서는 오랜 후속·추적 연구가 필요하다. 따라서 코호트(통계적으로 동일한 특색이나 행동 양식을 공유하는 집단)를 설계해서 후속·추적 연구를 진행하는 것이 중요하다. 표현형 데이터는 유전형질이 아니라 겉으로 드러나는 형질인 나이, 머리색, 성별, 키, 몸무게 등과 같은 데이터를 말한다. '특정 유전형질을 지니는 사람의 표현형 데이터'를 함께 가지고 있어야 그 데이터의 가치가 커진다. 23앤드미가 글락소스미스클라인이 제넨테크 같은 세계적인 바이오 기업과 연구 파트너십을 맺을 수 있었던 것도 모두 표현형 데이터를 함께 가지고 있었기 때문이다. 따라서 데이터 수집을 할 때 반드시 표현형 데이터 수집 방법에 대해서도 고민을 해야 한다.

# 3
# 원격의료의 미래

## 원격의료 때문에 원격의료를 도입한 나라는 없다

2020년 코로나바이러스로 가장 히트 친 키워드 중 하나는 누가 뭐래도 원격의료일 것이다. 원격의료는 의료기관을 방문하지 않고 화상이나 음성을 활용해 진료를 볼 수 있도록 구현된 의료 솔루션이다. 원격의료가 가장 활발하게 이용된 국가는 미국과 중국을 꼽는다. 그런데 미국과 중국에서는 코로나바이러스 이전부터 원격의료가 부각되고 있었다. 미국과 중국이 코로나바이러스 이전부터 원격의료를 도입한 이유를 살펴볼 필요가 있다.

가장 중요한 원격의료의 효용은 의료수급 불균형을 해결해줄 수단이 될 수 있다는 것이다. 원격의료를 통하여 의료접근성을 높이고, 진료 회전율을 높일 수 있다. 인류의 수명은 빠르게 증가하고 있고, 전 세계는 빠르게 고령화가 진행되고 있다. 고령화는 필연적으로 의료수요 및 의료비용 증가로 이어진다. 우리나라 건강보험심사평가원에

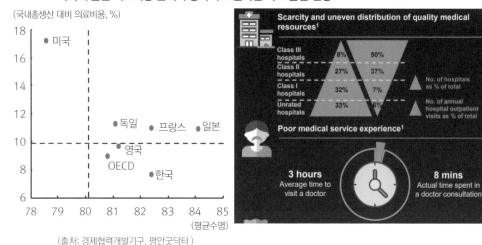

미국의 높은 의료비용 문제와 중국의 고질적인 의료 쏠림 현상

(국내총생산 대비 의료비용, %)

(출처: 경제협력개발기구, 평안굿닥터)

의하면 65세 이상 인구는 전체 건강보험 급여 적용대상의 13%에 불과하지만, 전체 급여비용의 40%를 차지한다. 또한, 65세 이상의 인구는 70% 이상이 한 개 이상의 만성질환을 보유하고 있다. 빠르게 증가하는 의료수요에 비해 의료공급은 빠르게 진행되기 어렵다. 한 사람의 의사를 육성하는 데는 적어도 10년 이상의 수련 과정이 필요하기 때문이다. 따라서 대부분의 국가에서 의료 수요와 공급은 불균형을 이루게 된다. 미국에서는 2033년 13만 명 이상의 의사가 부족할 것으로 예상되며, 현재 주치의Primary Care Physician가 없는 성인인구가 26%에 달한다. 중국은 1,000명 당 의사수가 OECD 평균인 3.4명을 크게 하회하는 1.8명 수준에 그치고 있다. 그러다 보니 미국에서는 병원 예약 후 방문까지 가정의학과 기준 최대 60일을 넘기는 경우가 있다고도 한다. 중국은 3시간을 기다려 8분 정도의 진료를 받을 수 밖에 없다고 한다.

이뿐 아니라 원격의료는 직간접 의료비용을 감소시키는 데도 기여할 수 있다. 이는 특히 높은 의료비용으로 악명이 높은 미국에서 유용할 수 있다. 미국은 공공의료 영역과 민간의료 영역의 구분을 명확하게 하고 있어서 실질적으로 의료비용 통제가 쉽지 않은 상황이다. 민간의료 영역은 민간기업에 의해 시장경제 논리로 운영되고 있기 때문이다. 그런데 원격의료는 시장경제 논리를 해치지 않으면서 경증질환 환자를 대상으로 의료전달체계를 거치지 않는 응급실 방문 가능성을 감소시키는 방식 등으로 불필요한 의료지출을 줄일 수 있는 효용이 있다. 즉 원격의료는 기존 헬스케어 산업 이해관계자의 이익을 크게 훼손하지 않으면서 의료비용을 낮추는 목적을 달성하는 좋은 수단이 될 수 있다. 또한, 캘리포니아 데이비스 대학의 헬스 시스템이 1996년부터 2013년까지 11,281명의 원격의료 상담 데이터를 분석한 결과, 원격의료를 통해 병원에 방문하기 위해서 소요될 수 있었던 290만 달러의 비용과 9년이라는 시간을 절약할 수 있었다고 한다.

이처럼 원격의료는 의료수급 불균형 해소와 비용절감을 위해 도입되었다. 원격의료 그 자체를 위해서 원격의료를 도입한 나라는 찾지 못했다.


## 미중 원격의료 업체들의 3단계 성장 전략

원격의료가 공공 목적으로 유의미하다는 것은 코로나바이러스로 인해 여러 나라에서 증명됐다. 심지어 원격의료에 상당히 보수적인 우리나라조차도 한시적으로 원격의료를 허용한 상황이다.[32] 그런데 기업 입장에서 원격의료 사업은 돈이 되는 사업이었을까? 코로나바이러스와 같은 현상은 일반적인 현상은 아니다. 원격의료 사업 업체들은 어떤 가능성을 보고 사업에 뛰어들었을까? 원격의료가 산업화가 되려면 반드시 짚고 넘어가야 하는 부분이다.

대체로 원격의료 업체들을 살펴보면 가입회원수와 이용률이라는 지표를 발표한다. 왜 가입회원수와 이용률이라는 지표를 발표하는 것일까? 코로나바이러스가 발생하기 전 원격의료 기업들이 사용한 전략을 미국과 중국의 사례를 바탕으로 알아보자. 결론부터 이야기하자면, 원격의료 업체들은 살아남기 위해서 최대한 가입고객을 확보하고 이용률을 높인 후 해외로 확장하는 전략을 사용해왔다.

원격의료 성장 전략 1단계는 '사람을 모으는 것'이다. 원격의료로 모든 진료를 대체하는 것은 불가능하다. 의료 산업은 규제 산업이고 환자를 진단하고 치료할 기술도 충분히 갖추어져 있지 못하다. 그리고 환자나 의사 모두에게 존재하는 대면진료 대비 원격의료에 대한 심리적 거부감도 또 다른 중요한 장벽이다. 이러한 규제, 기술, 그리고 심리적 거부감 같은 제한사항을 만족할 수 있는 질환은 경증질환이다.

그런데 원격의료 사업에 진출하려는 기업으로서 생각해보면 이것은 굉장히 심각한 문제가 된다. 원격의료 자체만으로는 사업 초기에 규모의 경제를 이룩하는 것이 상당히 어렵기 때문이다. 첫 번째 문제는 수요다. 경증환자 특성상 수요가 폭발적으로 발생하기 어렵다. 두 번째는 고가의 진료가 어렵다는 것이다. 원격의료는 경승환자를 대상으로 하며 음성과 화상을 이용한 진료라는 특성상 컴퓨터단층촬영이나 자기공명영상 같은 고가의 진료가 어렵다. 대부분 원격진료한 건당 진료가격은 몇만 원 수준에 불과하다.

기업 입장에서 생각하면 원격의료는 의사와 환자를 매칭하는 의료 플랫폼이다. 플랫폼 사업자가 규모의 경제를 이룩하기 어렵다는 것은 시장참여자인 의사와 환자 모두에게 플랫폼 사업자로서 협상력이 약해진다는 의미다. 고객들이 많이 모이지 않으면 의사들과 유리하게 가격협상을 하기 힘들다. 반대로 의사를 충분히 확보하지 못하면 고객들에게 적절한 의료 서비스를 제공하기 힘들다. 따라서 사업 초기에는 이익이 나지 않더라도 고객수를 최대한 늘려야 한다. 미국과 중국의 대표적인 원격의료 업체들은 사업 초기에 이러한 문제들을 어떻게 해결했을까?

이는 기업들의 매출 구조를 살펴보면 명확하게 알 수 있다. 실제로 미국과 중국을 대표하는 원격의료 업체인 텔라닥과 평안굿닥터의 전체 매출에서 원격의료 매출이 차지하는 비중은 매우 낮다. 2020년 텔라닥의 원격의료 매출은 전체 매출의 19%, 평안굿닥터의 원격의료 매출은 23%에 불과했다. 그럼 나머지 매출은 무엇일까? 여기에 기업들이 플랫폼 참여자들을 확보한 해답이 숨어 있다.

미국 원격의료 업체인 텔라닥이 선택한 방식은 구독 모델이다. 텔라닥은 개인 고객보다는 보험사나 기업체와 계약을 맺어 직원수나 고객수에 비례한 월 사용료를 받고 원격의료 서비스를 제공한다. 2019년에 텔라닥의 고객수는 2018년보다 무려 2,370만 명이 증가했다. 이는 미국 최대 보험사인 유나이티드헬스그룹과의 계약으로 1,500만 명의 추가 고객을 확보했기 때문이다.[33] 이런 식의 B2B 모델을 활용해 빠르게 고객수를 늘려 원격의료가 발생하지 않더라도 안정적인 매출을 확보하고 이를 통해 의사들과의 협상력이 증가할 수 있는 것이다. 텔라닥은 현재 미국 『포춘』 선정 500대 기업의 40%와 50개 이상의 미국 사보험사를 고객으로 확보하고 있으며 구독료 매출이 전체 매출의 84%를 차지하고 있다. 2021년 2분기 말 기준 총 고객수는 우리나라 전체 인구를 넘어서는 약 7,470만 명에 달한다. 기업 고객을 공략하는 이유는 기업이 직원의 연간 보험료의 70% 이상을 부담하기 때문이다. 미국 전체 기업의 57% 이상과 200명 이상 기업의 99%는 직원들에게 건강복지 프로그램Health Plan을 제공하고 있다.[34] 기업과 보험사는 건강보험 재정의 손해율을 관리해야 할 수요가 상당히 크다. 대기업에서는 직원이 자사의 건강복지 프로그램에 참여하면 인센티브를 제공하는 경우도 많다. 따라서 텔라닥은 기업과 보험 고객을 유치하기 위해 다양한 케이스 스터디를 통해 자기 회사의 플랫폼이 투자자본수익률ROI이 높다는 것을 주요 마케팅 포인트로 삼고 있다. 현재 미국 자체 보험을 운영하는 미국 대기업들의 84% 정도가 원격의료를 활용하고 있다고 한다.[35]

중국의 평안굿닥터는 중국 빅3 보험사이자 모기업인 평안보험을 적극적으로 활용하고 있다. 평안생명보험 앱을 통해 원격의료 서비스를 제공하며 평안보험 고객 전용 상품인 헬스 360을 출시했다. 해당 상품은 보험 가입자에게 우선 예약권과 진료권을 제공하는 혜택을 부여한 상품이다. 또한 개인과 기업을 대상으로 한 건강검진 서비스도 진행하고 있는데 주력 고객은 평안보험그룹사 임직원이다. 이처럼 이 회사는 평안보험 네트워크를 활용해 2020년 말 기준 미국 전체 인구보다 큰 3억 7,280만 명의 고객을 확보했다. 평안굿닥터는 온라인 약국이나 비 평안보험 고객사 확보 등으로 다각화를 시도하고 있다. 이는 다시 평안보험 고객으로 연계될 가능성이 커 상호 간

**평안굿닥터와 텔라닥의 매출 비중**

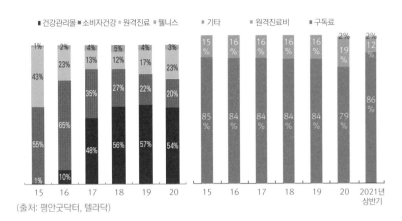

(출처: 평안굿닥터, 텔라닥)

의 높은 시너지가 기대된다.

　원격의료 성장 전략 2단계는 '이용률을 높이는 것'이다. 미국의 텔라닥과 중국의 평안굿닥터는 지속적으로 고객수를 늘리며 각각 한국과 미국 인구보다 많은 고객을 확보했다. 시장참여자를 충분히 확보했다면 이제 시장참여자들이 플랫폼을 충분히 활용할 수 있게 해야 한다. 원격의료 플랫폼의 이용률을 높이는 것은 플랫폼의 지속성을 위해서 상당히 중요한 문제다. 원격의료가 통상 감기나 피부 트러블 같은 경증환자 또는 일반인을 대상으로 하기 때문에 이들이 주기적으로 원격의료를 이용하는 것은 어려운 일이다. 실제로 코로나 이전 미국 원격의료 업체들의 평균 이용률은 2~3% 수준에 불과하다고 한다.[36]

　텔라닥과 평안굿닥터는 이용률을 높이기 위해 다양한 전략을 구사하고 있다. 텔라닥은 주력인 응급진료 서비스 외에 정신건강과 2차 소견 서비스 등으로 제품군을 확대해나가고 있다. 최근에는 영양

상담과 소아·청소년과 제품을 추가했다. 주요 고객사 케이스 스터디를 해보면 제품군 확대는 월 구독료와 이용률이 증가하는 효과로 이어지고는 것을 확인할 수 있다. 특히 정신건강은 반복수요가 존재하고 진료비가 비싸 가장 부각되는 적응증이다. 정신건강의 대면진료는 보험 처리가 안 되는 경우가 많고 진료 방식이 상담으로 진행되는 경우가 많아 원격의료가 활용되기 유용하다. 최근에는 병원용 원격의료 플랫폼 기업 인터치를 인수했다. 인터치의 플랫폼은 작은 병원에서 큰 병원으로 원격의료를 요청할 때 사용하는 플랫폼이다. 이로 인해 텔라닥의 고객들은 코로나 이전 기준 산업평균인 2~3%를 훨씬 웃도는 9~10%의 높은 이용률을 보이고 있었다. 이 비율은 2021년 상반기 기준 21.5%까지 상승했다.

중국의 평안굿닥터는 고객 이용률을 높이기 위해 플랫폼 생태계 강화와 평안보험 외 고객 확대 전략을 활용하고 있다. 평안굿닥터의 일 평균 상담 횟수는 지속적으로 상승해 91만 건에 달하며 2020년 상반기까지 11억 건 이상의 원격의료 서비스를 제공했다. 다점집업, 의련체, 온라인 처방 의약품 배송 등 중국정부가 전향적으로 실행하는 원격의료 관련 규제 완화를 적극적으로 활용해 원격진료, 예약, 처방, 온라인 의약품 배송에 이르는 원격의료 통합 솔루션을 제공하고 있다. 평안굿닥터는 원격의료 생태계를 지속적으로 강화해나가며 현재 3,000개 이상의 병원 네트워크(1,900개의 3급 병원 포함)와 상급병원 소속의 의사 5,381명, 9만 4,000개의 약국 등을 확보했다. 최근 푸저우 지방정부와 함께 지역 인터넷 병원 플랫폼을 론칭했다.

또한 기존 평안보험그룹 고객 전용 상품인 헬스 360 외에 비평안보험 고객을 대상으로 한 프라이빗 닥터 멤버십 서비스를 론칭했다.

**텔라닥 고객의 원격진료 이용률 추이**

───── 이용률

21.5%

14.5%

9.4%

8.5%

9.3%

6.1%

8.5%

6.5%

2014  2015  2016  2017  2018  2019  2020  2021년 상반기

(출처: 텔라닥)

현재 멤버십 이용고객의 매출 비중은 원격의료의 59% 수준이다. 이들은 일반 고객 대비 평균 원격의료 이용횟수가 2.7배 높다고 한다.

원격의료 성장 전략 3단계는 '해외 확대'이다. 원격의료는 국가별로 규제가 달라서 직접 진출 전략보다는 제휴, 파트너십, JV, 인수합병 등의 전략이 주로 사용된다. 미국의 텔라닥은 인수합병과 파트너십을 활용해 가장 적극적으로 해외에 진출하고 있다. 텔라닥의 해외 매출은 2017년 1,830만 달러에서 2020년 1억 2,520만 달러까지 가파르게 상승했다. 주로 선진국을 중심으로 목표 지역을 설정하고 있다. 현재 침투 가능한 시장에 1% 정도 침투한 것으로 추정하고 있다.

중국의 평안굿닥터는 구체적인 해외사업 매출에 대해 공개하지는 않고 있지만 아시아 지역을 중심으로 해외사업을 진행하고 있는 것으로 알려져 있다.

## 코로나바이러스가 원격의료의 구조적 성장에 미친 진짜 영향

코로나바이러스 사태는 원격의료 업체들에게 상당한 매출증가 효과를 일으켰다. 실제로 미국의 텔라닥은 원격의료 수요가 폭증하며 2020년 원격의료 매출이 약 2억 달러를 기록했다. 이는 2020년 대비 130% 상승한 수치였다. 그런데 원격의료가 확대된 가장 큰 이유는 치료 목적보다는 감염회피라는 것을 기억할 필요가 있다. 우리가 코로나바이러스로 원격의료의 효용을 체감한 것은 맞지만 코로나바이러스와 관련된 의료 수요는 코로나바이러스가 종료되면 대부분 사라질 가능성이 매우 크다.

그렇다면 코로나바이러스가 원격의료 업체들에게 미칠 장기적이고 구조적인 변화는 무엇이 있을까? 미국의 사례를 참고하면 힌트를 얻을 수 있는데 바로 시장 확대 가능성이다. 코로나바이러스로 인해 미국 원격의료 업체들은 공보험 시장 침투가 이전보다 쉬워질 수 있고 원격 모니터링 확대로 인한 수혜가 가능해질 것으로 전망한다. 이것이 코로나바이러스로 인한 가장 큰 구조적인 변화다.

미국 건강보험 시장은 공보험, 민간보험, 그리고 기업이 임직원을 대상으로 제공하는 기업 자체 보험 시장으로 구분할 수 있다. 어느 나라나 공보험 시장의 진입은 매우 까다롭다. 건강보험 급여 혜택을 제공하는 것은 의료 수요 증가로 이어진다. 의료 수요가 증가하는 것은 비용이 증가한다는 의미이다. 세수를 기반으로 공공성을 추구하는 공보험은 아무래도 민간보험보다 훨씬 보수적일 수밖에 없다. 미국에서 임상 데이터나 아직 근거가 부족한 초기 헬스케어 제품과 서비스는 기업 자체 보험 시장에서 성장한 후 근거를 확보해 공보험이나 민간보험 시장으로 확대하는 경우가 일반적이다. 미국의 원격의료 업체들도 기업 자체 보험 시장과 민간보험 시장을 중심으로 성장해왔다.

그러나 코로나바이러스로 인해 공보험 시장에서도 원격의료에 전향적으로 급여 혜택을 제공하고 있다.[37] 코로나바이러스 이전에는 교외지역에 한해 반드시 의료기관에 방문해 시행하는 원격의료만 인정하는, 매우 제한된 형태로 원격의료에 급여 혜택을 제공하고 있었다. 물론 코로나바이러스로 인한 공보험의 원격의료 확대 정책은 코로나바이러스가 끝나면 다시 축소될 가능성은 얼마든지 있다. 그러나 꾸준히 의료비용 절감 효과에 대한 실세계 데이터를 확보해나간다면 코로나바이러스 이전보다 훨씬 공보험 시장 침투가 용이해질 수 있을 것이다.

또 하나의 구조적인 변화는 원격 모니터링의 활성화 가능성이다. 원격 모니터링은 원격의료와 연계할 수 있는 매우 중요한 의료 서비스다. 원격 모니터링을 할 수 있는 장비와 솔루션이 확대되고 그것을 인정하는 보험사나 병원이 많아질수록 원격의료 산업에는 긍정적인 영향을 미칠 수밖에 없다.

미국 정부는 원격의료만큼 원격 모니터링에 대해서도 상당히 전향적인 정책을 펴고 있다. 기존에는 병원 내에서만 쓰였던 장비를 가정에서 사용할 수 있게 한다든가, 가정용 의료기기로 사용되던 장비를 병원 내에서 사용할 수 있게 하는 정책이 시행되고 있다. 미국식품의약국은 2020년 3월 비침습적 모니터링기기들(전자 온도계, 심전도검사기기, 심장 모니터, 맥박측정기, 산소측정기, 비침습 혈압측정기, 전자 청진기)의 전향적인 사용을 허가하며 병원과 가정에서도 이러한 기

## 미국 건강보험 시장의 구조

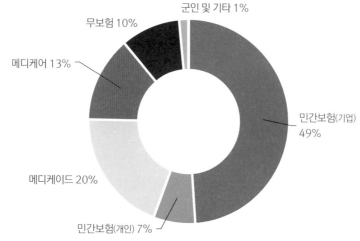

- 군인 및 기타 1%
- 무보험 10%
- 메디케어 13%
- 메디케이드 20%
- 민간보험(개인) 7%
- 민간보험(기업) 49%

(출처: Healthsystemtracker.org)

## 미국 정부의 웨어러블 정책

### FDA Expands Remote Patient Monitoring in Hospitals for People with Diabetes During COVID-19; Manufacturers Donate CGM Supplies

**April 21, 2020**
Arlington, Virginia

*American Diabetes Association® partners with Abbott to donate 25,000 CGM sensors to hospitals across the country*

Recently, the Food and Drug Administration (FDA) issued **guidance** to expand the availability and capability of non-invasive remote monitoring devices during the COVID-19 pandemic. This

GUIDANCE DOCUMENT

### Enforcement Policy for Non-Invasive Remote Monitoring Devices Used to Support Patient Monitoring During the Coronavirus Disease 2019 (COVID-19) Public Health Emergency (Revised)

Guidance for Industry and Food and Drug Administration Staff

JUNE 2020

Download the Final Guidance Document

Final

f Share   in Linkedin   Email   Print

**Docket Number:** FDA-2020-D-1138
**Issued by:** Center for Devices and Radiological Health

미국은 코로나바이러스로 인해 웨어러블에 전향적인 정책을 시행 중이다.
(출처: 미국 당뇨협회, 미국식품의약국)

기들을 사용할 수 있게 임시조치를 취했다.[38] 한시적으로 모니터링 장비가 부족한 병원에서 웨어러블 장비를 사용하거나 환자가 병원에 가지 않고서도 장비를 온라인으로 주문하고 집에서 웨어러블 모니터링 장비를 활용할 수 있는 것이다.

또한 의사들은 원격 모니터링을 이용해 비대면으로 환자를 진료할 수 있다. 2020년 4월에는 당뇨 환자 모니터링기기를 병원 내에서 사용하는 것을 임시 허가했다. 쉽게 말하면 응급실이나 병실에서 연속혈당측정기나 자가혈당측정기를 활용한 모니터링이 가능해졌다는 의미다.[39] 미국 내 1형 당뇨 환자는 3,200만 명으로 추정되고 병원 내 환자 시장은 1,000만 명에 달하는 것으로 추정된다. 물론 이것이 임시조치인 만큼 코로나바이러스가 끝나면 이전 규제로 돌아갈 가능성이 있다. 하지만 환자와 의료진 모두 생각보다 괜찮은 사용자 경험을 획득했다는 것이 중요하다. 심전도 측정 웨어러블 기기 제조사인 아이리듬이 공개한 데이터에 의하면 병원 방문을 하지 않고 집에서 처방받은 사람들의 순응도가 생각보다 나쁘지 않았다고 한다.

## 오프라인 진료와 결합하게 될 원격의료

원격의료는 경증질환자를 중심으로 의료비용 절감과 의료자원 활용의 효율성을 높이는 데 활용되며 발전해왔다. 또한 코로나바이러스로 인해 공보험 시장 침투 가능성과 원격 모니터링 시장 확대 가능성이 커지면서 원격의료의 구조적 성장 가능성도 커졌다. 그렇다면 원격의료가 장기적으로 진화하기 위해서는 어떤 것들을 더 고려해볼 수 있을까? 필자는 원격의료가 기존 오프라인 진료와 통합된 통합 솔루션 형태로 진화할 가능성이 크다고 생각한다.

지금까지 원격의료는 기존 의료의 특정 부분을 대체하는 방식으로 성장해왔다. 주로 일반 의료상담과 피부과와 정신과 정도의 경증질환에 활용되고 있다. 원격의료가 더 진화하기 위해서는 기존 의료

**텔라닥이 공유한 미래의 원격의료와 관련한 사례**

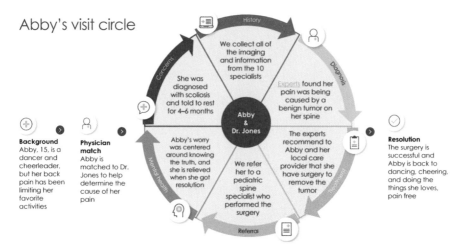

(출처: 텔라닥)

를 대체하는 것에서 나아가 기존 의료와 연계를 강화해 통합 솔루션을 제공할 필요가 있다. 현재 병원을 이용하지 않으면 원격의료를 활용해서 치료할 수 있는 적응증에 한계가 있기 때문이다.

미국의 텔라닥은 2020년 투자자의 날 행사에서 "허리 통증을 겪고 있는 애비라는 15세 여성이 원격의료를 어떻게 활용하는가?"에 대한 가상 사례를 공유했다.[40] 이 사례를 잘 살펴보면 원격의료가 진화하기 위한 단서들을 찾아볼 수 있다. ① 애비는 텔라닥에 접속해 의사를 배정받고 상담을 시작함. ② 애비는 과거에 주치의에게 척추 측만증 진단을 받은 바 있음. ③ 텔라닥은 10명의 전문의로부터 애비와 관련된 영상과 정보를 수집함. ④ 이를 통해 애비의 허리 통증이 허리의 종양에 기인한 것임을 찾아냄. ⑤ 텔라닥의 전문의들은 지역 병원에서 허리 수술을 받을 것을 권고함. ⑥ 텔라닥은 소아 척추 전문의를 추천함. ⑦ 애비는 수술을 받음. ⑧ 텔라닥은 수술 후 심리 안정을 위해 애비에게 정신상담을 추천함.

여기서 핵심은 ③번과 ⑥번이다. ③번이 수행되기 위해서는 다른 의료기관에 저장된 전자의무기록 데이터가 텔라닥과 공유돼야 하며 ⑥번이 원활하게 수행되기 위해서는 지역 병원이나 보험사와 연계될 수 있어야 한다. 결국 미래의 원격의료는 기존 의료 시스템이나 의료 데이터와 결합이 가속될 가능성이 크다.

그렇다면 원격의료가 기존 의료 시스템과 의료 데이터와 결합하는 과정에서는 어떤 일들이 발생할까? 크게 네 가지 정도로 정리할 수 있을 것 같다.

첫째, 원격의료 업체와 기존 의료 시스템의 주도권 경쟁이 치열해질 것 같다. 각 세력은 서로 자신들 위주로 판을 짜려고 할 것이다. 현재 시장을 주도하는 것은 원격의료 플랫폼을 구축하는 신규 업체들이다. 의료 시장의 핵심 이해관계자들인 병원들이나 보험사들이 언제까지 가만히 있으리란 법은 없다. 이들이 기존 역량을 활용해서 충분히 새로운 플랫폼을 구축할 가능성이 있다. 현재 원격의료는 그때그때 진료가 가능한 의사들과 환자를 매칭하는 시스템이다. 이런 시스템에서는 의사와 환자가 장기적인 관계를 구축하는 것이 불가능하다. 이로 인해 병원들이나 보험사들이 원격의료 플랫폼 기업처럼 그때그때 진료 수요를 충족할 수 있는 편의성은 떨어지더라도 환자와의 관계성과 향후 치료 연계가 가능한 일종의 '주치의 서비스' 같은 새로운 서비스를 실행할 가능성이 매우 크다. 누가 최종적인 헤게모니를 가져갈지는 모르지만 지금 원격의료 업체들이 고객수를 확보하는 것은 경쟁이 치열해지는 순간 큰 힘이 될 수 있을 것 같다.

둘째, 수직적 인수합병이 활발해질 가능성이 크다. 지금까지 원격의료 업체들의 인수합병은 수평적 인수합병이었다. 미국에서 원격의료 사업을 하기 위해서는 50개 주별로 라이선스를 모두 취득해야 하므로 인수합병은 매우 간편한 방법이었다. 또한 제공하는 서비스를 늘릴 때도 인수합병은 매우 효율적인 방법이었다. 이 과정에서 미국 원격의료 시장 1위 업체가 보유한 고객사는 7,000만 명을 넘어섰고 제공 가능한 서비스 수도 점차 늘어나고 있다. 따라서 이제부터 일어나는 인수합병은 수직적 인수합병이 될 가능성이 크다. 아예 보험사나 병원 등 의료 시스템의 가치사슬상에서 인수합병이 일어나는 것이다. 중국의 사례를 생각해보면 충분히 가능한 일이다. 평안굿닥터의 모기업은 보험사인 평안보험이며 알리헬스의 모기업은 인터넷기업인 알리바바이다.

셋째, 첨단 의료기기의 발전이 요구될 것이다. 의료기기에는 의약품을 제외한 대부분 의료행위와 의료장비가 포함된다. 의료기기는 의료진의 치료행위와 결합돼 치료에 활용되는 경우가 많다. 최근에 부각되는 의료 목적의 소프트웨어도 의료기기로 취급되고 있다.

넷째, 새로운 규제와 합의가 필요해질 것이다. 5G(통신 속도)와 센싱(촉감, 시각, 후각) 기술, 로봇제어 기술과 같은 혁신 기술이 도입되려면 충분한 사회적 합의가 필요하다. 새로운 기술은 새로운 문제를 일으키기 때문이다. 예를 들어 원격수술을 진행하는 도중 갑자기 원격접속이 되지 않는다면 누구의 잘못일까? 통신사의 잘못일까? 의사의 잘못일까? 수술실 보조인력의 잘못일까? 이런 사고 발생 시 대처 수단은 어떤 것들이 있을까? 원격으로 환자의 호흡 상태를 느낄 수 있는 청진기가 개발됐다면 데이터가 의사에게 전달되는 과정에서 생기는 오차는 어디까지 인정해야 할까? 기계의 결함과 인적 오류가 겹쳐져 더 안 좋은 결과를 내지 않을까? 임상시험 시 대조군이나 엔드포인트는 어떻게 설정해야 할까? 이처럼 헬스케어는 기술만큼이나 사회적 합의도 중요하다.

## 전자의무기록의 이상과 현실의 괴리

사람들이 원격의료에 관심을 가진 가장 큰 이유 중 하나는 의료 데이터다. 원격으로 진료를 볼 수 있는 환경이 갖춰질수록 의료 데이터가 풍부해질 것이라는 가설이 그럴싸하기 때문이다. 따라서 원격의료에는 의료 데이터인 전자의무기록에 관한 이야기가 꼬리표처럼 따라다닌다. 전자의무기록이란 병원 진료 과정에서 얻을 수 있는 가족력, 진단결과, 처방, 청구 등의 데이터를 디지털화한 것이다. 쉽게 말하면 우리가 병원에 가서 진료를 받을 때 의사가 종이 차트에 기록하는 진료 내용을 전산화한 것이라고 이해하면 된다. 전자의무기록은 병원에서 생산되는 임상 데이터Clinical Data의 일부로서 우리가 일상생활에서 생산하는 일상생활 데이터Life-log Data와 개인의 유전정보가 담긴 유전 데이터Genetic Data와 함께 헬스케어 3대 데이터의 한 축을 담당한다. 미국은 전자의무기록의 중요성을 국가적 어젠다로 인식하고 2009년 전자의무기록을 도입하는 병원에 인센티브를 부여하는 방식으로 2009년 48%에 불과했던 전자의무기록 도입률을 2016년 87%까지 끌어올렸다.[41]

전자의무기록에서 곧바로 활용 가능한 데이터는 건강보험사에 제공하는 청구 데이터다. 기본적으로 전자의무기록은 병원에서 진료행

**미국 의료기기 산업의 보험코드**

| 지불제 | 코드 | 발행기관 | 업데이트 | 용도 | 기타 |
|---|---|---|---|---|---|
| 포괄<br>수가제 | DRG | CMS | 연간 | 입원환자의 병원비 | DRG코드는 ICD-10-<br>CM코드에 의해 결정 |
| | ICD-10-CM | CMS | 연간 | 입원·외래환자의<br>진단 코드 | |
| | ICD-10-PCS | CMS | 연간 | 입원환자의<br>수술 코드 | |
| 행위별<br>수가제 | CPT | AMA | 연간 | 의료 전문인이<br>수행하는 수술이나<br>의료 서비스 | -카테고리 1: 대부분의<br> 수술과 의료 서비스<br>-카테고리2: 비용청구를<br> 할 수 없는 서비스<br>-카테고리3: 신규기기에<br> 대한 임시코드 |
| | APC | CMS | 분기 | 당일 퇴원 서비스를<br>제공하는 응급수술<br>센터 | 청구는 CPT코드로<br>해야 함 |

위로 발생한 비용을 건강보험사에 청구하기 위한 작업을 원활하게 하기 위해 만들어진 의료 소프트웨어이다. 모든 의료행위는 건강보험사나 의학회에서 지정한 고유의 코드가 있다. 그 코드에 의해 병원에 지불할 가격이 결정된다. 이러한 청구코드는 이미 오래전부터 전산화가 진행돼 손쉽게 데이터화가 가능하다. 우리나라 건강보험심사평가원은 이런 청구 데이터를 빅데이터 형태로 개방하고 있다. 세계적인 의료 솔루션 기업인 아이큐비아의 주요 솔루션도 국가별 청구 데이터를 동일한 기준으로 분류해 통계적으로 의미 있는 인사이트를 제공하는 것이다.

그런데 청구 데이터 외에 전자의무기록에서 파생되는 의료 데이터로 인한 2차 부가가치에 대해서 분석하다 보면 많은 사람의 기대와는 달리 아직 갈 길이 멀다는 것을 느낄 수 있다. 우리 예상과는 다르게 실제 의료 데이터 입력자이면서 사용자인 의사들은 전자의무기록을 업무를 증가하는 골칫덩어리로 인식하는 경우가 많다. 몇년에 걸쳐 몇백억 달러를 투입한 미국에서 전자의무기록에 대한 인센티브제가 '실패한 실험'이었다는 이야기가 곳곳에서 들려오는 것은 생각해볼 여지를 남긴다.[42] 도대체 전자의무기록에 어떤 문제가 있는 것일까? 실제 임상 현장을 살펴보면 우리가 이상적으로 생각하는 전자의무기록이 작동하기 어려운 현실적인 어려움은 크게 세 가지가 있었다. 그것은 바로 데이터 정량화의 어려움, 데이터 표준화의 어려움, 적절한 보상 체계 구축의 어려움이다.

첫째, 데이터 정량화의 어려움을 살펴보자. "구슬이 서 말이라도 꿰어야 보배다."라는 말이 있다. 그저 많기만 한 데이터는 아무 짝에도 쓸모가 없다. 데이터를 의미 있게 사용하려면 디지털화를 해야 한다. 상술했듯이 전자의무기록은 기본적으로 의사들이 사용하던 종이 차트를 디지털화한 것이다. 종이 차트의 기본 형식은 SOAP(Subjective, Objective, Assessment, Plan)이다. S는 주관적으로 환자가 호소하는 증상이다. O는 의사가 촉진, 청진, 시진, 타진, 실험실 소견, 의료영상 등을 활용해 객관적으로 평가한 자료들이다. A는 S와 O를 바탕으로 현재 환자의 상태를 평가한 것이다. P는 추가적인 진료, 치료, 환자 교육 계획을 의미한다.

진료 시 환자가 하는 말들은 대부분 뻐근하다, 간지럽다, 찌릿찌릿하다 같은 정성적인 것들이다. 디지털화를 하기 위해서는 정량화를 할 수 있어야 한다. 그런데 이런 텍스트 형태의 기록을 구조화해 정량화하는 것은 상당히 어려운 일이다. 정량화가 그나마 쉬운 데이터를 추리다 보면 목표 데이터의 일부, 계획에서의 처방약, 추가 검사 정도 등에 불과하다.

실제로 전자의무기록에 있는 데이터의 80%가량은 구조화돼 있지 않다.[43] 병원 전자의무기록 시스템에 존재하는 수많은 데이터는 역설적으로 대부분 의미 있는 정보를 담고 있지 않다. 또한 데이터가 의미 있는 정보를 담고 있다고 해도 정량화가 쉽지 않다면 그것을 재가공하기 위해 노동집약적인 업무가 추가된다. 디지털을 구현하기 위해 아날로그가 강화되는 역설적인 일이 발생하는 것이다.

둘째, 데이터 표준화의 어려움을 살펴보자. 디지털화된 데이터를 원활하게 활용하기 위해서는 어떤 병원을 가더라도 그 병원에 설치된 시스템의 종류가 어떤 것이라도 상관없이 데이터가 연동돼야 한다. 그러려면 데이터가 표준화돼야 한다. 그러나 우리나라는 물론이고 이미 국가 차원의 전자의무기록 도입 정책을 시도한 미국조차 데이터의 표준화가 잘돼 있지 않다고 한다. 데이터를 디지털화했지만 그 데이터가 생성된 병원이 아니라 다른 곳에서는 사용할 수 없는 것이다. 표준화 작업은 생각보다 굉장히 어려울 수 있다. 한 국가 안에서도 지방이나 마을마다 문화가 조금씩 다르듯이 병원끼리도 사용하는 용어가 조금씩 다르고 같은 병원 안에서도 과별로 각자 다른 용어를 사용하는 경우도 흔한 일이다. 한 국가에서도 이럴진대 해외 병원과 차이는 말할 것도 없다. 그래서 최근에는 FHIR 표준에 맞춰 전자의무기록을 개발하는 것이 중요해지고 있다. 반대로 이야기하면 현재까지 설치된 것 중에서 FHIR에 맞춰 설계된 시스템이 많지 않다는 이야기다.

셋째, 데이터 수집을 위한 적절한 보상 체계 구축의 어려움을 살펴보자. 전자의무기록 데이터를 활용하는 또 다른 방법으로 병원마다 흩어져 있는 데이터들을 모아 빅데이터처럼 이용하는 것이다. 그럴 수만 있다면 다양한 질병과 관련된 연구가 가능하고 다양한 사업 기회가 파생될 수 있을 것이다. 그런데 문제는 병원들이나 기업들이 자신들의 시스템에 축적한 정보를 다른 병원, 개인, 연구자, 기업들과 적극적으로 공유하려고 할 것인가이다. 데이터를 공유함으로써 얻는 혜택이 크지 않다면 공유를 원하지 않을 것이다.

더 깊이 들어가면 그 데이터들은 모두 개인에게서 나온 의료정보라는 점에서 개인정보 보호 이슈와 어긋날 수 있다. 마찬가지로 그 데이터들을 활용해 제3자가 부가가치를 창출한다면 데이터를 생산한 개인에게 어떻게 보상을 해줄 것이냐에 대한 문제가 따를 것이다.

그저 많기만 한 데이터는 가치가 없다. 데이터를 활용해서 부가가치를 만들어내려면 적어도 필자가 제기한 세 가지 문제점인 정량화, 표준화, 데이터 수집을 위한 동기부여 등이 해결돼야 한다. 현재 전자의무기록 자체는 특정 병원에서 제한된 용도로는 의미가 있을지 모르지만 전국구, 근접 국가, 나아가 전 세계로 확장하기에는 가야 할 길이 멀다. 아직까지 전자의무기록을 도입하는 것은 병원 입장에서 명확한 투자회수 시점을 알기 어려운 투자에 가깝다.


## 필팩의 진짜 가치는 원격 의약품 배송이 아니라 약품 개별포장

미국 기업 필팩은 약을 개별포장해 원격으로 배송하는 서비스를 제공한다. 우리나라에는 아마존이 인수한 회사로 널리 알려져 있다. 코로나바이러스로 인해 우리나라에서 원격의료가 다시 뜨거운 감자로 부상한 상황에서, 의약품 배송을 하는 필팩이 다시금 주목을 받

**미국 의약품 개별포장 배송업체 필팩**

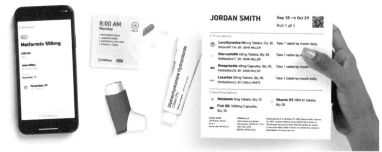

(출처: 필팩)

는 모양새다. 그런데 안타깝게도 필팩의 혁신은 원격 의약품 배송에
있는 것이 아니라 약품 개별포장에 있다. 이미 필팩은 이름 자체에
서 회사의 비즈니스 모델을 설명하고 있다. 미국 의약품 유통 구조
를 잘 알지 못한 사람들이 그 가치를 알아보지 못하는 것이다.

의약품 배송 서비스는 필팩이 최초로 시도한 혁신이 아니라 미국
에서 아주 오래전부터 쓰여온 제도이다. 미국은 의사 판단에 의해서
동일한 처방전으로 여러 번 약을 탈 수 있다. 이것을 리필Refill이라고
한다.[44] 보통 30일까지 가능하고 최대 90일까지 가능하다. 모든 의약
품의 리필이 가능한 것은 아니다. 주로 동일한 약품을 지속적으로 먹
어야 하는 만성질환과 관련된 의약품이 해당한다. 필팩이 광고에 사
용하는 사진을 봐도 모두 리필이 가능한 만성질환용 의약품이다. 레
보티록신Levothyroxine은 갑상선호르몬 치료제이며 아토르바스타틴
Atorvastatin은 콜레스테롤을 줄이는 치료제이다. 오메프라졸Omepra-
zole은 위장약이며 로사르탄Losartan은 고혈압 치료제이다.

리필이 가능한 의약품은 우편 형태로 원격배송이 가능한데 우편

주문 서비스Mail-order Pharmacy라고 한다. 이것을 서비스하는 기관이 익스프레스스크립츠, CVS 케어마크, 옵텀과 같은 보험약제 관리기업이다. 즉 미국에서 의약품 배송 서비스는 리필이 가능한 의약품에 한해 오래전부터 사용됐던 서비스이다. 필팩은 추가 비용이 없다고 광고를 하고 있다. 추가 비용 없이 의약품 배송 서비스로 돈을 버는 방법이 있기 때문이다. 우편 주문 서비스를 하는 온라인 약국은 보험사가 보험약제 관리기업에게 전해준 의약품 가격과 환자의 자기부담금으로 이익을 창출한다. 오프라인 약국처럼 부동산이나 기타 간접비용이 들지 않으니 오히려 이익률은 높을 수도 있다. 그렇다면 미국에서는 왜 원격 의약품 배송을 허가했을까? 이유는 크게 두 가지이다.

첫 번째 이유는 미국은 의료접근성이 매우 떨어지기 때문이다. 도시의 경우 걸어서 몇 분 거리에 대부분 의료기관이 존재하는 우리나라와 달리 병·의원과 약국의 접근성이 매우 떨어진다. 게다가 대부분 민간보험사에서 주치의를 반드시 거쳐 진료하게 하는 경우가 많아서 진료 자체에도 시간이 매우 오래 걸린다. 원격 의약품 배송은 이러한 미충족 수요를 해결하기 위한 일환으로 시행되고 있다.

두 번째 이유는 미국의 높은 의료비용 때문이다. 미국은 국내총생산GDP의 약 17%를 의료비로 지출한다.[45] 미국의 연간 의료지출 중에서 처방의약품의 비중은 10%에 불과하고 병원 비용과 의사 인건비의 비중은 55%에 달한다.[46] 리필이 가능한 의약품에 한해 원격배송을 허용함으로써 의사를 만나면서 드는 의료비용을 절감할 수 있는 것이다.

그렇다면 도대체 필팩은 기존 의약품 배송 서비스 업체들과 무엇이 다른 것일까? 필팩은 회사명에서도 알 수 있듯이 약을 개별포장하는 것이 차별화다. 미국 헬스케어 산업에서 가장 문제가 되는 것 중 하나가 의약품 위해 사례Adverse Drug Event이다.[47] 미국의 의약품 문화는 우리나라처럼 포장해서 주는 것이 아니라 약통에 약을 통째로 담아서 주는 방식이다. 그런데 만성질환자는 대개 2개 이상의 약을 먹는 경우가 많다. 그러다 보니 약을 용법에 맞게 먹지 않아 부작용이 발생하는 경우가 많다. 필팩의 광고사진 속 고객이 복용해야 하는 의약품도 무려 4개에 달한다. 따라서 필팩의 가치는 약을 개별포장함으로써 2개 이상의 약을 먹어야 하는 만성질환자의 위약품 위해 사례를 최소화하게 도와주는 것이다.

원격의료가 우리나라에서 주목받는 것만큼 원격 의약품 배송 역시 상당히 관심이 높은 사안이다. 그러나 우리나라에 많이 알려진 것과 다르게 필팩의 진정한 가치는 의약품 배송에 있는 것이 아니었다. 그리고 의약품 원격배송은 이미 미국에서 일반적으로 시행되는 서비스였다. 원격의료에 관한 관심이 높아지는 상황에서 잘못된 분석으로 인해 본질이 흐려져서는 안 될 것이다.

# 4
# 디지털 헬스케어의 미래

## 세상은 유니콘이 아니라 블록버스터가 바꾼다

디지털 헬스케어는 우리나라의 미래를 책임질 유망한 성장 산업이라는 말을 많이 들어왔을 것이다. 디지털 헬스케어의 시장규모는 다른 산업보다 훨씬 큰데다 고령화로 인해서 시장이 더욱 확대될 것이라고 한다. 혁신적인 IT 기술과 의료 데이터가 융합돼 정체된 국내 의료기기 산업에 활력을 불어넣을 수 있다고 한다.

그런 기대감 속에 모두가 디지털 헬스케어를 이끌고 나갈 유니콘을 찾기에 바쁘다. 자본시장에서 유니콘은 기업가치가 10억 달러가 넘는 초기기업을 의미한다. 유니콘은 상상 속에 존재하는 동물로서 그만큼 발견하기 어렵다는 의미가 담겨 있다. 매년 사람들은 유니콘 후보를 찾기 위해 분주하다. 유력한 차세대 유니콘 후보로 2000년 후반에는 개인건강기록이, 2010년 초중반에는 웨어러블이, 2010년 중반에는 개인 유전자 분석 기술이, 2010년 후반에는 인공지능이 거

론됐다. 2020년에 들어서는 디지털 치료제가 떠오르고 있다.

초기기업이 맨손으로 창업해 유니콘이 되는 일은 그 자체로 대단한 일이다. 그런데 사람들이 간과하는 것이 있다. 유니콘은 어디까지나 사람들의 기대감에 불과하다는 것이다. 기대감이 손에 잡히는 실체로 바뀌지 않으면 유니콘은 쉽게 무너질 수 있다. 유니콘들이 기대를 못 이기고 무너진 사례는 생각보다 쉽게 찾아볼 수 있다. 대표적인 유니콘이었던 위워크는 큰 기대 속에 상장을 앞두고 있었다. 기업가치는 450억 달러를 웃돌았다. 그러나 실사 과정에서 재무 리스크가 부각되며 결국 상장 계획을 철회했다.[48]

유니콘의 등장은 사람들의 기대감을 증폭하고 새로운 기술에 돈과 인력이 모이게 하는 순기능이 있다. 그래서 사람들은 유니콘의 등장을 기다리고 열광한다. 유니콘의 역할은 초기 기술이나 산업이 생명력을 가질 수 있도록 활력을 불어넣는다. 그런데 세계 시장을 살펴보면 유니콘으로 평가되는 디지털 헬스케어 관련 기업들이 대단히 많아졌다. 「CB 인사이트」에 의하면 글로벌 헬스케어 유니콘 기업은 35개나 존재한다.[49] 이제 유니콘은 희귀하지 않다. 유니콘이 흔해지다 보니 기업가치 100억 달러를 의미하는 데카콘이라는 신조어까지 등장하는 상황이다. 이제는 디지털 헬스케어라는 테마가 지속적인 동력을 얻고 세상에 혁신을 일으키기 위해 기대감이 실체화돼야 한다.

그렇다면 후발주자인 우리나라가 표방해야 할 것은 자명하다. 우리나라가 목표로 해야 할 것은 유니콘이 아니다. 우리가 목표로 삼아야 할 것은 '블록버스터'다. 블록버스터는 유니콘처럼 10억 달러를 의미하는 단어다. 블록버스터는 신약 개발에서 주로 사용되는 말로

## 헬스케어 유니콘 기업 리스트

| 회사명 | 기업가치<br>(십억 달러) | 국가 | 회사명 | 기업가치<br>(십억 달러) | 국가 |
|---|---|---|---|---|---|
| 새뭄드 | 12.0 | 미국 | 프로테우스 디지털헬스 | 1.5 | 미국 |
| 로이반트 사이언스 | 9.1 | 미국 | 인사이텍 | 1.3 | 이스라엘 |
| 위닥터 | 5.5 | 중국 | 버터플라이 네트워크 | 1.3 | 미국 |
| 유나이티드 이미징 | 5.0 | 중국 | 클로버 헬스 | 1.2 | 미국 |
| 템퍼스 | 5.0 | 미국 | 라이엘 이뮤노파마 | 1.2 | 미국 |
| 징코 바이오웍스 | 4.2 | 미국 | 독토리브 | 1.1 | 프랑스 |
| 인타시아 세라퓨틱스 | 3.8 | 미국 | 힘스 | 1.1 | 미국 |
| 오토 복 헬스케어 | 3.5 | 독일 | 에이프로젠 | 1.0 | 대한민국 |
| 오스카 헬스 | 3.2 | 미국 | 마인드메이즈 | 1.0 | 스위스 |
| 그레일 | 3.2 | 미국 | 라니 테라퓨틱스 | 1.0 | 미국 |
| 굿알엑스 | 2.8 | 미국 | 디엑스와이 | 1.0 | 중국 |
| 23앤드미 | 2.5 | 미국 | 메디링커 | 1.0 | 중국 |
| 옥스퍼드 나노포어 | 3.2 | 영국 | 링크닥 테크놀로지 | 1.0 | 중국 |
| 작닥 | 1.8 | 미국 | 씨엠알 써지컬 | 1.0 | 영국 |
| 디보티드 헬스 | 1.8 | 미국 | 브라이트 헬스 | 1.0 | 미국 |
| 큐어백 | 1.7 | 독일 | 알토 파마씨 | 1.0 | 미국 |
| 간 & 리 파마슈티컬스 | 1.6 | 중국 | 캄 | 1.0 | 미국 |
| 하트플로우 | 1.5 | 미국 | | | |

(출처: 「CB인사이트」, 2020년 7월 9일 기준)

연 매출이 10억 달러가 넘는 의약품을 부르는 별칭이다. 키트루다처럼 연 매출이 100억 달러가 넘는 제품은 메가 블록버스터라고도 부른다. 유니콘이 어떤 기업에 대한 투자자들의 기대감을 담았다고 한다면 블록버스터는 말 그대로 그 기업이 실현하는 실체를 의미한다.

디지털 헬스케어의 목표가 국내 의료기기 산업에 활력을 불어넣고 국민의 건강관리에 기여하고 새로운 고용을 창출하려고 한다면 디지털 헬스케어를 주도할 기술이나 시장을 찾는 기준이 유니콘이 돼서는 곤란하다. 결국 세상을 바꾸는 것은 유니콘이 아니라 블록버스터다.


## 웨어러블 업체가 놓친 헬스케어 산업의 본질

디지털 헬스케어는 어떻게 블록버스터가 될 수 있을까? 먼저 디지털 헬스케어의 과거를 살펴보자. 헬스케어 산업은 9대 이해관계자로 이루어진 하나의 거대한 시스템이다. 이로 인해 다른 산업보다 빠른 혁신이 이루어지기 힘들다. 그중에서도 특히 건강보험, 병원, 글로벌 대형기업은 의료 시스템 내에서 막강한 권한을 행사하고 있었다. 디지털 헬스케어의 개념이 소개되면서 디지털 헬스케어가 선택할 수 있는 전략은 크게 두 가지였다.

첫째, 기존 건강보험, 병원, 글로벌 대형기업 중심의 의료 생태계에서 판을 흔들어 주도권을 가져올 수 있는 게임 체인저가 될 것인가? 둘째, 아니면 기존 의료 시스템의 논법을 따르면서 생태계의 혁신을 가속화하는 촉매가 될 것인가? 디지털 헬스케어는 헬스케어 산업의 게임 체인저가 되고자 했다. 초기 디지털 헬스케어 기업들이 주목한 것은 일반인이었다. 의료 산업은 아프거나 아픈 증상이 있는 사람들을 타깃으로 하는 산업이다. 디지털 헬스케어는 의료 산업에 예방과 관리의 개념을 추가하며 산업의 범위를 환자에서 일반인까지 확대하고자 했다.

디지털 헬스케어의 관심사는 일상생활 데이터Life-log Data였다. IBM이 발표한 자료에 의하면 우리는 주로 병원에서 진료를 통해 건강 관련 데이터를 만들어내는데 이것이 건강에 미치는 영향은 10%에 불

**IBM에서 제시한 세 가지 건강 관련 데이터**

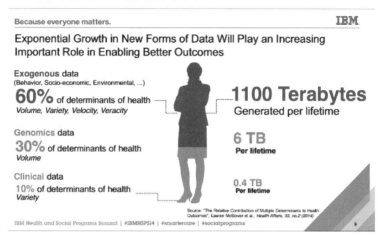

(출처: IBM Health and Social Programs Summit)

과하다고 한다. 우리의 건강에 훨씬 많은 영향을 발휘하는 데이터 (60% 수준)는 병원 외부에서 만들어지고 있었다. 그 데이터는 병원에서 만들어내는 데이터보다 훨씬 많은 양이었지만(1,100TB vs. 0.4TB) 대부분 소실되고 있었다.[50] 일반인들의 건강 데이터를 모아서 질병예방과 건강관리에 활용한다는 디지털 헬스케어의 개념은 사람들의 관심을 증폭했다.

디지털 헬스케어가 사람들의 관심을 끌면서 일상생활의 건강 데이터들을 측정하고 활용하기 위한 기술로 웨어러블이 주목받기 시작했다. 마침 IT 기술의 발달로 센서의 소형화와 범용화가 많이 진행돼 있었다. 웨어러블은 금방이라도 우리의 삶을 바꿀 것처럼 여겨졌다. 헬스케어 웨어러블 기업으로 가장 많이 주목을 받았던 업체가 핏빗이었다. 활동량 측정기라는 헬스케어 웨어러블 기기를 개발한 핏빗은 2015년 그 어느 업체보다 뜨거운 관심을 받으며 상장에 성공한다.

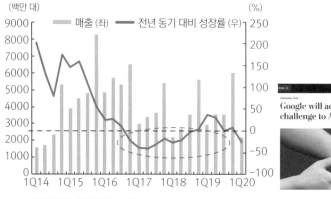

핏빗의 분기별 매출 추이와 구글의 핏빗 인수 기사

Google will acquire Fitbit for $2.1 billion in direct challenge to Apple

(출처: 핏빗, 『워싱턴포스트』)

그러나 핏빗의 거품은 오래가지 않았다. 2015년까지 가파르게 성장했던 활동량 측정기 판매량은 2016년을 기점으로 급격하게 하락하기 시작했다. 핏빗은 2016년 4분기부터 무려 8분기 동안 매출 역성장을 기록했다. 판매량 하락과 함께 기업가치도 꾸준히 하락했다. 핏빗의 실적 둔화와 함께 헬스케어 웨어러블에 쌓였던 거품도 조금씩 사라져갔다. 결국 핏빗은 2019년 11월에 구글에 인수(인수금액 21억 달러)되고 말았다.[51]

핏빗의 사례를 분석하는 것은 상당한 의미가 있다. 웨어러블을 넘어서 디지털 헬스케어가 가지는 전반적인 문제점을 파악할 수 있기 때문이다. 왜 핏빗의 판매량은 그렇게 급격하게 하락했을까? 조사기관 인데버 파트너즈는 재밌는 통계자료를 발표했다. 디지털 활동량 측정계를 12개월 이상 지속적으로 사용하는 사람들의 수는 많지 않다는 것이다.[52] 인데버 파트너즈의 설문조사에 따르면 활동량 측정기와 스마트워치 사용자의 3분의 1은 6개월 후에 더 이상 사용하지 않는 것으로 나타났다. 일반인들에게 활동량 측정기는 단순히 재미를 넘어선 효용을 제공하지 못했고 그러다 보니 유행이 지나자 사람들의 관심에서 멀어졌다.

여기서 다시 처음으로 돌아가서 디지털 헬스케어가 주목받았던 이유를 생각해보자. 디지털 헬스케어는 일상생활에서 건강 정보를 디지털화해 질병예방과 건강관리에 활용하고자 한다. 즉 디지털 헬스케어는 데이터를 기반으로 하는 건강관리 솔루션을 의미한다. 그런 점에서 디지털 헬스케어를 구축하기 위해서는 세 가지 질문이 중요하다. 첫째, 어떤 데이터를 측정할 것인가? 둘째, 그 데이터를 어떻게 측정할 것인가? 셋째, 어떤 솔루션을 제공할 것인가?

디지털 헬스케어를 표방하는 1세대 헬스케어 웨어러블이 사람들에게 재미를 넘어선 효용을 제공하지 못한 이유는 첫째와 셋째 질문에 대한 고민이 부족했기 때문이다. 1세대 웨어러블은 건강 데이터 수집 도구에 불과했다. 소형화와 범용화된 센서 기술에 집중해 정작 중요한 두 가지를 놓치고 만 것이다. 헬스케어 웨어러블은 일반인에게 주기적으로 측정하는 것이 의미 있는 생체신호(데이터)와 주기적으로 데이터를 측정하면 얻을 수 있는 효용을 명확하게 제시하지 못했다. 헬스케어 웨어러블이 실패한 가장 큰 이유는 일반인에게 의미 있는 생체지표를 개발하지 못한 것이다. 우리가 보통 의료 목적으로 측정하는 생체지표들은 체온, 혈압, 맥박, 산소포화도, 심전도, 혈당, 심박수 정도이다. 헬스케어 웨어러블도 보통 이런 생체지표를 측정한다.

특정 질병을 앓고 있는 환자들은 생명에 영향을 미치기 때문에 이런 생체지표를 주기적으로 측정하는 것이 중요하다. 1형 당뇨 환자

## 스마트워치와 활동량 측정기를 자주 사용하지 않는 고객들

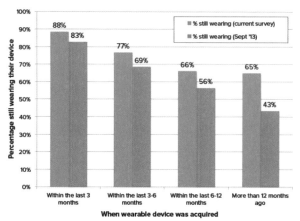

PERCENTAGE OF SMARTWATCH AND ACTIVITY TRACKER OWNERS STILL
WEARING THEIR DEVICE
(N=1,700, MAY-JUNE 2014, U.S. CONSUMERS OVER 18)

(출처: 인데버 파트너스)

는 주기적으로 혈당을 측정해야 한다. 고혈압 환자에게 혈압 정보는 매우 중요하다. 심정지 가능성이 있는 환자에게는 심박수·심전도가 아주 중요하다. 그런데 일반인들 대부분은 생체지표를 주기적으로 측정하는 것이 크게 의미가 없다. 일반인에게 일상생활에서의 일반적인 생체신호의 변화는 크게 신경 쓸 일이 아니다.

따라서 환자가 아니라 일반인까지 고객층을 넓히기 위해서는 일반인이 주기적으로 측정하는 것이 의미 있는 생체지표를 발굴해야 했다. 그러나 대부분 헬스케어 웨어러블 제품들은 일반인에게 의미 있는 생체지표를 측정하는 것이 아니라 큰 투자 없이 사업화와 제품화가 쉬운 생체지표를 측정하는 제품들이었다. 시장조사기관인 아이큐비아에 의하면 대부분의 헬스케어 웨어러블 제품들은 열량, 활동량, 수면시간, 심박수 등 매우 단순한 정보만을 측정하는 것이었다.[53]

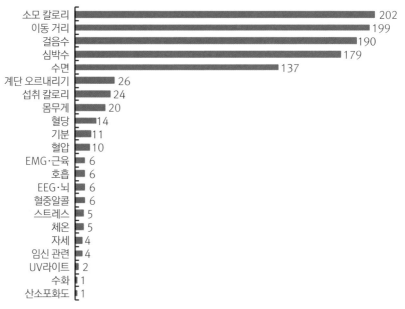

**헬스케어 웨어러블 제품들이 측정하는 생체신호**

| | |
|---|---|
| 소모 칼로리 | 202 |
| 이동 거리 | 199 |
| 걸음수 | 190 |
| 심박수 | 179 |
| 수면 | 137 |
| 계단 오르내리기 | 26 |
| 섭취 칼로리 | 24 |
| 몸무게 | 20 |
| 혈당 | 14 |
| 기분 | 11 |
| 혈압 | 10 |
| EMG·근육 | 6 |
| 호흡 | 6 |
| EEG·뇌 | 6 |
| 혈중알콜 | 6 |
| 스트레스 | 5 |
| 체온 | 5 |
| 자세 | 4 |
| 임신 관련 | 4 |
| UV라이트 | 2 |
| 수화 | 1 |
| 산소포화도 | 1 |

(출처: 아이큐비아, The Growing Value of Digital Health, 2017. 11)

헬스케어 웨어러블 실패의 두 번째 원인은 측정한 데이터를 기반으로 한 솔루션을 제시하지 못한 것이다. 아무리 간단한 생체 정보라도 고객이 주기적으로 측정한 데이터가 어떤 의미가 있는지, 현 상태를 개선하기 위해 무엇을 해야 하는지를 알려줄 수 있는 솔루션을 제공해야 했다. 그러나 대부분의 헬스케어 웨어러블 제품들은 자체 솔루션이 강력하지 못했기 때문에 고객에게 제품을 지속적으로 사용할 동기부여를 제공하지 못했고 추가 과금 모델도 수립할 수 없었다. 핏빗은 활동량 측정기 외에 2018년 9월이 돼서야 핏빗 케어라는 웰니스용 건강관리 솔루션을 출시했다. 그러나 이미 웨어러블의 기대감은 꺼져버린 후였다.

## 홍삼, 강아지 구충제, 마스크에 숨어 있는 헬스케어의 본질

디지털 헬스케어로 헬스케어 시장의 판도를 바꾸려고 시도했던 것은 핏빗만이 아니었다. 2000년대 후반 그 유명한 구글과 마이크로소프트도 디지털 헬스케어 시장에 뛰어들었다. 그들은 개인건강기록을 디지털화해 일종의 의료 데이터 플랫폼 사업을 하려 했다. 병원, 보험사, 글로벌 대형 헬스케어 기업 등을 중심으로 움직이는 기존 의료 시스템의 주도권을 빼앗아 올 심산이었다. 그런데 구글의 서비스는 2012년, 마이크로소프트의 서비스는 2019년 각각 역사의 뒤안길로 사라졌다. 그들이 추구하려고 했던 사업은 결국 데이터를 모아야 힘이 생기기 시작하는데 데이터를 축적할 방법이 없었다. 의료기관에서는 데이터를 공유해주지 않았고 사람들도 적극적으로 참여하지 않았다. 의료기관이나 사람들 모두 자신들이 소유한 건강정보를 기업에 제공해 얻게 될 효용에 크게 공감하지 못한 것이다.

역사를 뒤돌아볼 때 한 가지 확실한 것은 생각보다 디지털 헬스케어를 구현하는 길이 매우 어렵다는 것이다. 과연 사람들 생각처럼 디지털 헬스케어의 시장규모가 엄청나게 큰 것이 맞을까? 그것이 본질일까? 무엇이 디지털 헬스케어의 본질일까? 여기서 생각을 잠시 전환해보자. 디지털 헬스케어는 결국 헬스케어의 일부다. 그렇다면 헬스케어의 본질에 대해서 먼저 고민하면 역으로 디지털 헬스케어에 적용할 수 있지 않을까? 필자는 최근 몇 년간 우리 일상생활에서 쉽게 찾아볼 수 있었던 세 가지 이야기를 공유하고 여러분과 함께 고민해보고자 한다. 그 이야기는 마스크, 강아지 구충제, 홍삼이다.

첫째, 마스크의 사례를 살펴보자. 마스크는 간단하면서 강력한 예방효과를 지닌다. 우리나라가 다른 국가에 비해 100만 명당 코로나

**디지털 헬스케어 초창기 많은 관심을 이끌었던 개인건강기록 사업**

2008-2012
PHR

2007-2019
PHR

바이러스 확진자수가 상당히 적은 이유 중 하나도 적극적인 마스크 착용에 있다. 그런데 코로나 사태 이전에 정부에서 마스크 착용을 권유했던 사안은 미세먼지였다. 그러나 그때는 정부에서 아무리 강조해도 미세먼지 마스크를 쓰는 사람은 많지 않았다. 필자는 2018년 4월에 「미세먼지 마스크 착용률은 어떻게 높일 수 있을까?」라는 리포트를 작성하기도 했다. 미세먼지 때와는 달리 코로나바이러스 상황에서는 사람들이 약국 앞에서 길게는 몇 시간까지 자기 차례를 기다리며 줄을 섰다. 매우 흥미롭다. 이런 긴 줄은 우리가 과거 아이폰 신제품이 나올 때 가로수길에서나 봤던 풍경이 아니던가?

둘째, 강아지 구충제이다. 2019년에 가장 논쟁거리가 됐던 아이템 중 하나는 바로 강아지 구충제다. 폐암에 효과가 있다고 알려지면서 전국에서 품절 사태를 일으켰다.[54] 심지어 해외 직구 수요까지 증가했다. 전문가들이 강아지 구충제의 폐암 치료 효과는 아직 임상적으로 증명되지 않았다며 자제를 요청했다. 하지만 사람들은 강아지 구충제를 구매하기 위해 전국을 찾아다녔다.

셋째, 홍삼이다. 홍삼은 대표적인 건강기능식품으로 명절이나 감사인사를 전할 때 선물 용도로 많이 쓰인다. 피곤하거나 몸이 안 좋

**코로나바이러스 마스크를 사기 위한 긴 줄과 강아지 구충제**

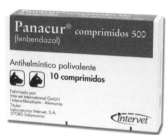

아지면 부모님께서 강제로 먹으라고 했던 경험이 다들 한 번쯤은 있을 것이다. 그런데 건강기능식품도 등급이 있다. 홍삼은 2등급에 해당한다. 2등급은 '홍삼이 건강에 도움을 줄 수 있다.'라는 의미다. 즉 홍삼에 대한 소수의 임상시험 결과가 존재하나 홍삼의 임상적 효과가 과학적으로 완전히 입증됐다고 할 수 없다는 뜻이다. 그런데도 우리나라의 홍삼 시장규모는 대략 1조 5,000억 원으로 추산될 정도로 크다.[55]

아마 이쯤에서 독자분들은 필자가 무슨 이야기를 하고자 하는지 눈치를 챘을 것 같다. 헬스케어 산업은 큰 시장은 맞지만, 사람들의 생각처럼 엄청나게 큰 산업은 아니다. 기본적으로 헬스케어 산업은 아프거나 아플 것 같은 사람을 대상으로 하기 때문이다. 평소에 몇 번이나 아픈 증상을 겪는가? 더 정확하게는 평소에 몇 번이나 돈을 쓸 정도로 아픈 증상을 겪는가? 그런데 질문을 바꾸어서 독자 여러분은 평소에 몇 번이나 배달음식을 시켜 먹는가? 평소에 몇 번이나 엔터테인먼트와 관련된 곳에 돈을 쓰는가? 외식산업과 엔터테인먼트 산업은 국내 시장에서만 몇십조 원의 시장을 형성할 수 있다. 사람들이 지출하는 규모뿐 아니라 헬스케어 시장은 질병의 종류별로 시장이 또 잘게 쪼개진다. 심장병 환자, 류머티즘 관절염 환자, 충치 환자 시장이 같은 시장인가? 그 시장들은 대부분 독립적인 하나의 시장이고 다른 헬스케어 시장과 잘 겹쳐지지 않는다.

필자는 헬스케어 산업의 가장 큰 특징은 시장규모보다는 가격민감도가 낮다는 것이라고 생각한다. 내 생명이 달려 있기 때문에, 즉 생명 유지와 관계가 깊을수록 가격민감도가 낮아진다. 목숨이 달려 있으므로 웬만하면 유명한 제품을 쓰고 싶어 한다. 또한 의사들은 새로운 제품보단 검증받은 제품을 선호하기 때문에 진입하기가 어렵다. 하지만 진입하고 나면 다른 산업보다 상대적으로 경쟁 강도가 생각보다 치열하지 않다. 경쟁 강도는 보통 이익률로 알 수 있는데 유명한 헬스케어 기업의 영업이익률은 20~30%를 웃돈다.

많은 디지털 헬스케어 기업들이 예방 영역을 강조한다. 아픈 사람을 대상으로 하는 헬스케어 산업의 고객층을 일반인까지 확대하려는 생각은 나쁘지 않다. 그러나 사람들은 생각보다 예방을 잘 안 하려고 한다. 헬스케어 산업의 낮은 가격민감도는 생명 유지와 관련해 발생하는데 예방은 아직 생명과 관련된 질병이 발생하지 않았기 때문이다. 따라서 예방 영역은 헬스케어 고유의 특징을 대부분 잃어버리고 헬스케어 산업보다는 소비재 산업에 가까워진다. 경쟁은 치열해지고 소비자들은 쉽게 다른 제품으로 이탈한다. 차별화는 어렵고 경제적 해자는 낮아진다. 예방 영역으로 들어가려면 사람들이 예방이 내 건강에 중요하다는 것을 인식해야 한다. 미세먼지 상황에서는 마스크를 쓰지 않았던 사람들이 코로나바이러스 상황에서는 알아서 마스크를 구매해 착용한다는 것을 기억해야 한다.

그래서 디지털 헬스케어를 추구하려는 업체들이 고민해야 할 부분은 내가 만든 제품이 정말로 사람들이 필요로 하는 것인가? 그리고 돈을 내고 구매할 수 있는가 하는 점이다. 필자는 의료기기 애널리스트로 커리어를 쌓아가면서 새로운 헬스케어 제품들을 정말 많이 접하고 살펴볼 기회가 있다. 그런데 대부분은 이게 정말 사업이 되고 돈이 벌릴까 하는 제품들이다. 재미있고 신기하기는 하다. 그리고 어디서 상도 받았다. 그런데 그런 제품을 원하는 사람들이 너무 적다. 그리고 그 제품에 높은 가격을 붙이기도 힘들 것 같다. 사람들이 그 가격을 인정할지도 모르겠다. 홍삼의 사례에서도 볼 수 있듯이 실제 건강에 미치는 영향이 유의미하게 증명되지 않았더라도 사람들이 어떤 제품이 내 건강을 유지하고 관리하는 데 필요하다고 느낄 수 있어야 한다. 그래야 가격민감도가 낮아지며 블록버스터가 될 가능성에 더 가까워진다.


## 디지털 헬스케어의 블록버스터가 될 의료기기

초기 디지털 헬스케어 기업들은 디지털 기술을 활용해 일반인으로 고객층을 확대하고자 했다. 디지털 헬스케어 기술이나 서비스를 기존 건강보험, 병원, 글로벌 대형기업 중심의 의료 생태계에서 판을 흔들어 주도권을 가져올 수 있는 게임 체인저로 활용하려고 했다. 그러기 위해서는 먼저 일반인에게 주기적으로 측정하는 것이 의미있는 데이터를 새로 발굴하거나, 일반적인 데이터라도 고객이 회사에 데이터를 지속적으로 제공할 수 있는 동기부여를 해야 했다. 그런데 새로운 생체지표를 만드는 일도, 개인정보를 공유하도록 촉진하는 일 모두 쉽지 않았다.

디지털 기술들은 일반인들의 미충족 수요를 해결하는 데 유용하지 못했다. 환자의 미충족 수요는 명확한 데 비해 일반인들의 건강과 관련된 미충족 수요는 애매한 면이 있었다. 사람들은 생각보다 건강을 예방하고 관리하는 일을 열심히 하지 않았다. 디지털 기술을 통해 제품을 계속 사용하기 위한 동기를 부여하는 것은 매우 어려운 일이었다.

디지털 헬스케어에서 블록버스터를 찾는 것은 불가능한 일일까? 재미있는 일은 많은 사람이 디지털 헬스케어에서 유니콘을 찾기 위해 동분서주하지만, 이미 디지털 헬스케어에서도 블록버스터 존재한다는 사실이다. 필자는 앞서 디지털 헬스케어 기업이 선택할 수 있는 두 가지 전략을 소개했다. 기존 건강보험, 병원, 글로벌 대형기업 중심의 의료 생태계에서 판을 흔들어 주도권을 가져올 수 있는 게임 체인저가 될 것인가? 아니면 기존 의료 시스템의 논법을 따르면서 생태계의 혁신을 가속화하는 촉매가 될 것인가?

초기 디지털 헬스케어 기업들은 첫째 전략인 게임 체인저가 되고자 했다. 하지만 실질적으로 디지털 헬스케어 블록버스터 업체들은 둘째 전략에서 탄생했다. 디지털 기술을 기존 시스템의 주도권을 가져오는 데 쓰는 것이 아니라 혁신을 가속화하는 도구로 활용한 것이다. 대표적인 기업이 앞서 소개한 1형 당뇨 환자를 위한 연속혈당측정기를 만드는 덱스컴이다. 고객을 당뇨 환자로 설정하고 미충족 수요를 해결하는 데 디지털 기술을 활용했다. 환자는 본인의 질병에 따라 사용 목적과 미충족 수요가 뚜렷했다. 새로운 제품 개발을 위해 높아진 가격은 보험수가 획득으로 해결할 수 있었다. 덱스컴은 2019년 매출이 약 1조 7,000억 원을 초과했다. 이 외에도 코로나바이러스를 계기로 2020년 매출 1조 원을 돌파할 것으로 기대되는 업체들은 생각보다 많다. 이미 디지털 헬스케어 블록버스터는 존재하고 있다.

여기서 우리는 도대체 디지털 헬스케어가 무엇인가에 대해서 생각해볼 필요가 있다. 디지털 헬스케어라는 말은 굉장히 익숙한 표현이지만 그 정의가 무엇인지 질문해보면 명확하게 답하기 어렵다. 무엇이 디지털 헬스케어이고 무엇이 아닌지는 정의하기 참 어려운 구석이 있다. 초기 디지털 헬스케어는 데이터를 활용해 일반인들을 대상으로 서비스하는 영역으로서 일반적인 헬스케어 산업과 다른 차별적인 신규 영역으로 취급됐다. 그런데 우리는 신약개발에 인공지능이 이용되는 것도, 개인 유전자 검사 업체들이 타액을 이용해 질병예측을 하는 것도 디지털 헬스케어라고 부른다. 엄밀히 말하자면 이 사례들은 바이오 산업이 아닐까? 치과용 임플란트는 대표적인 의료기기이다. 하지만 최근에는 인공지능 기술을 활용해 석고인상을 대체하는 구강스캐너를 이용해 3D프린팅으로 수술용 가이드를 만들어 임플란트 수술을 시행하는 디지털 임플란트 수술이 부상하고 있다. 그렇다면 이것은 디지털 헬스케어가 아닌가?

현존하는 헬스케어 기업 중에서 디지털 기술을 활용하지 않는 업체가 몇이나 될 것인가? 실제로 세계 10대 의료기기 회사들은 모두 디지털 기술을 적극적으로 연구개발하고 있고 몇몇 제품과 서비스에서 적극적으로 활용하고 있다. 디지털 헬스케어의 경계는 점점 모호해지고 있고 사실상 구분하는 것도 큰 의미가 없다고 생각한다.

최근 국제적으로 디지털 헬스케어라는 표현보다는 디지털 트랜스

**디지털 기술을 활용하는 헬스케어 상장기업의 시가총액 및 매출액**

| 주요 디지털 기술 | 기업명 | 시가총액 (조 원) | 상장일 | 2019년 매출액(조 원) |
|---|---|---|---|---|
| 머신비전, 로보틱스, 인공지능 | 인튜이티브서지컬 | 80.8 | 2000-06-13 | 5.2 |
| 유전공학, 인공지능, 광학 | 일루미나 | 64.8 | 2000-07-28 | 4.1 |
| 웨어러블, 인공지능 | 덱스컴 | 47.9 | 2005-04-14 | 1.7 |
| 인공지능, 클라우드 | 비바 시스템스 | 45.2 | 2013-10-16 | 1.3 |
| 3D프린팅, 인공지능 | 얼라인테크놀로지 | 26.1 | 2001-01-26 | 2.8 |
| 인공지능, 전자의무기록 | 이그젝트사이언시스 | 16.4 | 2001-01-30 | 1.0 |
| 원격의료 | 텔러닥 헬스 | 21.2 | 2015-07-01 | 0.6 |
| 웨어러블, 인공지능 | 인슐렛 | 16.2 | 2007-05-15 | 0.9 |
| 유전공학, 인공지능 | 10엑스 지노믹스 | 10.7 | 2019-09-12 | 0.3 |
| 유전공학, 인공지능 | 가던트 헬스 | 10.3 | 2018-10-04 | 0.2 |
| 인공지능, 원격의료 | 리봉고 헬스 | 11.3 | 2019-07-25 | 0.2 |
| 유전공학, 인공지능 | 어댑티브 바이오테크놀로지 | 7.4 | 2019-06-27 | 0.1 |
| 웨어러블, 인공지능 | 탠덤 다이어비티즈 케어 | 7.4 | 2013-11-14 | 0.4 |
| 유전공학, 인공지능 | 나테라 | 4.5 | 2015-07-02 | 0.4 |
| 웨어러블, 원격의료 | 아이리듬 테크놀로지스 | 3.7 | 2016-10-20 | 0.3 |
| 3D프린팅, 인공지능, 원격의료 | 스마일 다이렉트 클럽 | 3.8 | 2019-09-12 | 0.9 |
| 인공지능, 메카닉스 | 이나리 메디컬 | 2.7 | 2020-05-22 | 0.1 |
| 유전공학, 인공지능 | 인바이테 | 5.1 | 2015-02-12 | 0.3 |
| 웨어러블, 원격의료 | 바이오텔러미트리 | 1.7 | 2008-03-19 | 0.5 |
| 인공지능 | 루미넥스 | 1.8 | 2000-03-30 | 0.4 |
| 유전공학, 인공지능 | 베라사이트 | 1.8 | 2013-10-30 | 0.1 |
| 인공지능, 클라우드 | 타불라 라사 헬스케어 | 1.5 | 2016-09-29 | 0.3 |

(출처: 블룸버그, 2020년 7월 9일 기준)

포메이션 인 헬스Digital Transformation in Health라는 표현이 많이 사용 되고 있다. 전자는 디지털 헬스케어를 새로운 헬스케어 시장으로 보는 관점이다. 후자는 디지털 헬스케어를 헬스케어 전 영역에 디지털 기술이 접목되는 트렌드로 접근하는 광의적인 관점이다. 필자는 무엇이 옳고 그르냐의 문제를 떠나서 디지털 헬스케어에 접근하는 시각을 후자에 가깝게 가져가는 편이 현실적이라고 생각한다.

디지털 헬스케어의 관점이 넓어진다면 블록버스터가 등장할 가능성도 커질 수 있다. 기존 헬스케어 산업에서 활동하는 기존 기업들을 적극적으로 활용할 수 있기 때문이다. 직접 침투뿐 아니라 그들을 활용한 기술이전, 파트너십, 인수합병 등의 전략을 고려할 수 있다. 없던 시장을 새로 만들 때보다 기업을 운영하는 측면에서 경우의 수가 상당히 늘어날 수 있다.

아직까지 증명된 디지털 헬스케어의 성공 열쇠는 헬스케어 산업의 일반적인 성공 열쇠와 크게 다르지 않다. 디지털 기술 그 자체보다 '디지털 기술이 헬스케어 산업의 성공방정식을 해결하는 데 어떻게 도움이 될 것인가?'가 핵심이다. 관점의 차이는 생각의 차이를 만든다. 디지털 헬스케어의 블록버스터 찾기는 이러한 관점의 변화에서 시작될 수 있을 것이다.


## 디지털 치료제는 블록버스터가 될 수 있을까

2020년 들어 가장 많이 언급되는 디지털 헬스케어와 관련된 주제 중 하나는 누가 뭐라고 해도 디지털 치료제일 것이다. 디지털 치료제는 디지털 기술을 토대로 사람들의 인지행동 변화나 습관 변화를 유도해 특정 질병에 치료 효과를 기대하는 것이다. 디지털 치료제는 블록버스터가 될 수 있을까? 아니면 매년 벌어지는 유니콘 찾기의 일환에 그칠까?

디지털 치료제는 '치료제'라는 타이틀을 달고 세상에 나온 만큼 일반인 대상이 아니라 환자 대상으로 사업을 하겠다는 명확한 의지를 보였다. 그리고 치료제라고 불리지만, 의료 목적의 소프트웨어SaMD로 규제되기 때문에 의약품이 아니라 '의료기기'의 일부다. 따라서 필자가 제시한 글로벌 의료기기 산업 분석 방법을 적용할 수 있다. 디지털 치료제가 성공하려면 결국 적어도 의료 시스템의 3대 이해관계자를 만족시켜야 한다. 그들을 만족시키는 것이 반드시 성공으로 이어진다고 보기는 어렵다. 하지만 의료기기 산업에서 성공한 모든 제품은 모두 그들을 만족시켰다.

필자가 디지털 치료제를 바라볼 때 우려가 되는 부분이 있다. 그것은 디지털 치료제는 환자가 꾸준히 사용해야 한다는 단서가 붙는다는 것이다. 환자가 의사의 지시대로 약물복용이나 습관 변화의 약속을 지키는 것을 환자 순응도라고 한다. 그런데 대부분 질병에서 심지어 암 환자조차도 환자 순응도가 높지 않다고 한다.[56] 그렇다면 디지털 치료제 처방 후 환자 상태가 호전되지 않았을 때 책임이 처방대로 사용하지 않은 환자에게 있느냐, 디지털 치료제의 성능에 문제가 있느냐에 대한 논란이 생길 것이다. 경우에 따라 병원에서 환자에게 디지털 치료제를 처방하고 건강보험사에 비용 청구를 하면 건강보험사 심사 과정에서 삭감될 가능성이 커질 수 있다. 이렇게 되면 의사들이 처방을 주저하게 될 가능성이 커진다.

최근 미국에서 보험약제 관리기업의 의약품 처방 권장 리스트에 디지털 치료제가 등재됐다는 뉴스가 나왔다.[57] 매우 좋은 뉴스이긴 하지만 디지털 치료제를 위한 카테고리를 새로 만든 것뿐이다. 다른 치료법과 같은 카테고리에서 우선순위로 등재된 것이 아니고 표준 치료법이 된 것도 아니다. 즉 디지털 치료제에 대한 효능에 의구심이 있는 의사는 기존 치료법으로 처방하면 그만인 것이다. 게다가 제품 개발 이후 이러한 리스크를 보유하고 있다면 글로벌 제약사들이 디지털 치료제 개발이나 유통에 소극적으로 될 가능성이 크다. 그러면 헬스케어 산업의 가장 중요한 비즈니스 모델인 기술이전이나 유통 파트너십을 활용하기 어려워진다. 악순환이 일어난다.

따라서 디지털 치료제가 블록버스터가 되고 미래의 성장 산업이 되기 위해서는 적응증을 잘 선택해야 한다. 실제로 환자들의 미충족 수요가 많은 곳이 어디이며 보험 급여 목록 등재를 위한 임상 데이터를 확보할 수 있는 영역인지를 잘 고민해야 한다. 필자는 디지털 치료제는 크게 기존 치료제를 대체하는 경우, 새로운 신약이 되는 경우, 기존 치료제를 보완하는 경우로 나눠볼 수 있다고 생각한다.

첫째, 대체할 수 있는 기존 치료제가 존재하는 경우는 기존 치료제의 효과가 거의 없거나 디지털 치료제의 유효성이 압도적으로 좋은 경우가 해당할 것이다. 경쟁 카테고리 내에서 최고가 되는 전략인 베스트 인 클래스Best in Class 전략을 활용하는 것이다. 이 경우의 장점은 시장이 형성돼 있어 시장을 형성하는 초기 비용이 적다는 것이다.

그러나 경쟁자가 이미 시장에 존재한다는 것은 장점이자 단점이 될 수 있다. 기존 치료제 대비 비용 대비 효과성을 어떻게 증명할 것인가? 보수적인 의료계에서 이미 표준치료법으로 자리잡은 약물과 경쟁을 할 수 있을까? 디지털 기술이 약물과 경쟁 가능한 적응증이 몇이나 될까? 이런 점들을 고려할 때 1차 치료제로 인정받을 수 있는 적응증은 매우 제한적일 것이다. 물론 2차 치료제나 3차 치료제로 인정받을 가능성도 존재한다. 그러나 어떤 상황이건 개발 가능한 제품이 제한적인 상황에서 제품 개발비와 마케팅 비용이 보전될 만큼 시장규모를 확보할 수 있을까에 대한 문제는 반드시 풀어야 할 숙제다.

둘째는 새로운 신약이 되는 경우이다. 기존에 치료제가 존재하지 않는 영역이 해당한다. 카테고리 내에서 최초가 되는 퍼스트인클래스First in Class 전략을 사용하는 것이다. 개발에 성공만 한다면 시장을 독점할 수 있다는 장점이 있다. 그런데 치료제가 존재하지 않는다는 것은 개발 자체가 매우 어렵거나 시장규모가 매우 작다는 의미일 수 있다. 게다가 '기존 치료제를 대체하는 경우'의 모든 단점과 고려해야 할 상황이 동일하게 적용된다.

셋째는 기존 치료제를 보완하는 경우이다. 기존의 치료 방법이 존재하는 영역에서 해당 치료법의 효능을 강화하는 것이다. 예를 들면 인슐린 처방이나 식이요법 등으로 혈당을 관리하는 당뇨 환자가 꾸준히 인슐린을 맞고 식이요법을 할 수 있게 지속적으로 가상 코칭 서비스를 제공하는 것이 해당한다.

단점은 사람들이 생각하는 전형적인 치료제의 느낌이 아니라는 점과 유사한 기업끼리 서로 어떻게 차별화를 할 것인가 하는 점이다. 그러나 이미 시장이 존재하고 돈을 버는 기업이 존재한다는 장점이 있다. 가장 주목받는 시장은 만성질환 시장이다. 환자의 지속적인 사용이 중요한 디지털 치료제 특성상 빠르게 치료되거나 완치가 가능한 영역보다는 완치가 힘들면서 꾸준한 치료가 가능한 영역이 유효하기 때문이다. 이 중에서 시장규모를 고려할 때 당뇨 관련 업체가

### 레즈메드에 인수된 프로펠러헬스

Propeller changes the experience of chronic respiratory disease

- Sensors connect to the majority of inhaled medicines, and sync with a companion app
  - 10 FDA 510(k) clearances, CE Marked

- The patient experience enables:
  - Personalized insights to enable better self-management
  - Adherence habits through reminders and notifications
  - An improved relationship between patients and their clinicians with objective information

(출처: 레즈메드)

가장 많다.

세 번째 사례는 치료제를 보완하는 방식이라는 점에서 기존 치료제와 디지털 치료제의 결합을 통한 통합 솔루션 형태의 비즈니스 모델로 발전하고 있다. 인슐린 제조업체인 노보노디스크는 디지털 솔루션 기업인 눔과 파트너십을 체결했다. 당뇨관리 업체인 리봉고는 혈당측정장비와 소프트웨어 솔루션을 한 번에 제공하고 있다. 호흡기 질환 관련 의료기기 전문회사인 레즈메드는 만성 폐쇄성 폐질환 관련 사업부문 강화를 위해 디지털 치료제 기업인 프로펠러헬스를 인수했다.[58]

현재 첫 번째(기존 치료제를 대체)나 두 번째(새로운 신약이 되는 것) 경우에서도 미국식품의약국 승인을 받은 업체가 등장하고 있지만 블록버스터가 될 수 있느냐를 기준으로 봤을 때는 세 번째(기존 치료제를 보완) 경우가 가장 가까워 보인다. 의료기기 산업에서는 규제기관의 허가가 곧 상업적 성공으로 이어지지 않기 때문이다. 적어도 건강보험과 병원과 글로벌 대형기업의 미충족 수요를 만족할 수 있어야 한다. 디지털 치료제는 매우 초기 시장인 만큼 벌써부터 기술의 성패를 예측하는 것은 너무 이른 측면이 있고 정확성이 높은 예측이 되기 힘들다. 그러나 의료 시스템 내에서 블록버스터를 꿈꾼다면 적어도 3대 이해관계자는 반드시 만족시켜야 할 것이다.

## 블록버스터에 등극한 원격의료, 다음은 플랫폼 전쟁

코로나바이러스가 전 세계를 뒤덮은 2020년은 역설적으로 디지털 헬스케어에 상당히 의미 있는 한 해였다. 코로나바이러스의 확산세가 길어지며 디지털 헬스케어가 자연스럽게 현실세계와 결합하게 된 것이다. 상당히 많은 디지털 헬스 기업들이 높은 매출 성장과 더불어 높은 주가 상승을 기록했다.

그중에서도 가장 돋보이는 것은 원격의료다. 필자는 세상은 유니콘이 아니라 블록버스터가 바꾼다고 생각한다. 원격의료는 정말로 2020년 세계 의료 환경을 바꾸어놓았다. 실제로 원격의료 업체들의 2020년 매출은 굉장히 높은 확률로 블록버스터가 될 가능성이 크다. 증권가의 가장 유명한 유료 정보 프로그램인 블룸버그에 의하면, 미국 원격의료 업체인 텔라닥과 중국 원격의료 업체인 평안굿닥터의 2020년 예상 매출은 각각 10억 달러에 이른다. 매출이 시장 기대치를 크게 못 미치는 어닝쇼크가 일어나지 않는다면 두 기업 모두 무난하게 블록버스터의 반열에 올라설 것으로 보인다.

그러나 문제는 2021년이다. 과연 2021년과 그 이후에도 이 두 원격의료 업체의 매출이 10억 달러 이상을 유지할 수 있을까? 원격의

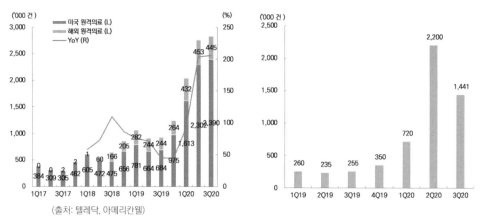

**텔레닥과 아메리칸웰의 원격의료 추이**

('000 건)

- 미국 원격의료 (L)
- 해외 원격의료 (L)
- YoY (R)

(출처: 텔레닥, 아메리칸웰)

료 업체들의 매출이 2020년 들어 급격하게 증가한 것은 코로나바이러스 관련 진료 때문이다. 따라서 2021년 매출이 오히려 2020년보다 더 낮아질 가능성에 대해 우려하는 목소리도 있다. 합리적인 우려이다.

실제로 2020년 3분기 실적발표를 살펴보면 2020년 상반기의 폭발적인 원격진료 수요의 둔화 내지는 감소세가 관찰되고 있다. 텔레닥은 2020년 3분기 284만 건의 원격진료를 했다. 이는 2020년 2분기 대비 3% 성장한 수치다. 텔레닥의 경쟁사인 아메리칸웰American Well은 2020년 3분기 140만 건의 원격진료를 했다. 이는 2020년 2분기보다 오히려 35% 줄어든 수치였다.

블록버스터로 진화한 원격의료 업체들은 현재 덩치를 유지하기 위해서 다시 한번 업그레이드가 필요하다. 그동안 응급진료와 경증질환 진료 중심이었던 원격의료 업체들에게 앞으로 정신질환과 만성질환 진료의 중요성이 커질 것이다. 정신질환과 만성질환은 일회성 진료가 아니라 반복적인 진료가 가능하기 때문이다. 그중에서 정신질환은 원격의료 업체들이 빠르게 진입한 진료 영역이다. 정신질환은 대면진료에서 원격진료로 전환할 때 진입장벽이 상대적으로 낮다.

앞으로는 만성질환 서비스를 확보하기 위한 경쟁이 치열할 것이다. 만성질환은 정신질환보다 진입장벽이 높다. 진단장비, 의약품 배송, 의료기관과의 협업 등 원격진료를 위해 갖춰야 할 조건들이 많다. 따라서 만성질환의 원격진료 역량을 확보하기 위해 산업 내 합종연횡이 활발하게 일어날 가능성이 크다. 2020년 8월에 텔레닥이 리봉고를 185억 달러에 인수하는 메가 딜Mega Deal을 한 것도 만성질환 서비스 역량을 강화하기 위해서다. 이처럼 원격의료 산업에서 의료장비나 온라인 의약품 배송업체에 대한 인수합병 시도가 빈번해질 가능성이 크다. 특히 현재 미국 원격의료를 주도하는 텔레닥은 매년 크고 작은 인수합병을 지속하고 있다. 리봉고 인수를 통해 만성질환 진료 역량을 강화한 만큼 온라인 의약품 배송 기업을 인수할 가능성도 크다. 만성질환자들은 지속적으로 같은 약을 먹기 때문에 리필이 가능하고 우편 주문 형태로 온라인 의약품 배송도 가능하기 때문이다. 만성질환 진료 역량을 확보하려면 온라인 의약품 배송을 반드시 갖고 있어야 한다.

원격의료 업체의 진료 범위 확장과 더불어 또 하나 예상되는 큰 변화는 바로 플랫폼 간의 힘겨루기다. 원격의료의 전통적인 비즈니스 모델은 고용주나 건강보험사 등 의료비용 지불자를 고객으로 하는 지불자 모델Payer Model이다. 의료비용 지불자들에게 월간 구독료를 청구하고, 그들의 고용자나 가입자들이 원격진료 수요가 발생하

**원격의료 산업의 플랫폼 전쟁 가능성**

면 원격의료 플랫폼에서 의사들을 매칭해주는 시스템이다. 그런데 이 모델을 활용한 글로벌 원격의료 사업이 블록버스터가 등장할 정도로 큰 성공을 거두었다. 그러면서 헬스케어 산업의 가치사슬 내외에 존재하는 다양한 플레이어들이 원격의료 사업에 관심을 가지게 됐다. 그들은 가치사슬의 수직계열화를 통해서 원격의료 산업에 진입하고 있다.

이 과정에서 지불자 모델Payer model에 대항하는 3가지 플랫폼이 탄생했다. 첫째, 병원과 의사 등 의료 공급자를 중심으로 지불자 모델이 제공하기 힘든 환자와 지속적인 관계 형성을 장점으로 내세운 의료공급자 모델Provider model이다. 둘째, 민간 건강보험이 주도하는 모델Health Plan Model이다. 건강보험사는 지불자 모델Payer model의 가장 큰 고객 중 하나였으나 전체 고객에서 차지하는 비중이 점점 커지면서 역으로 민간건강보험사가 원격의료 업체나 의료기관 인수를 시도하는 경우가 생기고 있다. 셋째, 온라인 의약품 배송 모델Online Pharmacy model이다. 주로 헬스케어 산업의 가치사슬 밖에 존재하는 글로벌 IT 대기업들이 시도하는 모델이다. 본인들의 기존 강점인 강력한 고객 트래픽을 활용할 수 있다. 처음에는 일반의약품이나 건강기능식품 배송으로 시작해서 점차 처방의약품으로 범위를 확장하고 그다음 원격의료 사업까지 진출하는 것이다. 이처럼 원격의료 시장이 확대되면서 원격의료 시장의 경쟁 구도가 지불자 모델에 대항하는 3가지 플랫폼 간의 대결 양상으로 변화하고 있다. 지불자 모델은 앞에서 자세히 다루었다. 여기에선 나머지 3가지 플랫폼에 대해서 좀 더 자세히 알아보도록 하자.

① 의료공급자 모델: 의료공급자 모델은 원격의료 업체가 클라우드 서비스SaaS 업체처럼 의료공급자들에게 원격의료 서비스 플랫폼을 제공하고, 의료공급자들로부터 서비스 수수료(약 120달러/달)를 받는다. 대신 지불자 모델처럼 원격진료가 발생할 때마다 진료비를 받을 수 없다. 아메리칸 웰American well, 독시미Doxy.me, 브이씨Vsee, 클라라Klara, 에픽Epic, 서너Cerner 등이 주요 플레이어다. 의료공급자 모델을 쉽게 이해하기 위해서는 먼저 지불자 모델의 한계에 대해서 알아볼 필요가 있다.

고용주나 건강보험사 등 의료비용 지불자를 고객으로 하는 지불자 모델은 의료비용을 낮추고 싶은 지불자의 욕구와 규모의 경제를 확보해야 하는 원격의료 업체들이 서로 윈윈할 수 있다. 미국에서는 텔레닥 이외에 닥터온디멘드Doctor On Demand, 엠디라이브MDLive 등 수많은 지불자 모델을 바탕으로 하는 원격의료 업체가 있다. 지불자 모델의 대장 기업인 텔레닥은 지불자 모델을 앞세워 2020년 3분기 미국에서 7,300만 명의 회원을 모집했다. 이로 인해 2020년 3분기 구독료 매출만 1억 9,400만 달러에 달한다.

최근 미국 증권사인 제프리Jefferies에서 진행한 원격의료 관련된

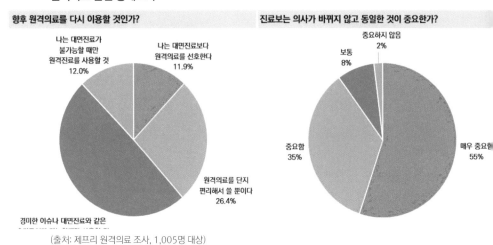

**원격의료 관련 통계조사**

| 향후 원격의료를 다시 이용할 것인가? | 진료보는 의사가 바뀌지 않고 동일한 것이 중요한가? |
| --- | --- |

나는 대면진료가 불가능할 때만 원격진료를 사용할 것 12.0%

나는 대면진료보다 원격의료를 선호한다 11.9%

원격의료를 단지 편리해서 쓸 뿐이다 26.4%

경미한 이슈나 대면진료와 같은

중요하지 않음 2%

보통 8%

중요함 35%

매우 중요함 55%

(출처: 제프리 원격의료 조사, 1,005명 대상)

조사결과를 참고하면 지불자 모델의 장단점을 명확하게 알 수 있다. 조사결과를 보면 대면진료 대비 원격의료를 선호하는 비중은 12% 에 불과했다. 지불자 모델은 마치 우버나 카카오택시처럼 그때그때 시간이 맞는 의사와 환자가 매칭되는 개념이다. 그러다 보니 원하는 의사를 꾸준하게 만나는 것이 사실상 불가능하다. 따라서 나를 진료 하는 의사의 진료 수준에 대한 의심이 존재하는 것이다. 흥미로운 점 은 고객의 90%가 자신이 원하는 의사가 꾸준히 진료해주길 바랐다 는 것이다.

그런데 사람들이 원격의료의 가장 큰 장점으로 꼽는 것은 바로 편 의성이었다. 결과를 종합해보면 사람들은 원격의료가 편리해서 사용 한다. 하지만 의료 서비스가 제대로 되는지 우려하고 있고 자기가 원 하는 의사와 꾸준히 관계를 맺기를 원한다. 그래서 지불자 모델은 주 로 응급진료나 경증질환과 같은 1회성 진료가 주된 진료 서비스가 될 수밖에 없다.

의료공급자 모델은 지불자 모델이 줄 수 없는 혜택을 줄 수 있다. 의료공급자 모델은 의료 서비스의 제공자인 병원들 중심으로 비즈니스 모델을 구축한다. 그럼으로써 지불자 모델보다 신속성은 떨어지지만 대면진료 대비 월등히 빠른 속도로 예약을 통해 원하는 의사와 주기적인 진료가 가능하다.

결론적으로 지불자 모델은 병원에 갈 필요가 없는 일회성 진료에 적합하고 회원수를 빠르게 모을 수 있어 규모의 경제에 도달하는 속도가 빠르다는 장점이 있다. 이에 반해 의료공급자 모델은 환자가 원하는 의사와 주기적인 진료가 가능하기 때문에 1차 진료와 만성질환에 강점이 있다. 따라서 코로나바이러스 종식 이후 원격의료 산업에서는 의료공급자 모델이 좀 더 유리할 수 있다. 업체들은 벌써 코로나바이러스 이후의 세계를 준비하고 있다. 주력 비즈니스 모델을 중심으로 서로의 영역으로 침투하고 있다. 텔레닥은 가상 주치의 서비스Virtual Primary Care, 리봉고 인수를 통한 만성질환 역량 강화, 인터치InTouch 인수로 의사-의사 원격진료 역량 강화 등 의료공급자 모델의 기능을 강화하고 있다. 반대로 아메리칸 웰은 민간 건강보험사인 앤썸Anthem과의 파트너십을 통해 지불자 모델을 강화하고 있다. 본격적인 플랫폼 전쟁을 준비하고 있다.

② 건강보험 주도 모델: 두 번째 모델은 지불자 모델의 가장 큰 고객 중 하나인 건강보험사가 오히려 원격의료를 주도하는 모델이다. 최근 미국 최대 원격의료 업체인 텔레닥의 원격진료 통계를 살펴보면 재미있는 현상을 발견할 수 있다. 텔라닥에 구독료를 내지 않는 회원이 늘어나는 것이다. 그들은 구독료를 내지 않는 대신 진료당 원

격의료비를 더 비싸게 낸다. 구독료를 내지 않는 회원수는 2017년 말 기준 360만 명으로 전체 회원의 16%였다. 그런데 2020년 3분기 기준 2,180만 명으로 늘어났고 동시에 전체 회원에서 차지하는 비중도 30%로 증가했다. 더 재미있는 현상은 매출 기여도이다. 2017년 구독료가 없는 회원의 원격진료비 매출 비중은 2%에 불과했는데 2020년 3분기 누적 매출 비중은 31%로 증가했다.

구독료를 내지 않는 회원이 증가하고 원격진료 매출 비중이 늘어나는 건 민간 건강보험사가 텔레닥의 회원수에서 차지하는 비중이 늘어나기 때문이다. 민간 건강보험사 입장에서 생각해보면 원격의료 업체에 구독료를 지불하지 않는 것이 유리하다. 필자의 계산에 의하면 구독료가 없는 모델은 이용률 2%만 되어도 대면진료 대비 경제성이 높다. 하지만 구독료를 내는 경우 이용률이 14%에 도달하는 순간부터 대면진료 대비 경제성이 높아진다. 텔레닥의 원격의료 이용률이 2020년 3분기 16%까지 높아졌지만 코로나바이러스 이전에는 10% 수준이었다. 민간 건강보험사의 비중이 확대되면서 원격의료 업체의 비즈니스 모델까지 변화시키고 있다.

여기서 생각을 조금 더 확장해보면 자연스럽게 민간 건강보험사가 원격의료 사업을 직접 할 가능성이 크다. 원격의료 업체를 인수해 원격의료를 수직계열화하는 것이다. 특히 미국은 보험사와 병원이 긴밀하게 연결되어 있어서 특별한 일도 아니다. 최근 미국에서도 건강보험사가 원격의료 업체 혹은 의료기관을 인수했다는 뉴스가 심심치 않게 등장하고 있다. 아직 미국에서 건강보험 주도 모델은 산업 전반적으로 활발한 비즈니스 모델은 아니다. 하지만 중국에서는 이미 그런 사례가 존재한다. 바로 중국의 최대 원격의료 업체인 평안굿닥터

**아마존의 온라인 의약품 배송 사업**

(출처: 아마존)

다. 이 기업의 모기업이 바로 평안보험이기 때문이다. 건강보험은 일단 기존 고객을 활용할 수 있고 병원과의 네트워크도 훌륭하다. 게다가 원격의료로 수익이 나지 않더라도 건강보험의 손해율을 낮추기 위해 원격의료 업체를 활용할 수 있다. 민간 건강보험 주도 모델은 생각보다 경쟁력이 높은 플랫폼이 될 가능성이 있다.

③ 온라인 의약품 배송 모델: 마지막으로 살펴볼 모델은 온라인 의약품 배송 모델이다. 주로 글로벌 IT 대기업들이 시도하는 모델이다. 본인들의 강점인 강력한 고객 트래픽을 활용한다는 장점이 있다. 처음에는 일반의약품이나 건강기능식품 배송으로 시작해서 점차 처방의약품(주로 만성질환)으로 범위를 확장하고 원격의료 사업까지 진출하는 모델이다. 대표적인 기업이 중국의 알리헬스Ali health이다. 중국 최대 쇼핑몰인 알리바바를 활용해 엄청난 속도로 성장 중이다. 최근에는 징동닷컴의 징동헬스JD Health와 텐센트Tencent의 위닥터Wed-octor가 상장 준비 중이다.

온라인 의약품 배송에서 빼놓을 수 없는 또 다른 이름은 바로 아마존이다. 그 이름만으로도 모든 경쟁자를 떨게 한다. 그런 아마존이 선택한 것도 온라인 의약품 배송 모델이다. 아마존은 아마존 파마시와 필팩을 통해 온라인 의약품 시장 진출을 선언했다. 미국에서 온라인 의약품 배송은 이미 시행되고 있다. 아마존은 아마존 파마시를 통해 전체 인구의 10% 이상 되는 무보험자를 타깃으로 하고 건강보험 가입자 수준의 가격할인을 제공하는 것을 목표로 할 것으로 보인다. 그리고 아마존 프라임을 활용해 기존 강점인 배송 역량을 활용할 것이다. 덧붙여 필팩은 만성질환자들이 복용하는 여러 개의 약을 소분해서 배송해 약물 위해 사례를 최소화하는 효용을 제공할 것으로 보인다.

아마존의 행보가 상당히 기대된다. 온라인 의약품 배송시장에서 연착륙에 성공한다면 본격적인 진료 시장 진입이 예상되기 때문이다. 현재 아마존은 아마존 파마시와 필팩 이외에도 버크셔 해서웨이와 JP 모건과 함께 헤이븐Haven이라는 비영리 헬스케어 법인을 만들었다. 헤이븐은 3개사 직원들의 의료비용을 낮추는 것이 목적이다. 헤이븐에 대한 기업 정보가 많지 않지만 아마 직원들 대상으로 자체 보험기금을 운용하는 보험약제관리 기업 모델일 가능성이 크다. 아마존의 향후 행보는 헤이븐과 중국 온라인 의약품 배송업체들의 행보를 고려하면 어느 정도 예상이 가능하다. 아마존은 원격의료 업체를 인수할 가능성이 매우 크다.

앞으로 원격의료 산업은 다양한 이해관계자들이 독자적 플랫폼을 구축하면서 플랫폼 간의 대결이 될 것이다. 이 과정에서 업체 간의 합종연횡과 경쟁이 더 활발해질 것이다. 특히 2020년에는 코로나바이러스로 인해 한시적으로 의료정보보호규제HIPPA가 면제됐고 원격의료 보험수가도 대면진료와 동일한 수가를 받는 정책이 시행됐다. 한마디로 원격의료의 우호적인 정책이 시행된 한 해였다. 이를 달리 이야기하면 코로나바이러스가 잠잠해지면 원격의료 정책이 다시 변할 가능성도 얼마든지 있다는 것이다. 이 역시 플랫폼 전쟁을 가속화하는 요인으로 작용할 것이다.

# 부록

## 글로벌 의료기기 관련 ETF

의료기기 산업에 익숙하지 않거나 투자를 처음 경험하는 사람들에게는 상장지수펀드ETF가 합리적인 대안이다. 상장지수펀드는 상장기업들로 구성된 일종의 펀드이다. 증권시장에 상장돼 마치 주식 처럼 실시간 매매가 가능하다. 개별 종목 투자에서 발생할 수 있는 리스크를 최소화하면서 산업의 성장성에 투자하는 효과를 누릴 수 있어 최근 가장 주목받는 투자상품이다. 의료기기와 디지털 헬스케어와 관련된 상장지수펀드로는 아이셰어즈 미국 의료기기 상장지수펀드IHI US와 글로벌엑스 일본 바이오와 의료기기 상장지수펀드(2639 JP), 글로벌엑스 원격의료와 디지털 헬스케어 상장지수펀드 EDOC US가 있다. 아이셰어즈 미국 의료기기 상장지수펀드는 펀드의 약 90%가 미국 대형 의료기기 기업으로 구성된 의료기기 대표 상장지수펀드다. 세계 상위 의료기기 기업들이 모두 포함돼 있어 의료기기 산업을 대표한다고 해도 큰 무리가 없다. 글로벌엑스 일본 바이오와 의료기기 상장지수펀드는 아시아에서 이례적으로 세계적인 기업들을 다수 보유한 일본 헬스케어 산업에 집중투자하는 상장지수펀드다. 헬스케어 상장지수펀드 중에서 흔치 않게 의료기기와 디지털 헬스케어 비중이 70%가 넘는다. 글로벌엑스 원격의료와 디지털 헬스케어 상장지수펀드는 세계에서 유일하게 원격의료와 디지털 헬스케어에 집중적으로 투자하는 상장지수펀드다.

또한, 직접 투자를 하지 않더라도 상장지수펀드의 주가 추이를 살펴보는 것은 의료기기 산업을 공부하고 감을 잡는 데 상당한 도움이 된다. 주가의 상승과 하락은 산업의 전반적인 변화에서 일어나는 주요 사건과 연관이 크다. 그런데 의료기기 산업은 많은 세부시장으로 구성돼 있다. 우리나라에서 매년 의료기기 업체들의 생산실적을 집계하는 품목만 1,200개가 넘는다. 이 모든 품목의 제품을 생산하는 기업은 존재할 수 없다. 대부분은 특정 세부 시장에 관련된 제품을 생산한다. 따라서 특정 기업의 주가를 살펴보는 것은 특정 세부 시장을 관찰하는 데는 쉽고 편리할 수 있지만 전체 산업을 살펴보는 데는 적합하지 않다. 반면에 의료기기와 관련된 상장지수펀드는 여러 의료기기 기업들로 구성돼 있기 때문에 전체 산업을 살펴보는 것과 같은 효과를 누릴 수 있다. 인터넷을 열고 검색어로 'IHI stock price'나 'EDOC stock price' 등을 입력하면 매우 쉽게 해당 상장지수펀드의 주가 추이를 살펴볼 수 있다. 어느 정도 상장지수펀드의 움직임에 익숙해진 뒤에는 관심이 있는 세부시장을 정하고 해당 시장의 상장기업을 선정하여 주가 상승과 하락의 이유를 고민해보는 것이다. 그 과정에서 이 책에서 공유한 내용을 적용해보면 더욱 의료기기 산업을 빠르게 이해할 수 있을 것이다.

## 아이셰어즈 미국 의료기기 상장지수펀드의 주가 추이

(출처: 블룸버그, 2006년 5월 5일 주가를 100으로 환산)

## 의료기기와 디지털 헬스케어 관련 상장지수펀드 개요

| 상장지수펀드 | 아이셰어즈 미국 의료기기 | 글로벌엑스 원격의료와 디지털 헬스케어 | 글로벌엑스 일본 바이오와 의료기기 |
|---|---|---|---|
| 영문 티커 | IHI US | EDOC US | 2639 JP |
| 운용사 | 아이셰어즈 | 글로벌엑스 | 글로벌엑스 |
| 운용자산 규모 | 82억 80만 달러 | 7억 1,770만 달러 | 6억 2,800만 달러 |
| 기초지수 | 다우존스 헬스케어 공급자 지수 | 솔액티브 원격의료와 디지털헬스 지수 | 팩트셋 일본 바이오 & 의료기기 지수 |
| 보유종목 | 68개 | 43개 | 31개 |
| 운용보수 | 0.41% | 0.68% | 0.59% |
| 상장일 | 2006년 5월 5일 | 2020년 7월 30일 | 2021년 6월 23일 |
| 특징 | 글로벌 의료기기 기업 투자에 특화 | 글로벌 원격의료와 디지털 헬스케어에 집중 | 일본 의료기기 |
| 상위 10개 종목(%) | *상위 10개 종목 비중 71.71% | *상위 10개 종목 비중 47.4% | *상위 10개 종목 비중 66.1% |
| | 애보트 래버러토리 (12.69%) | 일루미나(5.38%) | 시마즈 제작소(9.02%) |
| | 써모 피셔 사이언티픽 (12.44%) | 덱스컴(5.25%) | 올림푸스(8.86%) |
| | 다나허(10.92%) | 애질런트 테크놀로지스 (4.95%) | 테루모(8.76%) |
| | 메드트로닉(10.14%) | 래버러토리 코퍼레이션 (4.94%) | 시스멕스(8.36%) |
| | 인튜이티브 서지컬 (4.72%) | 탠덤 다이베츠 케어 (4.76%) | M3(6.51%) |
| | 에드워즈 라이프사이언스(4.58%) | 유나이티드헬스 그룹 (4.63%) | 다케다 제약(6.14%) |
| | 벡톤 디킨슨(4.19%) | 서너(4.62%) | 아사히 인텍(5.33%) |
| | 스트라이커(4.15%) | 옴니셀(4.53%) | 펩티드림(5.22%) |
| | 보스턴 사이언티픽 (4.05%) | 뉘앙스 커뮤니케이션스 (4.44%) | 다이이찌산쿄(4.18%) |
| | 아이덱스 래버러토리스 (3.83%) | 체인지 헬스케어 (3.9%) | 아스텔라스 제약(3.67%) |

(출처: 블룸버그, etfdb.com, 2021년 8월 5일 기준)

# | 출처 |

## 1장 의료기기 산업의 부상

1. 『Tesla tops Toyota to become largest automaker by market value』. https://www.cnbc.com/2020/07/01/tesla-tops-toyota-to-become-largest-automaker-by-market-value.html

2. 『Nvidia Valuation Soars Past Intel on Graphics Chip Boom』. https://www.bloomberg.com/news/articles/2020-07-08/nvidia-valuation-soars-past-intel-on-graphics-chip-boom

3. 『Percentage of seniors aged 65 years and older that had a select number of chronic conditions as of 2017, by country』. https://www.statista.com/statistics/807007/percentage-of-seniors-with-chronic-health-conditions-by-country/

4. 『The Problem with Predicting Physician Supply and Demand』. https://33charts.com/problem-with-predicting-physician-supply-and-demand/

5. 『TELADOC 2020 Investor day Presentation』. https://s21.q4cdn.com/672268105/files/doc_presentations/2020/03/InvestorDay2020.pdf

6. 『AI can solve China's doctor shortage. Here's how』. https://www.weforum.org/agenda/2018/09/ai-can-solve-china-s-doctor-shortage-here-s-how

7. 『How long will you wait to see a doctor?』. https://money.cnn.com/interactive/economy/average-doctor-wait-times/

8. 『Ping An Healthcare and Technology Company Introduction』. http://www.pagd.net/media/pdf/us/listing/pagd-presentation_-en-website-version-final.pdf

9. 『THE CHANGE HEALTHCARE - HARRIS POLL 2020 CONSUMER EXPERIENCE INDEX』. https://changehealthcare.outgrow.us/healthcare-consumer-experience-research

10. 『Survey: More than 90% of physicians are treating patients remotely』. https://medcitynews.com/2020/05/survey-more-than-90-of-physicians-are-treating-patients-remotely/?rf=1&utm_campaign=MCN%20Daily%20Top%20Stories&utm_source=hs_email&utm_medium=email&utm_content=87311225&_hsenc=p2ANqtz-_DcJR-73ljh7321KwoQqKTfR3Q4pb5gcUdJcyyIDZTXpDIiDcbjao0_UssfT_0XCiALSe4FeDWz7jgiIc5-eWv1ha5YEqEXDz5JAhgVqAN0_u0CbA&_hsmi=87311225

11. 『Virtual health: A look at the next frontier of care delivery』. https://www.mckinsey.com/industries/healthcare-systems-and-services/our-insights/virtual-health-a-look-at-the-next-frontier-of-care-delivery

12. 『Enforcement Policy for Non-Invasive Remote Monitoring Devices Used to Support Patient Monitoring During the Coronavirus Disease 2019 (COVID-19) Public Health Emergency (Revised)』. https://www.fda.gov/regulatory-information/search-fda-guidance-documents/enforcement-policy-non-invasive-remote-monitoring-devices-used-support-patient-monitoring-during

13. 『FDA Expands Remote Patient Monitoring in Hospitals for People with Diabetes During COVID-19; Manufacturers Donate CGM Supplies』. https://www.diabetes.org/newsroom/press-releases/2020/fda-remote-patient-monitoring-cgm

14. 『Telehealth: A quarter-trillion-dollar post-COVID-19 reality?』. https://www.mckinsey.com/industries/healthcare-systems-and-services/our-insights/telehealth-a-quarter-trillion-dollar-post-covid-19-reality

15. 『Teladoc and Livongo merge into $37 billion remote-health company as coronavirus keeps patients home』. https://www.cnbc.com/2020/08/05/teladoc-acquires-livongo-creates-37-billion-health-tech-company.html

16. 『Varian sold to Siemens Healthineers in $16.4B all-cash deal』. https://www.medtechdive.com/news/varian-sold-to-siemens-healthineers-in-164b-all-cash-deal/582753/

## 2장 글로벌 의료기기 산업의 이해

1. 『World Preview 2018,Outlook to 2024』. EvaluateMedTech

2. 『2020년 의료기기 생산 및 수·출입 실적 통계 자료』. https://www.mfds. go.kr/brd/m_386/view.do?seq=33106

3. 『2018년 사망원인통계』. http://kostat.go.kr/portal/korea/kor_ nw/1/6/2/index.board?bmode=read&bSeq=&aSeq=377606&pageN o=1&rowNum=10&navCount=10&currPg=&searchInfo=&sTarget=tit le&sTxt=

4. 『Leading Causes of Death』. Leading Causes of Death

5. 『World Preview 2018,Outlook to 2024』. EvaluateMedTech.

6. 『World Preview 2019, Outlook to 2024』. EvaluatePharma

7. 『Digital Health Software Precertification (Pre-Cert) Program』. https://www.fda.gov/medical-devices/digital-health/digital-health-software-precertification-pre-cert-program

8. 『Breakthrough Devices Program』. https://www.fda.gov/medical-devices/how-study-and-market-your-device/breakthrough-devices-program

9. 『Parallel Review with Centers for Medicare and Medicaid Services』. https://www.fda.gov/about-fda/cdrh-innovation/payor-communication-task-force

10. 『Increased Rate of Mortality in Patients Receiving Abiomed Impella RP System - Letter to Health Care Providers』. https://www.fda.gov/ medical-devices/letters-health-care-providers/increased-rate-mortality-patients-receiving-abiomed-impella-rp-system-letter-health-care-providers

11. 『UPDATE: Increased Rate of Mortality in Patients Receiving Abiomed Impella RP System - Letter to Health Care Providers』. https://www. fda.gov/medical-devices/letters-health-care-providers/update-increased-rate-mortality-patients-receiving-abiomed-impella-rp-system-letter-health-care

12. 『Medical Device Clinical Trials — How Do They Compare with Drug

Trials?』. https://cdn2.hubspot.net/hub/149400/file-646377456-pdf/docs/mc-n-med-dev-trials-compare-with-drug-trials.pdf

13. 『From "Approved" To "Covered" — What Medical Device Companies Need to Know』. https://www.meddeviceonline.com/doc/from-approved-to-covered-what-medical-device-companies-need-to-know-0001

14. 『5년간 공회전한 심장통합진료…TAVI시술은 '그림의 떡'?』. https://www.medicaltimes.com/Users/News/NewsView.html?ID=1131360&fbclid=IwAR2uOEu_G634k297_vzPMkSWHh9xo4_ZC5O5a8Xpu8c0_C85swqf0VuCOQI

15. 『World Preview 2018,Outlook to 2024』. EvaluateMedTech

16. 『Medtronic to Acquire Covidien for $42.9 billion in Cash and Stock』. http://newsroom.medtronic.com/news-releases/news-release-details/medtronic-acquire-covidien-429-billion-cash-and-stock-0/

17. 『Abbott Labs closes its acquisition of St. Jude Medical』. https://www.startribune.com/abbott-labs-closes-its-acquisition-of-st-jude-medical/409693275/

18. 『Johnson & Johnson and Synthes Announce Definitive Merger Agreement to Create World's Most Innovative and Comprehensive Orthopaedics Business』. https://www.jnj.com/media-center/press-releases/johnson-johnson-and-synthes-announce-definitive-merger-agreement-to-create-worlds-most-innovative-and-comprehensive-orthopaedics-business

19. 『Becton Dickinson Acquisition of CareFusion - Frequently Asked Questions for Shareholders』. https://investors.bd.com/becton-dickinson-acquisition-carefusion-frequently-asked-questions-shareholders

20. 『BD To Acquire Bard For $24 Billion』. . https://investors.bd.com/news-releases/news-release-details/bd-acquire-bard-24-billion

21. 『Zimmer to buy Biomet for $13.35 billion in latest consolidation』. https://www.reuters.com/article/us-zimmer-acquisition/zimmer-

to-buy-biomet-for-13-35-billion-in-latest-consolidation-idUSBREA3N0W220140424

## 3장 치료 영역의 혁신

1. 『Transcatheter Aortic-Valve Replacement with a Balloon-Expandable Valve in Low-Risk Patients』.https://www.nejm.org/doi/full/10.1056/NEJMoa1814052

2. 『Hospital and physician services represent half of total health spending』. https://www.healthsystemtracker.org/chart-collection/u-s-spending-healthcare-changed-time/#item-nhe-trends_relative-contributions-to-total-national-health-expenditures-2018

3. 『To Prevent Deadly Infections, F.D.A. Approves the First Disposable 'Scope'』. https://www.nytimes.com/2019/12/13/health/disposable-duodenoscopes-infections.html?fbclid=IwAR3UpUuFlXQo4JWfQ7mJEshQKFQ73cyGNsxher3jHO4tw2BB0DzaSh5Xc-Q

4. 『FDA recommends health care facilities and manufacturers begin transitioning to duodenoscopes with disposable components to reduce risk of patient infection』. https://www.fda.gov/news-events/press-announcements/fda-recommends-health-care-facilities-and-manufacturers-begin-transitioning-duodenoscopes-disposable

5. 『Concept of disposable duodenoscope: at what cost?』. https://gut.bmj.com/content/68/11/1915

6. 『CMS Approved Transitional Pass-through Payment Category』. https://www.bostonscientific.com/en-US/medical-specialties/gastroenterology/exalt/exalt-transitional-pass-through-payment.html

7. 『Infections Associated with Reprocessed Duodenoscopes』. https://www.fda.gov/medical-devices/reprocessing-reusable-medical-devices/infections-associated-reprocessed-duodenoscopes

8. 『Boston Scientific Receives FDA Clearance For World's First Single-Use Duodenoscope, EXALT™ Model D』. https://news.

bostonscientific.com/2019-12-13-Boston-Scientific-Receives-FDA-Clearance-For-Worlds-First-Single-Use-Duodenoscope-EXALT-TM-Model-D

9.  『DATA MAKES A DIFFERENCE IN CHRONIC PAIN MANAGEMENT』. https://www.medtronic.com/us-en/transforming-healthcare/meaningful-innovation/patient-inspired-innovation/data-chronic-care.html

10. 『Medtronic, Samsung partner to develop neuromodulation implant apps for smart devices』. https://www.fiercebiotech.com/medical-devices/medtronic-samsung-partner-to-develop-neuromodulation-implant-apps-for-smart-devices

11. 『FDA Approves First-Of-Its-Kind PerceptTM PC Neurostimulator with BrainSenseTM Technology』. http://newsroom.medtronic.com/news-releases/news-release-details/fda-approves-first-its-kind-percepttm-pc-neurostimulator/

12. 『Medtronic Launches EfficioTM Software to Help Clinicians Efficiently Manage Targeted Drug Delivery Therapy with SynchroMedTM II』. http://newsroom.medtronic.com/news-releases/news-release-details/medtronic-launches-efficiotm-software-help-clinicians/

13. 『Stryker Corporation (Stryker Corporation) CEO Kevin Lobo on Q4 2019 Results - Earnings Call Transcript』. https://seekingalpha.com/article/4319696-stryker-corporation-stryker-corporation-ceo-kevin-lobo-on-q4-2019-results-earnings-call?part=single

14. 『Johnson & Johnson is buying a Silicon Valley surgical-robotics startup for $3.4 billion』. https://www.businessinsider.com/johnson-and-johnson-acquires-auris-health-surgical-robots-for-34-billion-2019-2

15. 『Effect of Tumor-Treating Fields Plus Maintenance Temozolomide vs Maintenance Temozolomide Alone on Survival in Patients With Glioblastoma』. https://jamanetwork.com/journals/jama/fullarticle/2666504

16. 『Tumour Treating Fields in combination with pemetrexed and

cisplatin or carboplatin as first-line treatment for unresectable malignant pleural mesothelioma (STELLAR): a multicentre, single-arm phase 2 trial』. https://pubmed.ncbi.nlm.nih.gov/31628016/

## 4장 진단 영역의 혁신

1. 『2018 Siemens Healthineers Capital Market Day』. https://static.healthcare.siemens.com/siemens_hwem-hwem_ssxa_websites-context-root/wcm/idc/groups/public/@global/documents/download/mda3/nze1/~edisp/180116_cmd_siemens-healthineers_consolidated_v2-04856404.pdf

2. 『Global Apple Watch shipments from 2017 to 2019』. https://www.statista.com/statistics/526005/global-apple-watch-shipments-forecast/

3. 『OECD Health Statistics』. https://www.oecd.org/health/health-data.htm

4. 『World Preview 2018,Outlook to 2024』. EvaluateMedTech

5. 『과학/바이오 'AI 기술 적용 면역억제제 반응 예측'…국내 항암 전문의들 美 ASCO서 25건 연구 결과 발표』. https://biz.chosun.com/site/data/html_dir/2020/06/02/2020060201621.html

6. 『면역항암제 급여, 티쎈트릭 되고 키트루다·옵디보 안된 이유는?』. http://www.doctorsnews.co.kr/news/articleView.html?idxno=128585

7. 『Roche improves speed and accuracy of non-small cell lung cancer diagnosis with launch of automated digital pathology algorithm』. https://www.selectscience.net/product-news/roche-improves-speed-and-accuracy-of-non-small-cell-lung-cancer-diagnosis-with-launch-of-automated-digital-pathology-algorithm/?artID=52016

8. 『Stroke Facts』. https://www.cdc.gov/stroke/facts.htm

9. 『Medtronic Partners with Viz.ai to Accelerate Adoption of New Artificial Intelligence Software in U.S. Stroke Centers』. http://investorrelations.medtronic.com/news-releases/news-release-

details/medtronic-partners-vizai-accelerate-adoption-new-artificial/

10. 『뇌졸중 진료지침』. https://www.stroke.or.kr:4454/guidelines/index.php

11. 『Grail's cancer blood test tracks down over 50 types of early-stage disease in study』. https://www.fiercebiotech.com/medtech/grail-s-cancer-blood-test-tracks-down-over-50-types-early-stage-disease-study

12. 『Clinical Implications of Plasma-Based Genotyping With the Delivery of Personalized Therapy in Metastatic Non?Small Cell Lung Canc』. https://jamanetwork.com/journals/jamaoncology/fullarticle/2705609

13. 『Clinical Utility of Comprehensive Cell-Free DNA Analysis to Identify Genomic Biomarkers in Patients with Newly Diagnosed Metastatic Non-Small Cell Lung Cancer』. https://clincancerres.aacrjournals.org/content/clincanres/early/2019/04/13/1078-0432.CCR-19-0624.full.pdf

14. 『Guardant Health Receives Expanded Medicare Coverage for Guardant360 Across the Vast Majority of Solid Tumor Cancers』. https://investors.guardanthealth.com/news-releases/news-release-details/guardant-health-receives-expanded-medicare-coverage-guardant360/

15. 『Many people are not getting the recommended cancer screening tests』.https://www.cdc.gov/media/releases/2015/p0507-cancer-screening.html

16. 『Multitarget Stool DNA Testing for Colorectal-Cancer Screening』. https://www.nejm.org/doi/full/10.1056/nejmoa1311194

17. 『Cost-effectiveness of a multitarget stool DNA test for colorectal cancer screening of Medicare beneficiaries』. https://journals.plos.org/plosone/article?id=10.1371/journal.pone.0220234

18. 『Measurable residual disease detection by high-throughput sequencing improves risk stratification for pediatric B-ALL』.https://ashpublications.org/blood/article/131/12/1350/36632/Measurable-residual-disease-detection-by-high

19. 『Roche and Illumina partner to broaden patient access to genomic testing』. https://www.roche.com/media/releases/med-cor-2020-01-13. htm

20. 『QIAGEN builds on global collaboration with Amgen for companion diagnostic development in non-small cell lung cance』. https:// corporate.qiagen.com/newsroom/press-releases/2020/20200113_ amgen

21. 『2021 Clinical NGS Testing Reimbursement Overview』. https:// www.pieriandx.com/2021-clinical-ngs-testing-reimbursement-overview?hsCtaTracking=f5c95835-a313-42da-9ebf-f2e65dde1827%7Caf2b18fa-69ea-466e-89f5-6ae752eb939b&wvid eo=ykg0q8eu53&fbclid=IwAR377pQkW2qbjZVtkwdV5iHTWJTY2LtZ 8wRVXtpgSasFZamhbF1NPfQ-U5Y

## 5장 건강관리 영역의 혁신

1. 『Preventing Stroke: Healthy Living』. https://www.cdc.gov/stroke/ healthy_living.htm

2. 『Stroke Facts』. https://www.cdc.gov/stroke/facts.htm

3. 『Use of a Noninvasive Continuous Monitoring Device in the Management of Atrial Fibrillation: A Pilot Study』. https://onlinelibrary.wiley.com/doi/ full/10.1111/pace.12053

4. 『Diagnostic Utility of a Novel Leadless Arrhythmia Monitoring Device』. https://www.ajconline.org/article/S0002-9149(13)00991-0/ fulltext

5. 『Blood Glucose Test Strip Utilization Within Medicare』. https://www. ncbi.nlm.nih.gov/pmc/articles/PMC4455419/

6. 『J&J Reaches $2.1 Billion Deal to Sell Diabetes Device Business』. https://www.bloomberg.com/news/articles/2018-03-16/j-j-reaches-2-1-billion-deal-to-sell-diabetes-device-business

7. 『2018국민건강통계, 질병관리본부』. https://knhanes.cdc.go.kr/ knhanes/sub04/sub04_03.do?classType=7

8. 『IDF DIABETES ATLAS 9th edition 2019』. https://www.diabetesatlas. org/en/resources/

9. 『양압기 요양비 적용 관련 질의 응답』. https://www.vitalaire.co.kr/ sites/vitalaire_kr/files/2018/07/04/yangabgi_yoyangbi_jeogyong_ gwanryeon_jilyi.eungdab_201807.pdf

10. 『A Randomized Controlled Trial of Telemedicine for Long-Term Sleep Apnea Continuous Positive Airway Pressure Management』. https://pubmed.ncbi.nlm.nih.gov/31689141/

11. 『Percentage of seniors aged 65 years and older that had a select number of chronic conditions as of 2017, by country』. https://www. statista.com/statistics/807007/percentage-of-seniors-with-chronic- health-conditions-by-country/

12. 『Silver Lining to Coronavirus Crisis: Telehealth May Improve Patient Adherence And Persistence』. https://www.forbes.com/sites/ joshuacohen/2020/06/09/silver-lining-to-coronavirus-crisis-telehealth- may-improve-patient-adherence-and-persistence/#227834eb3cc1

13. 『ClearCorrect acquired by Straumann Group for $150 million』. https://www.dentistryiq.com/practice-management/industry/ article/16366756/clearcorrect-acquired-by-straumann-group-for- 150-million

14. 『Prevalence: 75% of the population have misaligned teeth』. https:// www.straumann.com/content/dam/media-center/group/en/ documents/presentation/2018/Straumann%20Group_Berenberg%20 Conference_5%20December%202018_P%20Hackel_HANDOUT.pdf

15. 『메디트 인수 유니슨, 어떻게 승기 잡았나』. http://www.thebell.co.kr/ free/content/ArticleView.asp?key=20191028010004987003104&svc code=00&page=1&sort=thebell_check_time

## 6장 글로벌 의료기기 산업 분석

1. 『Siemens Healthineers says has no interest in buying Qiagen』. https:// it.reuters.com/article/companyNews/idUKL8N28L0R5?symbol=TMO.N

2. 『World Preview 2018,Outlook to 2024』. EvaluateMedTech.

3. 『Exact Sciences And Pfizer Enter Into U.S. Promotion Agreement For Cologuard®』. http://investor.exactsciences.com/investor-relations/press-releases/press-release-details/2018/Exact-Sciences-and-Pfizer-Enter-into-US-Promotion-Agreement-for-Cologuard/default.aspx

4. 『Pfizer (PFE) Q3 2018 Results-Earnings Call Transcript』. https://seekingalpha.com/article/4216070-pfizer-pfe-q3-2018-results-earnings-call-transcript

5. 『Medtronic completes acquisition of Mazor Robotics』. https://spinalnewsinternational.com/medtronic-mazor-acquisition/

6. 『Medtronic acquires Medicrea and its spinal surgery tech』. https://www.massdevice.com/medtronic-acquires-medicrea/

7. 『Office-based Physician Electronic Health Record Adoption』. https://dashboard.healthit.gov/quickstats/pages/physician-ehr-adoption-trends.php

8. 『PACS, 94년 첫 도입이래 급속 확산』. http://www.bokuennews.com/m/m_article.html?no=62028

9. 『병원계 "PACS 권장할 땐 언제고 이제와서…"』. http://www.docdocdoc.co.kr/news/articleView.html?idxno=67284

10. 『4년간 무슨일 있었길래..처방약시장 평준화 현상 '뚜렷'』. http://biospectator.com/view/news_view.php?varAtcId=1262

11. 『The PAMA Effect: Consolidation of Clinical Labs Expected as Legislation Set to Take Effect』. https://www.360dx.com/regulatory-news/pama-effect-consolidation-clinical-labs-expected-legislation-set-take-effect#.XxkM4J4zaUk

12. 『Blood Glucose Test Strip Utilization Within Medicare』. https://www.ncbi.nlm.nih.gov/pmc/articles/PMC4455419/

13. 『Many people are not getting the recommended cancer screening tests』.https://www.cdc.gov/media/releases/2015/p0507-cancer-screening.html

14. 『Multitarget Stool DNA Testing for Colorectal-Cancer Screening』. https://www.nejm.org/doi/full/10.1056/nejmoa1311194

15. 『OECD Health Statistics』. https://www.oecd.org/health/health-data. htm

16. 『TELADOC, William Blair 38th Annual Growth Stock Conference Presentation』. https://s21.q4cdn.com/672268105/files/doc_presentations/2018/06/Teladoc-June-Investor-Presentation_William-Blair.pdf

17. 『At Over $2 Million Zolgensma Is The World's Most Expensive Therapy, Yet Relatively Cost-Effective』. https://www.forbes.com/sites/joshuacohen/2019/06/05/at-over-2-million-zolgensma-is-the-worlds-most-expensive-therapy-yet-relatively-cost-effective/#3301d96745f5

18. 『Hospital and physician services represent half of total health spending』. https://www.healthsystemtracker.org/chart-collection/u-s-spending-healthcare-changed-time/#item-nhe-trends_relative-contributions-to-total-national-health-expenditures-2018

19. 『TELADOC, Jefferies Healthcare Conference Presentation』. https://s21.q4cdn.com/672268105/files/doc_presentations/2019/06/TDOC-Investor-Presentation_-June-2019.pdf

20. 『2019 Employer Health Benefits Chart Pack』. https://www.kff.org/slideshow/2019-employer-health-benefits-chart-pack/

21. 『Financing and Distribution of Pharmaceuticals in the United States』. https://jamanetwork.com/journals/jama/fullarticle/2627994

22. 『How one startup plans to disrupt the $423 billion pharmacy benefits manager market』. https://www.businessinsider.com/capital-rx-could-disrupt-pharmacy-benefits-manager-market-2019-9

23. 『SmileDirectClub stock slides 13% as California Gov. Newsom signs law to change 'teledentistry'rules』. https://www.marketwatch.com/story/smiledirectclub-stock-slides-10-as-california-gov-newsom-signs-law-to-change-teledentistry-rules-2019-10-14

24. 『Quest Diagnostics, Walmart partner to offer lab testing services in stores』. https://www.modernhealthcare.com/article/20170626/

NEWS/170629919/quest-diagnostics-walmart-partner-to-offer-lab-testing-services-in-stores

25. 『CVS, Teladoc Partner on Direct-to-Consumer Telehealth Service』. https://mhealthintelligence.com/news/cvs-teladoc-partner-on-direct-to-consumer-telehealth-service

26. 『류재인, 김철신, 정세환, 신보미, '국내외 치과 의료수가 비교 현황 : 한국, 일본, 독일, 미국을 중심으로', 대한치과의사협회지, 2015.4.』.

27. 『Bloomberg: America Has a $27 Billion Sepsis Crisis』. https://www.global-sepsis-alliance.org/news/2017/7/17/bloomberg-america-has-a-27-billion-sepsis-crisis

28. 『Accelerate Diagnostics Corp (AXDX) Q4 2018 Earnings Conference Call Transcript』. https://www.fool.com/earnings/call-transcripts/2019/02/19/accelerate-diagnostics-corp-axdx-q4-2018-earnings.aspx

29. 『World Preview 2020, Outlook to 2026』. EvaluatePharma

30. 『혁신 신약의 역설…약 좋아지니 매출 줄어드네』. https://www.mk.co.kr/news/it/view/2018/06/351947/?fbclid=IwAR0aYkfTFo6D1DnQHsxqgXio_C11FIqV5lNgEeO8b68Mnx1VedbKqqMM9g

31. 『4기 폐암 환자의 1차 면역항암요법, 당신의 선택은?』. http://www.docdocdoc.co.kr/news/articleView.html?idxno=2000957

## 7장 국내 의료기기 산업의 미래

1. 『2020년 의료기기 생산 및 수·출입 실적 통계 자료』. https://www.mfds.go.kr/brd/m_386/view.do?seq=33106

2. 『OECD Health Statistics』. https://www.oecd.org/health/health-data.htm

3. 『하이푸 급여화에 여성병원들 한숨…"호흡기 떼는 격"』. http://am2ran.com/87/?bmode=view&idx=1903160&back_url&t=board&page&fbclid=IwAR1ITgCBJYM6LEXeG3lhyEGGoM4ZHyD3fz4cATt3pc9vCnQRHIfkejGikC4

4. 『상대가치점수 개정 연구 보고서』. 상대가치점수연구개발단

5. 『국민건강보험 일산병원 원가계산시스템 적정성 검토 및 활용도 제고를 위한 방안 연구』. 연세대학교 산학협력단

6. 『코로나바이러스 전담 간판 떼고 재개원 앞둔 대구동산병원』. http://www.medicaltimes.com/Users/News/NewsView.html?mode=view&ID=1134191&REFERER=NP

7. 『2020년 의료기기 생산 및 수·출입 실적 통계 자료』. https://www.mfds.go.kr/brd/m_386/view.do?seq=33106

8. 『메디트 인수 유니슨, 어떻게 승기 잡았나』. http://www.thebell.co.kr/free/content/ArticleView.asp?key=20191028010004987000 3104&svccode=00&page=1&sort=thebell_check_time

9. 『2018 외국인 환자 유치실적 통계분석보고서』. https://www.khidi.or.kr/board/view?linkId=48806593&menuId=MENU00085

10. 『한미약품 성공으로 본 신약 기술수출의 조건』. https://www.mk.co.kr/news/economy/view/2015/11/1104657/

11. 『Intuitive Surgical, Inc. (ISRG) CEO Gary Guthart on Q2 2020 Results - Earnings Call Transcript』. https://seekingalpha.com/article/4359784-intuitive-surgical-inc-isrg-ceo-gary-guthart-on-q2-2020-results-earnings-call-transcript?part=single

12. 『해마다 공중보건 위협하는 독감 유행...신속항원검사 급여화 필요할까』. http://www.rapportian.com/news/articleView.html?idxno=119037

13. 『그 많던 지카바이러스는 다 어디로 갔나?』. https://www.ibric.org/myboard/read.php?Board=news&id=286198

14. 『DETECT COVID-19 IN AS LITTLE AS 5 MINUTES』. https://www.abbott.com/corpnewsroom/product-and-innovation/detect-covid-19-in-as-little-as-5-minutes.html

15. 『Research Company Danaher Is Buying Cepheid for $4 Billion』. https://fortune.com/2016/09/06/danaher-buying-cepheid/

16. 『BioMerieux Finalizes BioFire Diagnostics Acquisition』. https://www.genomeweb.com/pcrsample-prep/biomerieux-finalizes-biofire-diagnostics-acquisition#.XxkuJ54zaUk

17. 『Siemens Healthineers announces acquisition of Fast Track Diagnostics』. https://www.siemens-healthineers.com/press-room/press-releases/pr-2017120115hc.html

18. 『Abbott Finally Agrees to Buy Alere After Cutting the Price to $4.5 Billion』. https://fortune.com/2017/04/14/abbott-laboratories-alere-merger-legal-battle/

19. 『Roche to acquire Foundation Medicine at $5.3B valuation』. https://pitchbook.com/newsletter/roche-to-acquire-foundation-medicine-at-53b-valuation

20. 『Cancer Statistics, 2019』. https://acsjournals.onlinelibrary.wiley.com/doi/epdf/10.3322/caac.21551?fbclid=IwAR2l1eueG29qJx5A445TxwBKxWBzJIkALw-R3sYN12SgAO8Gyw-kxubc9h4

21. 『Oncotype DX® 제품 소개』. https://bms.kr/product//search_detail.php?idx=308

22. 『Adjuvant Chemotherapy Guided by a 21-Gene Expression Assay in Breast Cancer』. https://www.nejm.org/doi/full/10.1056/NEJMoa1804710

23. 『Exact Sciences And Genomic Health To Combine, Creating Leading Global Cancer Diagnostics Company』. http://investor.exactsciences.com/investor-relations/press-releases/press-release-details/2019/Exact-Sciences-and-Genomic-Health-to-Combine-Creating-Leading-Global-Cancer-Diagnostics-Company/default.aspx

24. 『Jolie's Decision Boosts BRCA Test-Maker Myriad』. https://www.cnbc.com/id/100736198

25. 『U.S. Supreme Court Strikes Down Human Gene Patents』. https://www.sciencemag.org/news/2013/06/us-supreme-court-strikes-down-human-gene-patents

26. 『FDA authorizes, with special controls, direct-to-consumer test that reports three mutations in the BRCA breast cancer genes』. https://www.fda.gov/news-events/press-announcements/fda-authorizes-special-controls-direct-consumer-test-reports-three-mutations-brca-breast-cancer

27. 『23andMe Valuation』. https://www.cnbc.com/2019/05/14/23andme-2019-disruptor-50.html

28. 『DNA Database size』. https://thednageek.com/dna-tests/

29. 『23andMe lays off 100 people as DNA test sales decline, CEO says she was 'surprised' to see market turn』. https://www.cnbc.com/2020/01/23/23andme-lays-off-100-people-ceo-anne-wojcicki-explains-why.html?fbclid=IwAR3yrdupO96XKRFo9orxGeE_aaKch-vUXx_Bo2_dSQqfBUaKsmjW6iVF1lo

30. 『Ancestry lays off 6% of workforce due to 'slowdown in consumer demand'』. https://www.ksl.com/article/46714505/ancestry-lays-off-6-of-workforce-due-to-slowdown-in-consumer-demand?fbclid=IwAR1-FPHmdAqPProRoRJfhykHcAwRPhOISwQK8RmQFFwdpS-ID1SJhOicOqI

31. 『23andMe Gets $300 Million Boost From GlaxoSmithKline To Develop New Drugs』. https://www.forbes.com/sites/matthewherper/2018/07/25/23andme-gets-300-million-boost-from-glaxo-to-develop-new-drugs/#67c9ec653213

32. 『政, 코로나 추가대책 "전화처방 등 '원격진료' 한시적 허용"』. https://www.doctorsnews.co.kr/news/articleView.html?idxno=133474

33. 『Teladoc revenues, visits rise on heels of UnitedHealth contract』. https://www.healthcaredive.com/news/teladoc-revenues-visits-rise-on-heels-of-unitedhealth-contract/566311/

34. 『2019 Employer Health Benefits Chart Pack』. https://www.kff.org/slideshow/2019-employer-health-benefits-chart-pack/

35. 『2019 Employer Health Benefits Chart Pack』. https://www.kff.org/slideshow/2019-employer-health-benefits-chart-pack/

36. 『Why is telemedicine utilization so low?』. https://medcitynews.com/2016/09/telemedicine-utilization-low/

37. 『CMS Expands COVID-19 Telehealth Reimbursement to Therapists, Phone Services』. https://mhealthintelligence.com/news/cms-expands-covid-19-telehealth-reimbursement-to-therapists-phone-services

38. 『Enforcement Policy for Non-Invasive Remote Monitoring Devices Used to Support Patient Monitoring During the Coronavirus Disease 2019 (COVID-19) Public Health Emergency (Revised)』. https://www.fda.gov/regulatory-information/search-fda-guidance-documents/enforcement-policy-non-invasive-remote-monitoring-devices-used-support-patient-monitoring-during

39. 『FDA Expands Remote Patient Monitoring in Hospitals for People with Diabetes During COVID-19; Manufacturers Donate CGM Supplies』. https://www.diabetes.org/newsroom/press-releases/2020/fda-remote-patient-monitoring-cgm

40. 『TELADOC 2020 Investor day Presentation』. https://s21.q4cdn.com/672268105/files/doc_presentations/2020/03/InvestorDay2020.pdf

41. 『Office-based Physician Electronic Health Record Adoption』. https://dashboard.healthit.gov/quickstats/pages/physician-ehr-adoption-trends.php

42. 『Death by a Thousand Clicks: Where Electronic Health Records Went Wrong』. https://fortune.com/longform/medical-records/

43. 『Managing Unstructured Big Data in Healthcare System』. https://www.researchgate.net/publication/331040550_Managing_Unstructured_Big_Data_in_Healthcare_System

44. 『Medicine Refill』. https://www.drugs.com/cg/medicine-refill-aftercare-instructions.html

45. 『OECD Health Statistics』. https://www.oecd.org/health/health-data.htm

46. 『Hospital and physician services represent half of total health spending』. https://www.healthsystemtracker.org/chart-collection/u-s-spending-healthcare-changed-time/#item-nhe-trends_relative-contributions-to-total-national-health-expenditures-2018

47. 『How many deaths occur annually from adverse drug reactions in the United States?』. https://pubmed.ncbi.nlm.nih.gov/10967153/

48. 『WeWork IPO fail is unique』. https://nypost.com/2019/10/05/

wework-ipo-fail-is-unique

49. 『The Global Unicorn Club』. https://www.cbinsights.com/research-unicorn-companies

50. 『IBM Health and Social Programs Summit: IBM Commitment & investment in health and social programs』. https://www.slideshare.net/curamroundtable/day-1-gs1-2-steve-mills-ibm-sr-vice-pres-group-exec-software-systems

51. 『Google to Buy Fitbit for $2.1 Billion to Boost Hardware』. https://www.bloomberg.com/news/articles/2019-11-01/google-to-buy-fitbit-for-2-1-billion-to-boost-hardware-business

52. 『Inside Wearables Part 2: Key developments for adoption and engagement』. https://medium.com/@endeavourprtnrs/inside-wearables-part-2-july-2014-ef301d425cdd

53. 『The Growing Value of Digital Health, 2017』. IQVIA Institute

54. 『때아닌 사람용 구충제 품절사태…암 환자들 "오죽하면 이러겠느냐"』. https://www.donga.com/news/article/all/20191225/98960817/1

55. 『프로바이오틱스 시장 '급성장'…홍삼·비타민 '주춤'』. https://www.hankyung.com/it/article/202001224112i

56. 『약물 비순응 문제 '환자탓' 그만』. http://www.monews.co.kr/news/articleView.html?idxno=92816

57. 『Express Scripts Launches First Digital Health Formulary for Apps & Devices』. https://hitconsultant.net/2019/12/12/express-scripts-launches-first-digital-health-formulary-for-apps-devices/#.XxvY5Z4zZPY

58. 『ResMed to Acquire Propeller Health, a Leader in COPD and Asthma Connected Health Solutions, for $225 Million』. https://investors.resmed.com/investor-relations/events-and-presentations/press-releases/press-release-details/2018/ResMed-to-Acquire-Propeller-Health-a-Leader-in-COPD-and-Asthma-Connected-Health-Solutions-for-225-Million/default.aspx

## 의료기기 산업의 미래에 투자하라

애널리스트가 바라본 의료기기의 메가트렌드와 인사이트

**초판 1쇄 발행** 2020년 10월 27일
**초판 4쇄 발행** 2021년  8월 18일

**지은이** 김충현
**펴낸이** 안현주

**기획** 류재운 **편집** 안선영 **마케팅** 안현영
**디자인** 표지 최승협 본문 장덕종

**펴낸곳** 클라우드나인   **출판등록**  2013년 12월 12일(제2013 – 101호)
**주소** 우) 03993 서울시 마포구 월드컵북로 4길 82(동교동) 신흥빌딩 3층
**전화** 02 – 332 – 8939   **팩스** 02 – 6008 – 8938
**이메일** c9book@naver.com

**값** 19,000원
ISBN 979 – 11 – 89430 – 90 – 0  03320